Survival

CHILDREN

儿童生存现状系列

  ·儿童生存现状系列·

# 中国儿童福利前沿(2013)

## Leading Research on Child Welfare in China

尚晓援　　王小林/主编

社会科学文献出版社
SOCIAL SCIENCES ACADEMIC PRESS (CHINA)

# 前　言

2013 年，在多方面因素的作用下，中国儿童福利制度建设的速度明显加快。首先，政府部门越来越多地认识到儿童福利制度建设的重要性，从顶层设计着手，持续推进儿童福利的制度建设。在这个过程中，经济发达地区，逐渐起到带头和示范作用。其次，多年来，家庭和儿童为中国的经济高速度发展付出了高昂的代价。在儿童福利制度建设方面的欠账，越来越显性化。儿童福利制度，特别是儿童保护方面的制度建设滞后，导致针对儿童的虐待和暴力的恶性事件层出不穷，越来越引起社会关注，成为儿童福利和儿童保护制度发展的重要推动力。

在这样的形势下，今年的儿童福利前沿，重点是儿童福利领域的制度创新和建设，包括五个方面的内容。第一，儿童福利制度的理论框架。我们重新回到儿童福利制度的理论框架，根据制度建设的需求，重新对儿童福利的理论框架进行梳理，厘清和制度建设有关的理论问题。第二，针对儿童福利的制度设计，进行了各个方面的探索。第三，针对儿童保护制度的建设，进行了分析和研究。第四，关注儿童福利制度建设的试点项目，并对其进行了评估、经验总结和相关问题的探讨。第五，关注儿童面对的重大政策问题。在这个方面，我们专门关注了留守儿童。

期望本书在儿童福利的研究方面，起到抛砖引玉的作用。期望更多的学者，进入儿童福利领域的研究。

本书涉及的研究成果，本书的写作和出版，得到了多方面的支持，特此致谢。感谢中国国际扶贫研究中心，民政部，儿童乐益会（中国），澳大利亚研究署（ARC），联合国儿童基金会，北京市民政局和浙江省民政厅，澳大利亚新南威尔士大学的资金或实物支持，特此致谢。

尚晓援

# 目　录

# 第一部分

## 向经济发达的社会过渡：儿童福利的理论框架和指标设计

# 第一章　儿童权利和多维度福利

王小林　尚晓援

2010 年，中国孤儿基本生活保障制度的建立，标志着中国孤儿福利制度突破了过去以福利机构保障为主体的传统框架，进入了一个既包括福利机构孤儿，也包括社会散居孤儿的新的发展阶段。① 国家在儿童福利院机构之外，为儿童提供现金救助和服务。2010 年以来，中国儿童福利制度建设进入了加速发展的新阶段。新的儿童福利项目大量涌现，儿童福利制度的整体性建设被提到议事日程之上。2013 年 6 月 19 日，民政部下发《关于开展适度普惠型儿童福利制度建设试点工作的通知》，决定在江苏省昆山市、浙江省海宁市、河南省洛宁县、广东省深圳市等地开展适度普惠型儿童福利制度建设试点工作。儿童福利制度建设的动力，既有自上而下的政府动议，也有自下而上的公民社会的努力，在儿童福利领域，呈现政府和公民社会之间的高度共识和良性互动。

在过去的很长时间内，中国的各项改革，大多是在经济社会问题和经济社会压力之下进行试点并全面推开的。儿童福利制度建设的新阶段与以往的改革不同，这个阶段的特点是，制度变革既有社会压力推动，又有顶层设计的先行；既有贫困地区的努力，也有发达地区的领航。除了云南、四川、新疆等贫困地区的儿童福利制度试点，浙江、深圳、江苏和北京等

---

① 2010 年，《国务院办公厅关于加强孤儿保障工作的意见》（国办发〔2010〕54 号）要求，建立健全孤儿保障制度，切实保障孤儿合法权益，促进孤儿健康成长。同年，民政部、财政部《关于发放孤儿基本生活费的通知》决定，自 2010 年 1 月起，为全国孤儿发放基本生活费。中央财政 2010 年安排 25 亿元专项补助资金，对东、中、西部地区孤儿分别按照月人均 180 元、270 元、360 元的标准予以补助。以后年度按民政部审核的上年孤儿人数及孤儿基本养育需求，逐年测算安排中央财政补助金额。

地都在儿童福利制度建设方面积极进行了探索、试点和建设。贫困地区和发达地区的儿童福利建设试点，为全国儿童福利制度建设的顶层设计积累了宝贵经验，新阶段的儿童福利制度建设风险更小，运行更加平稳。这标志着我国福利制度建设更加趋于成熟。

在这样的形势下，今年的《中国儿童福利前沿》一书首先重新回到儿童福利的基础理论之上。儿童福利的基础理论为现行制度提供了设计框架的基本出发点。重述儿童福利的基本理论，厘清儿童福利方面一些混淆的理论问题，可以为制度设计打下更加坚实的基础，以促进儿童福利制度顶层设计和制度发展。

# 一　基本概念

在对具体的儿童福利制度进行考察之前，我们需要对这个领域的主要概念进行定义，并对儿童福利的主要模式进行讨论，以避免讨论中的混淆。

## （一）儿童福利

在讨论儿童福利项目的时候，首先需要厘清一个理论问题：儿童福利是什么？

儿童福利是一般性儿童福利制度的一个组成部分。研究儿童福利制度，首先需要考虑儿童福利状态。最简单地讲，"儿童福利"可以定义为：当影响儿童正常生存和发展的社会问题得到控制，儿童的各种需要得到满足时，儿童成长和发展的机会最大化时，儿童正常存在的一种情况或状态。当讨论"各种需要"时，一个需要坚持的底线是"基本需要"，即儿童福利的底线是要满足儿童的基本需要。尽管人们对"基本需要"到底应该包括哪些方面存在着这样那样的争论，但已经有一些重要的国际共识。2000年确定的千年发展目标涉及对人类发展至关重要的，或者说是确保一个人体面生活的指标，例如消除饥饿、获得安全饮用水、卫生设施、基础教育、公共卫生等就是"基本需要"。这些当然也就是儿童福利的基本内容。当讨论"儿童正常存在的一种情况或状态时"，实际上我们强调的是儿童能够"做成"（being）什么，而不仅仅是"做"（doing）什么。从"做"什么到

"做成"什么，涉及儿童福利由政策"手段"向福利"结果"的转换。不同的个体，由于所处的环境不同，在同样的政策"手段"下，可能转换的"结果"不一样。区分这一点对于完善儿童福利制度是十分重要的。

因此，从基础理论来看，儿童福利首先是多维度的，即儿童福利不仅仅是生活津贴之类钱的问题；其次，儿童福利的底线是要能够满足一个社会在一定发展阶段所公认的"基本需要"，普惠制儿童福利制度并不是要满足儿童的所有需要，而是建立一个能够满足儿童基本需要的制度；最后，儿童福利不仅强调政策手段，更加重视结果或状态。这是以发展的视角看待儿童福利。

## （二）儿童福利制度

儿童福利制度指为促进儿童福利状态，疗救社会病态的政府行为或者慈善活动。制度通常包括正式制度和非正式制度。正式制度是指法律、法规等具有强制性和严肃性的社会运行规范；非正式制度是指习俗、习惯等来自社区和家庭的行为规范。现代社会的儿童福利制度，既离不开由立法部门及政府行政部门制定的儿童福利法律、法规和政策等正式制度，也离不开儿童生存的主要单位如家庭和社区等的非正式制度。

**制度化的集体责任**　作为制度的儿童福利，可以被理解为制度实体，亦可以被理解为一种"制度化的集体责任"，即一个社会为达到一定的儿童福利目标所承担的集体责任。在现代国家大规模地承担起保障儿童福利的责任之后，儿童福利成为一种"制度化的政府责任"。但这种责任的内涵则需要根据不同国家和文化的背景阐释和定义。在中国，儿童福利既是政府责任，也是家庭和社会的责任。

**制度实体**　如果从制度实体的角度看，儿童福利包括各种旨在促进儿童福利状态的福利项目。从儿童权利的框架出发，细分起来，可以概括为五大类：第一，儿童保护福利：针对生命安全、儿童依恋和保护需要的养护和替代性养护，各种预防儿童受到虐待和忽视的保护性措施等；第二，针对儿童基本生活需要的社会保险和社会救助（在很多国家，通过家庭支持政策来实现）；第三，针对儿童发展需要的教育服务；第四，针对儿童健康需要的服务、医疗保险和医疗救助、残疾儿童服务和针对儿童心理发育的社会工作服务等；第五，针对儿童社会参与需要的服务。其中，第一类、第二类和家庭福利密切相关，其他几类则是专门针对儿童的福利服务。从项目提供的形态来说，包括现金类项目和服务类项目。儿童福利和针对其他群体的服务不同之处在于，儿童的需要和儿童的家庭密切联系，因此，儿童福利和家庭福利密切联系。没有积极的家庭福利政策，儿童福利状态就会大打折扣。

## （三）儿童福利制度的五个方面

在讨论作为制度的儿童福利时，一般会涉及五个重要方面：儿童福利的目标体系、儿童福利的对象、儿童福利的项目体系、儿童福利的资金及服务的提供体系和提供儿童福利的原则。

### 1. 儿童福利制度的目标体系

笔者在以前的讨论中，提出了儿童福利的目标体系问题。儿童福利的制度建设首先要有明确的社会目标。作为制度化的政府责任，儿童福利的目标体系反映了政府对自己责任的界定。这些社会目标不是随意决定的，而是反映了作为儿童福利制度的基础价值观念。一个社会占主导地位的价值观念不同，所能够接受的儿童福利制度的概念就不会相同。尽管不同国家在不同的发展阶段，有着不同的儿童福利制度价值观念，但随着《儿童权利公约》和千年发展目标的提出，人类社会对儿童制度的基本价值观念正在趋同。

本节的讨论重复了作者以前提出的关于儿童福利的一些基本观点。主要的原因是，中国逐渐从发展中社会向发达社会过渡。在这个过程中，儿童福利的制度目标需要重新设定。满足儿童对福利的需要，也满足社会发展对儿童福利的需要。特别是现在我国经济总量排在全世界第 2 位，但人类发展指数却排在世界第 101 位，这就更加迫切地要求我们对儿童福利的制度目标进行重新设定。其根本目的是让我国的"发展"追上"增长"，那时才能进入一个发达经济体的社会状态。如果"发展"长期滞后于"增长"，将是一个发展停滞不前的"增长幻影"，我国也就不可能跨越"中等收入陷阱"。

儿童福利是一般性社会福利的一个部分。国家一般性社会福利的制度目标，决定了儿童福利的制度目标。同时，儿童福利制度又有自己特殊的政策目标。这两者相互联系和影响。一般性社会福利制度的目标占主导作用。在中国，执行多年的计划生育政策，其实是中国最大的儿童和家庭政策。反映了儿童福利和国家主要政策目标和福利制度的关系。其暗含的基本理论假定是：人力资本的过度供给（在一定时期内为事实上无限供给）对经济发展有负面的影响。因此，需要通过人口政策限制简单劳动力的再生产。这个政策已经执行了 30 多年。当国家的经济形势和人口形势都在发生大的变化的时候，这个政策的执行背景已经变化，相关的政策目标也需要调整。

在改革开放初期，政府的经济政策和社会政策的出发点，是通过发展市场经济，促进经济发展。在这个过程中，让少数人先富起来，即以增加社会不平等为代价的"不平衡增长战略"，是一个重要的政策取向。这个政策在一定阶段内，有利于促进竞争，优化资源配置，增加社会总产出。这个政策执行的结果，一方面是经济的高速度增长，另一方面，则是社会不平等的程度逐步加剧。现在，不平等的代际传递已经非常明显。如果这种固化了的不平等得不到改变，则弱势群体通过正常渠道追求生活质量提高的通道将受阻，其后果是严重的。这就需要社会政策和儿童福利制度的重大调整。随着国家的宏观政策逐渐向社会平等倾斜，促进社会平等，阻断不平等的代际传递，需要立即进入政策目标体系，成为儿童福利制度建设的重要目标之一。

儿童福利制度的目标是分层次的，保护儿童的人身和生命安全、儿童保护和照料、经济增长、安全、人力资本的积累和发展以及儿童发展的机会平等，是不同层次的制度目标。

例如，一个社会可以针对少数儿童生存的困难状态，针对儿童犯罪等社会问题，把为最困难的和有生存问题、安全问题的儿童群体提供救助和服务作为目标，通过提供儿童保护服务、生活救助和替代性养护，减少儿童安全问题，避免儿童流离失所，保障所有的儿童都能够合法地生存。这是为实现最低层次的儿童福利状态所做的制度安排。再如，制度目标可以包括收入保障、消除儿童贫困的内容。如果国家把自己的目标定在更高的社会福利层次上，就可以把促进社会平等和为所有的儿童实现发展的潜能作为目标，实施和建立自己的儿童福利措施。这是更高层次的发展。在这个层次上，儿童福利制度不仅包括儿童保护的内容，对儿童和家庭提供经济支持和社会保障的内容，还包括更进一步的制度措施，如对不同的困境儿童群体提供教育、医疗、特殊服务（如残疾儿童服务）和社会参与，等等。所以，儿童福利的目标不是单一的，而是多维度和多层次的，是成体系的。

在很多西方国家的历史上，如英国、澳大利亚、加拿大和美国，针对少数受到遗弃、虐待、忽视和犯罪的儿童提供庇护性服务，都是儿童福利制度发展中最初的一步。在早期，教会和慈善组织是对穷人、妇女和儿童提供服务的主要力量。随着工业化和城市化，在经济危机期间，大量的家庭不能对他们的儿童提供经济保障，慈善组织也无力应付的时候，现代国家才逐渐接受了针对收入保障的家庭政策和针对营养状况的儿童福利制度。① 西方工业化的过程，伴随着掠夺和战争。战争对儿童福利的发展有极大的催化作用。战争造成了大量男性的死亡，留下了孤儿寡母。这些战争遗孤的父亲都是为国家利益战死的。国家对他们提供福利服务义不容辞。在战争中，因为贫困和城市病造成的儿童体弱，直接影响到国家的兵员征收。因此，随着工业革命的深入，经过两次世界大战的催化，儿童福利也在逐渐扩大。国家在儿童成长中承担的责任越来越多。如普惠制的儿童营养改善项目，儿童教育逐渐从家庭的责任转变为政府责任。几乎所有的国家都实行了普惠制的儿童教育。从 20 世纪初开始，从提升国家全球竞争力的角度考虑，所有的发达国家都加强了对儿童早期教育的投入。舒尔茨在总结了"二战"战败国德国和日本用了 15 年左右的时间就实现了经济复苏的原因时，得出"人力资本投资在很大程度上决定了人类未来的前景"的著名判断，因而获得诺贝尔经济学奖。

在决定儿童福利制度目标体系的因素中，价值观念是一个方面，可行性是另一个方面。价值观念受制于一个社会可以普遍达到的认识水平。可

---

① Constitutional Rights Foundation – Bill of Rights in Action – Summer 1998（14：3），http：//www. crf – usa. org/bria/bria14_ 3. html#welfare；NSW State Records，http：//www. records. nsw. gov. au/archives/archives_ in_ brief_ 59_ 2120. asp.

行性受制于人口因素、经济因素、社会因素和政治因素。在诸多因素中，人口因素和经济因素是最重要的方面。人口因素决定了一个社会对儿童需要的迫切程度。经济发展水平和政府的筹资能力决定了儿童福利制度目标体系的可行性。一个政府不可能承担起超出国家经济实力的责任。如果一个社会选择超出其经济实力的福利目标，则这个目标是不可行的。相比其他发展中国家，我国具有高度有效的政府能力，因而建设什么样的儿童福利制度目标体系，更多的是一个社会认识问题。

儿童福利的发展，取决于国家的经济实力。但是，和一般性社会福利投入不同的是，国家对儿童福利的投入，不仅仅是公共消费，更重要的是对国家未来的投资。一个国家对未来的发展目标和阶段的设想，基本反映在这个国家的儿童福利的理念、目标和制度设计方面。让儿童优先成为我国的发展战略，表明了政府对民族的未来承担的责任；为下一代提供一个什么样的发展环境，表明了政府对可持续发展的战略定位。

今年重新讨论儿童福利的目标体系，对儿童福利的制度设计，有非常重要的意义。中国经济和社会的高速度发展，对儿童福利的制度设计提出了多重要求。比如，儿童福利制度的目标是分层次的，保护儿童的人身和生命安全、儿童保护和照料、经济增长、安全、人力资本的积累和发展以及儿童发展的机会平等，是不同层次的制度目标。在很多发达国家，是在历时性的发展过程中实现的。在中国，由于儿童福利制度的发展滞后，这些目标则可能需要在儿童福利的初期发展阶段，同时被纳入制度设计的视野。满足儿童基本层次的需要、国家的人力资本积累、儿童在人生的起点得到同等的发展机会、减少不平等的代际传递等多重目标，需要同时考虑。这是实现"中国梦"的基础性制度安排，其重要性如何强调都不过分。

**2. 儿童福利的对象**

儿童福利的对象即谁该直接从儿童福利制度中获得利益。一般来说，儿童福利的对象包括三类：第一类，困境儿童和困境家庭儿童；第二类，所有儿童；第三类，儿童的家庭和照料者。儿童福利对象由仅覆盖第一类逐步向覆盖第二类和第三类的推进，体现了一个国家和社会的文明演进。

**3. 儿童福利的项目**

儿童生活在家庭中，在很多情况下，对家庭提供的社会支持也是对儿童提供的福利，如针对贫困家庭的社会救助和廉租住房等。因此，儿童福利不能从一个社会的福利制度中独立出来，儿童福利和社会福利的总体项目应该相互联系。

具体来说，和儿童有关的福利项目包括几个方面。可以概括为五大类：第一，针对儿童依恋和保护需要的替代性养护，如各种预防儿童受到虐待的保护措施等；第二，针对儿童及其家庭基本生活需要的社会保险和社会救助；第三，针对儿童发展需要的教育服务；第四，针对儿童健康需要的服务，如医疗保险和医疗救助、各种康复服务和特殊服务、针对儿童心理发育的社会工作服务等；第五，针对儿童社会参与需要的服务。其中，既有与家庭福利密切联系的服务，也有专门针对儿童的福利服务。

儿童福利的项目与儿童福利的对象有密切的关系。因为儿童福利的项目需要针对特定的儿童群体，满足不同的儿童需要。有些项目只有最困难的儿童才需要，有些项目所有的儿童都需要。对儿童来说，基本生活保障、养护和替代性养护、教育和医疗照顾、正常的社会交往等，都是他们健康成长所必需的要素。在所有这些方面，正常家庭中的儿童、失怙儿童和生活在特殊困境中的儿童，如孤儿、残疾儿童、流浪儿童或受艾滋病影响的儿童，对社会福利的需要差距非常大。失怙儿童由于丧失了父母的照顾，特殊困境儿童丧失了正常的家庭生活，很多非常简单的要素都必须考虑周到。

### 4. 儿童福利的资金和服务的提供者

儿童福利是一般社会福利的一个部分。不同的研究者对社会福利的资金和服务的提供者所做的定义不同。这是目前最有争议的领域之一，核心是政府的责任和政府对社会生活干预程度问题。在政府的责任方面，还涉及中央政府和地方政府之间的责任划分，不同地区的政府对流动儿童和流浪儿童福利的责任划分，等等。

除了经费责任的划分，还有儿童福利的递送问题。在这个方面，多元化已经没有争议。家庭、社区、市场、非政府组织和国家都可以作为福利服务的提供者。在这个方面，国家作为"规制者"的责任，也需要进一步强调。

通常情况下，儿童福利的筹资主体是政府。但是，政府筹资并不意味着服务就由政府来提供。政府可以向社会购买服务。这一理论决定了政府在儿童福利中扮演"掌舵者"的角色，而家庭、社区、市场、非政府组织则扮演"划桨者"。政府作为儿童福利的筹资主体，并不排斥社会筹资，一些以"社会企业"形式运行的儿童福利筹资，已经成为继慈善、募捐之外的新兴筹资渠道。

**5. 提供儿童福利的原则**

儿童福利既是一般性社会福利的一个部分，又有自己的特点和原则。

在社会福利领域，提供儿童福利的原则包括：第一，儿童优先的原则。如温家宝总理 2011 年宣布，儿童应该是一切社会福利的优先享受者。说的就是这个原则。在所有的社会群体中，儿童应该优先享受社会福利。儿童优先成为国家的发展战略，也反映这个原则。第二，儿童最大利益优先的原则。这个原则非常重要。在涉及儿童福利的事务方面，往往涉及多方面的利益，如果没有这个原则，儿童的最大利益不一定能够得到保障。这两条原则，说起来容易，但在落实的过程中，涉及方方面面，还有大量的工作要做。

中国孤儿基本生活保障制度的建立，为未来的儿童福利制度建设奠定了一些基本原则。这些原则包括：第一，国家对失去家庭保障的所有儿童，承担基本生活保障的全部责任；第二，中央财政承担主要的保障责任；第三，从制度设计看，孤儿享受城乡统一、各地统一的待遇水平。这个制度的设计，是一个明确的政策信号，对阻断不平等的代际传递，有重要的示范意义。从某种意义上看，体现这些原则的孤儿基本生活保障制度，是中国最先进的福利制度。因此，这个制度的建立说明，在儿童福利制度建设领域，儿童的基本生活保障不能仅靠慈善行为来解决。这些原则的建立，会深刻影响未来儿童福利制度的发展。

## 二　儿童福利的类型：传统模式、补缺模式和普惠模式

根据中国的实际情况，为了分析国家在儿童福利供给中的作用，我们提出的分析框架包括三个社会福利模式：传统模式、补缺模式和普惠模式。

## （一）传统模式

传统模式指在现代福利国家出现以前的儿童福利模式。我们假定在传统模式下，国家在儿童福利方面基本上无所作为，儿童生存、成长和发展完全依赖家庭和社会力量，其实践原型是传统家庭和社会。在家庭和社会力量失效的时候，大部分儿童只能听天由命。在西方国家的历史上，教会发挥着重要的作用。在中国的历史上，政府很早——至少在宋代就通过国家的育婴机构对被遗弃的儿童和孤儿进行养护。清朝的时候，政府已经要求在县一级建立收容弃婴的孤儿院了。这类弃婴收容机构的条件很差，死亡率很高。清末和民国时期，西方教会和慈善机构建立的儿童福利机构更多。因此，家庭是儿童保护和福利的主要提供者。但是，国家一般只对失去家庭的儿童提供保护。

## （二）补缺模式

补缺模式[1]和普惠模式（也有称"选择型福利"和"普遍型福利"）利用了社会政策分析中的两个主要分析概念（Wilensky & Lebeaux，1965）。在补缺模式下，国家的社会福利机构只有在其他"正常"的供给渠道，如家庭和市场不能维持时，才为遇到困难的儿童提供帮助，所以称为补缺模式。

## （三）普惠模式

普惠模式又称制度模式。在"普惠"下，儿童福利的供给是国家正常的和第一线的功能。在补缺模式下，国家只为困境儿童群体提供有限的、基于家计调查的服务。在普惠模式下，国家对所有的儿童提供福利服务，国家在促进全体儿童福利方面的作用是制度化的。

利用传统模式、补缺模式和普惠模式作为分析框架，分析我国的儿童福利，可以看到，在儿童福利的某些方面，如替代性养护，基本上还是传统模式。家庭对儿童的养护基本上完全独立于国家，国家对养护方式、儿

---

[1] 这个概念是英文"residual"的中文翻译。尚晓援最开始翻译成补缺模式，现在民政系统使用这个翻译。周弘翻译成补救模式。都是同一个概念。

童发展，基本上完全听其自然，不加干预。但是，在教育方面，中国的主导模式大体上是普惠模式，国家承担起了向所有儿童提供教育的责任。随着人力资本投入的重要性日益被人们所认识，这一模式正在发生变化，家庭为儿童教育投入大量资本，承担着重要的作用。医疗方面的变化趋势则更加复杂一些。大体的趋势是：在改革开放的前 30 年，从普惠模式向补缺模式和传统模式转变。近一些年，普惠制的儿童福利发展迅速。国家在满足儿童的医疗保障需要方面，日益承担起更多的责任。从儿童福利整体来看，部分普惠制度的建设是明确的发展趋势。

## 三 关于社会福利模式的讨论

### （一）普惠模式的优势和问题

目前，在对社会福利的讨论中，有些人对"普惠制福利"情有独钟。从理论上看，普惠制福利的主要问题是资源的配置费用比较高。因为国家提供的福利，追根溯源，是通过税收（或其他强制性的方式），从公民收入中征集的，是二次分配。而且是效率比较低下的二次分配。二次分配必然有其成本，造成社会总福利的减少。因此，从资源配置效率的角度看，在家庭和市场可以解决的问题方面，国家能不介入的，尽量不要介入。如果国家干预过多，会造成不必要的资源浪费。在社会政策领域，这一点早在20 个世纪的七八十年代，已经是定论。只有在一些特殊领域，完全依靠市场配置资源，会造成极大的社会不公正，或者是在市场配置失效的方面，国家的干预才是合理的。所以，普惠制福利的应用应该非常慎重，应根据福利的性质和作用决定。例如，在提供现金津贴方面，普惠制福利的发展应该非常慎重。但是，在直接提供服务的一些方面，如在学校午餐、校车服务、儿童保护、教育和医疗等方面，普惠制福利的资源配置效率很高，且关系到儿童一生的重要公共利益，就应该大力发展。在贫困地区，对幼童提供普惠制营养补贴，也是效率较高的福利。

### （二）福利和救助

目前，业内有人致力于在理论上把儿童福利项目区分为"福利"和

"救助"两大类，认为针对儿童的服务项目不应该是救助，而应该是福利。从上述分析可见，儿童福利是可以涵盖所有服务项目的大概念，"社会救助"则只是旨在解决贫困问题的具体的福利项目之一。用这两个概念来区分儿童福利项目的性质，在理论上是没有意义的。其实，在本质上，需要区分和定义的是：儿童得到的各种福利项目，是因为他们有权利获得帮助（不需要对具体的提供者感恩），还是因为他者（可以是国家、慈善团体或个人以及亲属）的施舍（需要对具体的提供者感恩）。从理论上说，享受国家提供的各种儿童福利，包括生活救助，都是法律赋予儿童的权利。

社会保障包括两个方面：社会保险和社会救助。在中国，社会保险中的各个项目，主要是针对工作群体的，如失业保险、养老保险、工伤保险、医疗保险，等等。在早期，和儿童有关的社会保险项目有职工生育保险，工伤保险中针对职工遗属的部分和针对在校学生的大病医疗保险。后者在中国不完全属于社会保险的范围，形式上是商业保险。在城市医保和农村的新农合医保项目发展以后，儿童得到医保的保障，看病难的问题可望陆续得到解决。社会救助的项目，如城市居民最低生活保障制度、农村的"五保"制度和特困救助制度，主要是针对家庭，也不是专门针对儿童的。但是，儿童生活在家庭中，对家庭的保护也是对儿童的保护，虽然侧重点有所不同。从 2010 年以来，孤儿基本生活保障制度和艾滋病感染儿童的生活津贴制度，是新的社会救助项目。在理论上，社会救助是社会福利的一个具体项目（部分）。区分儿童得到的帮助是福利还是救助，没有重要的理论意义。

## （三）儿童福利和儿童保护

儿童福利和儿童保护都是比较常用的概念。儿童保护制度有广义和狭义之分。狭义的儿童保护，是一个有特定法律含义的概念，指国家通过一系列的制度安排，包括社会救助、法庭命令、法律诉讼、社会服务和替代性养护等措施，对受到和可能受到暴力、忽视、遗弃、虐待和其他形式伤害的儿童提供的一系列救助、保护和服务的措施，使儿童能够在安全的环境中成长。如英国救助儿童会的定义（狭义的）为"儿童保护这一用语一般用于描述为防止儿童受虐待或受到不良待遇而采取的行动和应有的责任"

（英国救助儿童会，2003）。

在很多西方国家，父母在养育子女的过程中，如果不能达到社会接受的标准（即前文讨论的基本需要），他们的养护权可能被剥夺。国家对这些受到忽视和虐待的儿童重新做出安排，如家庭寄养。在中国，目前还没有这个意义上的儿童保护制度。建立这样的儿童保护制度，还需要社会政策学界和整个社会做出更多努力。2012 年发生在毕节的"五儿童死亡案件"、儿童虐待案件，在处理问题的过程中，有关部门发现无法可依。在中国、建立儿童保护制度是当务之急。

## 四 理论假设和研究方法

### （一）理论假设

基于上面的分析框架，在这个报告中，我们对儿童福利制度的研究基于这样的理论假设：在以经济发展和提高经济效益为主要政策目标的改革中，在儿童福利供给的不同方面，国家作用的变化方向不同，出现了从普惠模式或传统模式两极向补缺模式转变的迹象。这个转变在某些方面有积极的意义，在某些方面导致了对困境儿童群体保护不足及儿童发展机会的不平等。

因此，在模式选择上，儿童福利制度和社会福利的其他方面不同，在价值目标确定之后，根据中国是发展中国家的实际情况，民政部提出了"适度普惠"的儿童福利模式。我们提出，适应中国现阶段发展实际的适度普惠模式应该是：在儿童福利制度的五个方面中，为了实现社会平等的价值目标，需要重新强调国家在儿童福利供给中的主导作用：在基本生活救助和替代性养护方面，国家应该充分承担起补救责任，建立国家和家庭/社会之间互补的、适合中国国情的补缺模式的儿童福利制度。在部分不发达地区，建立普惠制儿童津贴制度。在保护、教育、医疗和社会参与方面，儿童福利则应该先行一步，把普惠模式作为理想模式，建立全覆盖的儿童福利制度，国家承担起对所有儿童提供保护、基本教育和卫生服务的责任。

## （二）研究方法

基于儿童权利和多维度福利的多学科视角，反映儿童发展实质上在于儿童真实自由的拓展，是本报告秉承的基本研究方法。在这一基本研究方法下，涉及的主要研究方法包括：儿童福利所呈现的"结果"或"状态"这一以儿童所实现的可行能力衡量儿童发展能力的方法；以人力资本投资促进可持续发展的人力资本理论方法；以适应经济、社会、政治和文化发展的，消除儿童发展的不平等现象，促进儿童全面可持续发展的结构主义研究方法；以福利国家建设和发展的历史视角，分析我国儿童福利制度的建设方向。从使用的数据分析方法的视角来看，本报告既包括定量的描述统计分析和检验，也包括定性的案例分析。

# 第二章 城市化背景下的农村留守儿童贫困问题及其保障[*]

张晓颖 高 睿 王二锋[**]

## 一 引言

虽然目前城市化的概念界定仍未统一，但从现有的认识中可以归纳出，城市化是一个过程，而不是一个结果，其特点之一就是城市不断放开，农村与城市实现各种资源的自由流动。城市化在促进人类发展的过程中，也会带来一些负面影响。如果说城市化对拉美国家的负面影响是导致农村贫困移入城市，并产生了大量的贫民窟的话，那么城市化对中国农村的负面影响就是构建了农村新的贫困主体——留守人口，其中留守儿童对阻断农村贫困的代际传递最为不利。中国在如此短的时间内，形成如此大规模的"留守儿童"，在人类城市化进程中是史无前例的。虽然说，人口流动总体上有利于人类发展和儿童福利的改进，但对于留守儿童所产生的负面影响，若能从福利制度上找到突破口，无疑对全面改进中国儿童福利状态是十分重要的。

自2002年起，各领域学者陆续开始重视留守儿童研究，不断揭示出这

---

[*] 在未特别说明的情况下，本文的留守儿童只包括农村户籍的10～18岁未成年人。文中所用的调查数据来自中国国际扶贫中心2013年开展的"集中连片特困地区农户多维贫困调查"的儿童问卷部分。问卷主要调查人员包括中国国际扶贫中心王小林、张德亮、梁怡、张晓颖，华中师范大学博士研究生覃志敏、向家宇，北京大学本科生王二锋。

[**] 张晓颖、高睿：中国国际扶贫中心研究处项目官员；王二锋：北京大学光华管理学院本科生。

一群体在学习、生活中遇到的诸多问题，提及最多的包括照料及心理健康等问题。本文以城市化为背景，在尚晓援、王小林（2012）儿童多维贫困分析框架下，较为全面地概括了父母进城打工之后，10 ~ 18 岁的农村留守儿童在家庭、学校及社会活动中的现状并加以分析。总体而言，"留守"对农村儿童的负面影响较为突出，他们在生存、健康、保护、发展、参与等方面的权利均落后于非留守儿童，部分差异在贫困地区和女童中尤为明显。但是，留守儿童在一些方面优于非留守儿童，例如在有厌学情绪的儿童中，贫困地区的留守儿童少于非留守儿童，这说明在贫困地区，大多数儿童仍然相信知识改变命运，只有努力学习才能摆脱贫困。

## 二 城市化对农村留守儿童的影响及特征

"留守儿童"一词最早出现在 1994 年《留守儿童》一文中，那时的留守儿童主要是指父母出国工作、学习而被留在国内的孩子（一张，1994）。今天公众所熟悉的农村留守儿童，源于 1997 年《"留守子女"更需要爱》（孙华等，1997）一文，这篇文章分析了农村留守儿童在照料缺失的情况下，自我管理能力下降，青少年犯罪增加，对社会治安产生了新威胁等问题。2002 年，《光明日报》撰文《农村"留守儿童"教育问题亟待解决》，从此，媒体开始大规模地关注留守儿童（周福林等，2006）。2005 年以后，心理学、社会学、教育学、经济学等不同领域的学者陆续发表文章关注这一新弱势群体，留守儿童成为学术领域关注的一个热点话题。

由此可见，留守儿童问题是伴随着我国的城市化进程出现的。事实上，城市化对农村户籍儿童的影响，也是从对他们父母的影响开始的。随着城市的不断开放，越来越多的农民告别农村进城打工，在政策体制、家庭环境及其他限制因素的共同作用下，农村儿童裂变为三大主要群体：与单亲或者亲戚一起生活的"留守儿童"、与父母一起外出的"随迁子女"和与父母一同留在农村的"原住儿童"。这三大群体的构成并不是一成不变的，随着我国城市化进程的不断推进，留守儿童随着国家政策和父母身份、经济能力的变化也在"留守"和"流动"间相互转化。目前的研究多认为，"留守"对儿童产生的负面影响较多，尤其对儿童的自信心、沟通能力等（周宗奎等，2005）。但是随着儿童的成长，"留守"对儿童个体的影响也悄然发生了变化，一些积极的影响正在显现，例如一些曾经的留守儿童在成年之后具有超出同龄人的自理能力。

# 三　本文的分析框架及样本选择

## （一）分析框架

贫困儿童不等于居住在贫困家庭的儿童。农村劳动力流动对增加农村居民收入、缓解农民家庭贫困、改善农民家庭福利具有积极效应（蒲艳萍，2011），但在很多情况下，家庭贫困的缓解并不一定带来儿童贫困的缓解。森（Sen，2012）认为，"家庭中其他竞争性需求、儿童营养健康知识不足、市场机制在提供公共服务方面的局限性、性别不平等都会影响收入提高向儿童发展传导的程度"。事实上，在许多发展中国家的农村，当家庭发生变故的时候，让儿童，尤其是女童辍学是家长的第一选择（Hillman等，2004）。所以，儿童贫困不同于成人、家庭的贫困，儿童贫困表现在很多方面：较高的营养不良比例、儿童死亡率、因贫困而受到社会的歧视和排斥、严重的心理自卑等（尚晓援、王小林，2012）。

本文以尚晓援、王小林（2012）"基于《儿童权利公约》和《中华人民共和国未成年人保护法》的多维贫困"分析框架为基础，选择"生存""健康""保护""发展"和"参与"五个维度（表2-1），综合呈现了农村留守儿童的贫困状况并加以分析，结合目前正在进行的留守儿童保障政策提出政策建议。10~18岁是儿童逐渐形成正确的价值观、人生观的关键时期，但在我国农村却有一大批儿童无法享受家庭的关爱，因此综合评价这一年龄段的留守儿童的学习和生活，对深入了解留守儿童的生活和精神世界极为重要。

## （二）样本描述

本文数据来源于中国国际扶贫中心2013年开展的"集中连片特困地区农户多维贫困调查"的儿童问卷部分。源数据采集地包括四川、内蒙古、广西、甘肃四省的6个县：广西都安瑶族自治县（少数民族自治县）、甘肃康乐县、四川仪陇县、内蒙古和林格尔县、内蒙古土默特左旗和内蒙古清河县。除内蒙古的 3 个县外，其余 3 个县为国家扶贫开发重点县。本次调查采用随机抽样的方法，对村镇小学、中学的在校生进行问卷填答及小组访谈，为使儿童正确理解卷面题目，调研组主要选择小学四年级～高三的学生进行随访。

表 2 - 1　分析框架及含义

| 维　度 | 含　义 |
|---|---|
| 生　存 | 基本生活保障，包括衣、食、住等 |
| 健　康 | 主要指健康情况，包括医疗保障、饮用水、卫生设施和能源环境等 |
| 保　护 | 学校、家庭、社会能否为儿童成长提供一个安全的环境 |
| 发　展 | 儿童智力的发展，主要指教育权利的保障<br>儿童能力的发展，主要包括是否具有健康的心理、积极乐观的生活态度、健全的性格、良好的人际关系<br>学校、家庭、社会有没有为儿童的发展提供良好的环境，主要包括家庭和谐，父母照料、呵护等 |
| 参　与 | 儿童在家庭、文化、社会生活方面的参与，主要包括儿童决定自己的日常生活、学习、交友及业余爱好 |

本次调查共回收问卷 2003 份，本文的考察对象是 10～18 岁农村留守儿童，因此剔除城镇户口、年龄小于 10 岁和大于 18 岁的，本报告共含 1839 个有效样本，其中男童 883 人、女童 956 人。

目前，学术界对"留守儿童"的定义还不尽一致，讨论的焦点主要集中于父母外出的时间、儿童与父母分离的时间等。本文采用较为常见的留守儿童定义，即"父母双方或一方从农村流动到其他地区，自己留在户籍所在地农村并且不能和父母双方共同生活的未满 18 周岁的未成年人（全国妇联儿童工作部，2011）"。除此之外，本文还对分离时间做了限制，选择了父母一方或双方与子女年分离时间超过三个月以上的儿童。

按照以上定义统计，整体样本中 10～18 岁农村户籍留守儿童占此年龄段农村儿童的 49%。在 10～18 岁农村学龄阶段留守儿童中，女童略多于男童（53∶47）。农村留守儿童在校生中，10～12 岁（小学阶段高年级组）占 31%，13～15 岁（初中阶段）占 47%，16～18 岁（高中阶段）占 22%。留守儿童中与父母同时分离超半年的占 27%（见图 2 - 1）。

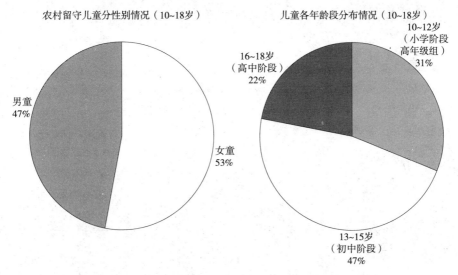

图 2 - 1　农村留守儿童概况（10 ~ 18 岁）

# 四　我国留守儿童多维贫困现状

## （一）生存

无论是在家庭资产、吃饭、住房、穿衣等方面，还要独自面对生活中的各种各样的困难，留守儿童都落后于非留守儿童。以留守儿童生活条件为例，在认定的贫困户和低保户中，留守儿童家庭比例明显高于非留守儿童家庭。很多学者质疑低保户或贫困户的认定受人为影响较大，但从调查结果来看，近半数留守儿童认为和周围的人家相比自己家的生活水平中等偏下或更差，留守儿童对家庭生活水平的自评价低于非留守儿童（图2 - 2）。

《中国农村扶贫开发纲要（2011 ~ 2020 年）》中明确规定，我国未来十年扶贫开发的总体目标是：到2020 年，稳定实现扶贫对象不愁吃、不愁穿，保障其义务教育、基本医疗和住房。从调研结果来看，留守儿童在吃、穿、住、医疗、教育等方面都落后于非留守儿童。

从儿童的住房来看，留守儿童在居住条件上落后于非留守儿童。留守儿童主要有三种居住方式：住校、在家居住和租房（图 2 - 3）。其中，超过2/3 的留守儿童住校，在样本中的少数民族自治县，留守儿童住校比例高达

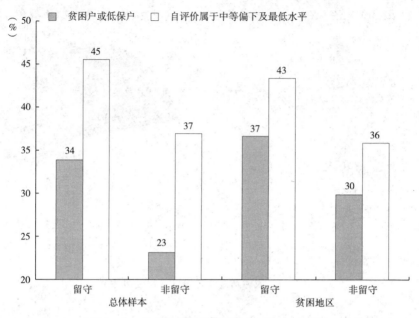

图 2 - 2  留守儿童家庭贫困情况 （10～18 岁）

81％。儿童住校年龄不断年轻化，56％的留守儿童从小学阶段（5～11 岁）开始住校，其中 19％的儿童 10 岁（小学 5 年级）开始住校。而非留守儿童，主要是从 10～12 岁开始住校，其中 10 岁和 12 岁最为集中。低年级儿童住校给儿童身体健康和心理发育带来很多问题，本文的第五部分将详细论述。在住校的留守儿童中，女童占 57％。

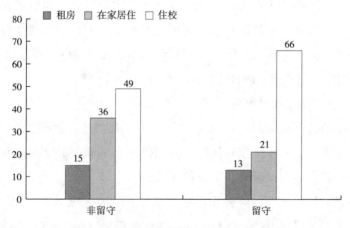

图 2 - 3  农村儿童居住类型 （10～18 岁）

在家居住是农村儿童的第二大居住类型。对于那些在家居住的留守儿童，他们的居住条件也明显落后于非留守儿童（图2-4）。以儿童家庭房屋墙体为例，在农村，28%的10~18岁留守儿童生活在土墙或木头墙这种危险的环境中，相比之下只有17%的非留守儿童生活在这种环境中。

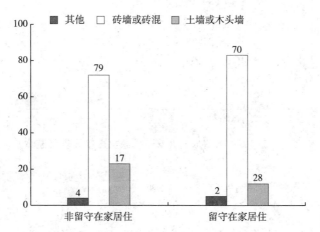

图2-4 实际在家居住的农村儿童家庭墙体结构（10~18岁）

留守儿童的"不愁穿"还没有完全实现。在整体样本中，仍有18.09%的留守儿童和14.59%的非留守儿童感觉"缺衣服"，尤其是在少数民族自治县，22.38%的留守儿童和15.95%的非留守儿童"缺衣服"。在主观感受"冬天穿不暖和"的农村儿童中，显示了同样的趋势。

## （二）健康

### 1. 总体健康状况

留守儿童的身体素质普遍较弱。调研发现，总体样本中9%的留守儿童和6%的非留守儿童自感身体较差（图2-5），主观感受身体素质良好的留守女童较非留守女童少近20%（图2-6）。一半以上的非留守儿童认为自己身体状况良好，而一半以上的留守儿童认为自己身体状况一般（图2-7）。半数以上的非留守女童自感身体良好，3/5的留守女童主观感受身体一般（图2-8）。留守儿童健康水平偏低，过去一个月没有生病的情况中，留守儿童比例低于非留守儿童11个百分点，4/5以上的留守儿童生病1~3次（图2-7）。留守女童和男童没生病的比例均低于非留守女童和男童（图2-8）。

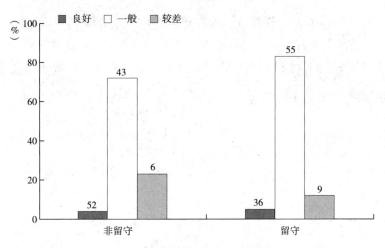

图 2 - 5　10～18 岁农村儿童身体状况自我评价（整体）

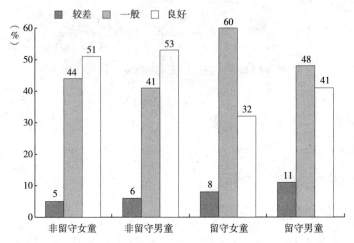

图 2 - 6　10～18 岁农村儿童身体状况自我评价（分性别）

### 2. 营养摄入

相较于非留守儿童，留守儿童普遍存在营养摄入不足的问题，这是导致儿童身体素质差的根本原因之一。留守儿童不能保证一日三餐的比例，明显高于非留守儿童。总体样本中，62% 的留守儿童每天吃 2 顿饭或少于 2 顿，但只有 42% 的非留守儿童每天吃 2 顿饭或少于 2 顿，相差 20%。样本中的贫困县问题更加严重，71% 的留守儿童和 62% 的非留守儿童每天吃 2 顿饭或少于 2 顿。主观感受吃不饱或不知道的儿童中，留守儿童比例仍高于

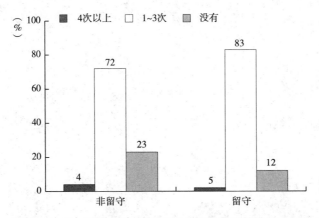

图 2 - 7　10~18 岁农村儿童最近一个月生病情况（整体）

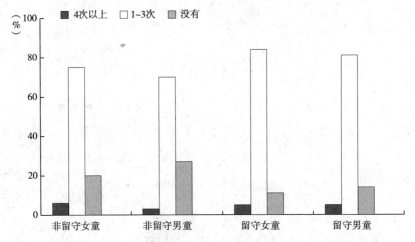

图 2 - 8　10~18 岁农村儿童最近一个月生病情况（分性别）

非留守儿童（图 2 - 9）。

**专栏 1：农村义务教育学生营养改善计划**

为缓解贫困地区儿童膳食营养不够导致儿童身体素质差的问题，我国从 2012 年开始实施"农村义务教育学生营养改善计划"。供餐形式主要以午餐为主，地方试点以贫困地区、民族地区、边疆地区、革命老区等为重点，所需资金由地方财政统筹安排，供餐食品特别是加餐应以提供肉、蛋、奶、蔬菜、水果等食物为主（教育部，2012）。但是从目前来看，由于营养餐的标准是 3 元/餐，因此许多地方政府将午餐变成了早餐（图 2 - 10）。贫

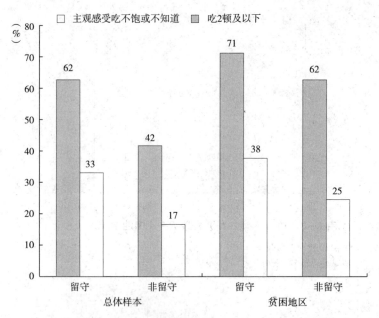

图 2 - 9　农村儿童吃饭情况（10～18 岁）

困县营养餐供给较好，过半的儿童能吃上免费早餐，1/5 的儿童有免费午餐（免费早、午餐不同时供应）。过半免费早餐中有鸡蛋，35% 的免费午餐中有肉。

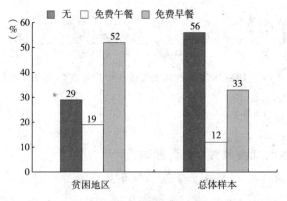

图 2 - 10　农村营养餐情况

在对营养午餐的评价中，认为"营养餐不够吃"和"免费餐味道极差或很差"留守儿童多于非留守儿童。在留守儿童中，超过 1/4 的儿童认为不够吃，1/3 认为不好吃，但留守儿童对营养餐的整体满意率高于非留守儿童，比例为 72：66。近半数的儿童认为免费营养餐变好了。

### 3. 营养均衡

造成身体素质差的另一个原因是营养摄入不均衡。留守儿童多由单亲、祖父母照顾或自我照料。单亲一般要承受较大的劳动强度，在长期疲乏的状态下，很难对子女日常用餐给予足够关注；在祖父母照料的情况下，老人饮食结构较为单一，而且对孩子的偏食等任性行为也常因溺爱听之任之；自我照料的儿童其自身尚未形成完全的认识能力，而不能意识到饮食健康的重要性，仅凭个人喜好选择食物。

> 案例 1：来自安徽阜阳的苑玉引，在孩子一岁半的时候就开始外出打工，五六年来孩子一直是爷爷奶奶在照顾，她充满内疚地说道："像我女儿，只吃米饭喝粥，不吃青菜，只是偶尔吃点土豆。儿子也一样，绿叶菜一点不吃，可老人也由着孩子。爷爷口味偏重，做菜油大盐多……"①
>
> 案例 2：来自甘肃定西的金小琴在北京做家政工作，将女儿和儿子留在家中。在来京之前，她有意识地培养孩子自己做饭的能力。有一次她无意中发现，儿子一星期竟然吃光了一桶 5 斤的油，追究原因，原来是儿子把油直接倒在碗里拌面条吃了，觉得"还挺香的"。②

### 4. 健康行为

在家长监管缺失的情况下，很多留守儿童过早地染上了吸烟、喝酒等恶习。普遍而言，在有过吸烟、喝酒经历的 10～18 岁农村儿童中，留守儿童比例均明显高于非留守儿童，尤其是在贫困地区。在农村，有过喝酒经历的儿童普遍多于有过吸烟经历的儿童，尤其在贫困地区有过喝酒经历的留守儿童接近 1/5（图 2－11），这可能与农村地区的家长在喝酒或聚会时多让儿童（尤其是男童）参加有关。

留守儿童的卫生习惯也比非留守儿童差，尤其是在贫困地区。在总体样本中，13% 的留守儿童不能坚持每天刷牙，仅 5% 的非留守儿童不能做到。

---

① 北京富平学校、北京富平家政服务中心：《富平家政通讯》，2013 年第 108 期，"孩子，你在家乡还好吗？——家政姐妹和他们的孩子们"专题报道。
② 北京富平学校、北京富平家政服务中心：《富平家政通讯》，2013 年第 108 期，"孩子，你在家乡还好吗？——家政姐妹和他们的孩子们"专题报道。

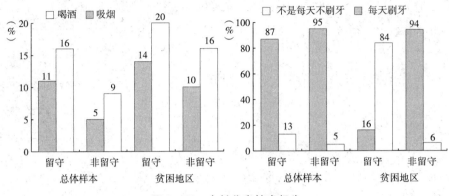

图 2 - 11　农村儿童健康行为

### 5. 看病距离及医保

整体而言，农村地区的看病难问题已由过去的"看病贵"转变为现在的"看病远"。在农村生病后只有不到一半的儿童能在 1 公里范围内就医，11% 的儿童要到 5 公里以外的卫生室就医。样本中的少数民族自治县情况更糟，仅 1/3 左右的儿童能实现在 1 公里范围内就医，近 20% 的儿童生病后要到 5 公里外就医。另外，留守儿童加入合作医疗、医疗保险，或公费医疗的情况也比非留守儿童差，只有 70% 的留守儿童有医保，与之对应的，84% 的非留守儿童有医保。

### 6. 卫生环境

儿童所处的生活环境、卫生条件较差，也是造成农村地区留守儿童身体素质差的原因。水是生命之源，以饮水为例，17% 的留守儿童家庭无法获得安全饮用水（不足 5 米的浅井水及其他未受保护的水源）。这主要与留守儿童家庭条件有关，很多留守的母亲或者老人没有资金或体力改善家庭环境，只能维持原样，继续使用陈旧的取水方式。这一现象在样本中的少数民族自治县更加严重，30% 的留守儿童家庭与 24% 的非留守儿童家庭无法获得安全饮用水（图 2 - 12）。另外，对于那些家里没有自来水的留守儿童，取水也是造成他们业余时间少的原因之一。

留守儿童家庭卫生条件差。尚晓援、王小林（2012）将室内水冲式、室外冲水厕所和干式卫生厕所视为可以获得的基本卫生设施，把使用粪桶、旱厕、无设施及其他类型视为不能获得基本卫生设施。整体样本中超过

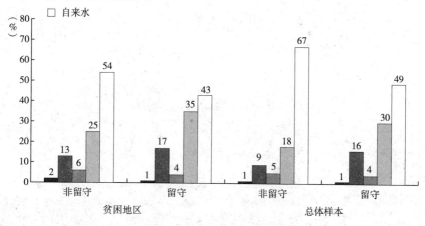

**图 2 - 12　农村家庭饮水安全情况**

70%的农户无法获得基本卫生设施（图 2 - 13），留守儿童家庭与非留守儿童家庭差异不大，旱厕最为普遍。但在样本中的少数民族自治县，过半的留守儿童无法获得基础卫生设施，比非留守儿童家庭高 10%。

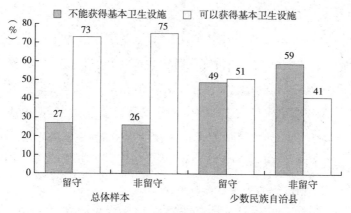

**图 2 - 13　农村卫生设施（厕所）情况**

由于燃烧煤炭、柴草及动物粪威胁健康，所以家庭使用以上能源做饭、取暖，则视为"能源贫困"。整体而言，农村 3/5 以上的家庭属于能源贫困（图 2 - 14），主要由于煤的使用量较大，处于能源贫困的留守儿童家庭多于非留守儿童家庭。这种环境严重影响那些需要参加家务活动的留守儿童，尤其是女童。

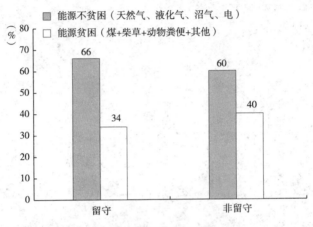

图 2 - 14　农村家庭能源使用情况

## （三）保护

### 1. 农村儿童对"安全感"的整体评价

整体而言，学校和家庭较好地承担起了保护儿童的责任。大多数儿童认为学校和家庭是安全的，认同家里安全的儿童多于认同学校安全的儿童。但在留守儿童和非留守儿童间仍存在细微的差别。基本上，留守儿童认为"学校安全"的比例略高于非留守儿童，非留守儿童认为"家庭安全"的比例略高于留守儿童。在认为"家庭安全"的儿童中，留守女童略微少于非留守女童；在认为"学校安全"的儿童中，留守女童略微多于非留守女童。

学校、家庭应当承担保护儿童的主要责任，它们有义务让儿童懂得什么事情是危险的，同时避免其受到伤害。尤其是在小学阶段，家长与老师应该让孩子明白什么是危险的，并教会学生如何过马路、在地震中逃生、避免火灾等安全知识。但是从调查（表 2 - 2）来看，只有 77% 的农村儿童自认为知道什么事情是危险的，留守儿童比例低于非留守儿童，男童多于女童。

学校较好地保护了儿童。90% 的 10 ~ 18 岁农村儿童同意"学校会教会我如何保持安全和保护自己"，但在认同以上观点的儿童中，留守儿童比非留守儿童少6%，留守女童比例小于非留守女童。

对于留守儿童而言，他们需要老师带来的温暖相对较多，68%的留守儿童认为，遇到家庭无法解决的问题时，老师能够帮助他们，与非留守儿童比例一致；但持此观点的留守女童少于非留守女童，这说明留守儿童在学校并没有得到老师的额外关心。

表 2–2　农村儿童安全感受（10～18 岁）

单位:%

| | 留守儿童 | | | 非留守儿童 | | |
|---|---|---|---|---|---|---|
| | 总体 | 女童选"是"的比例 | 男生选"是"的比例 | 总体 | 女童选"是"的比例 | 男生选"是"的比例 |
| 认为家里安全 | 79 | 80 | 79 | 84 | 87 | 82 |
| 认为学校安全 | 71 | 70 | 71 | 67 | 67 | 67 |
| 知道什么事情危险 | 77 | 74 | 79 | 80 | 79 | 80 |
| 学校会教我如何保持安全和保护自己 | 87 | 88 | 86 | 93 | 95 | 91 |
| 遇到家庭无法解决的问题，老师能帮我 | 68 | 64 | 72 | 68 | 69 | 68 |

### 2. 家庭暴力或者家长体罚儿童

家长外出打工，多将孩子留给母亲一人或祖父母抚养；在祖父母的家庭中，很多情况下还是好几家的孩子共同抚养。这种家庭结构和照料模式对儿童的成长极为不利，单亲（主要是母亲）或者祖父母容易存在照料疏忽问题。近40%的留守儿童与家长存在"较大"矛盾（图2–15），是非留守儿童的2.6倍。在与监护人有"较大矛盾"的儿童中，留守女童比例高于非留守女童。这种"不开心"和"难沟通"的家庭环境，对青少年成长造成了严重的负面影响。

在留守儿童家庭中，家长家庭工作繁重或祖父母年事已高无暇打骂儿童，相反，非留守儿童家庭的"打骂"现象却高于留守儿童家庭。但是在监护人对儿童意见不统一的时候，3%的留守儿童家长选择用硬物打孩子这种简单粗暴的方式进行教育，而在非留守儿童家庭仅有1%的父母选择这种可能伤害儿童的方式。

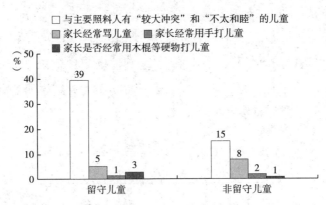

图 2－15　农村儿童家庭暴力或体罚情况（10～18 岁）

## 3. 校园暴力

我国《义务教育法》第二十九条规定："教师应当尊重学生的人格，不得歧视学生，不得对学生实施体罚、变相体罚或者其他侮辱人格尊严的行为，不得侵犯学生合法权益。"但在农村地区，老师体罚儿童现象仍然存在。在校园里，留守儿童被老师打骂的比例小于非留守儿童。30%的留守儿童和47%的非留守儿童有被老师打骂的经历（图 2－16）。

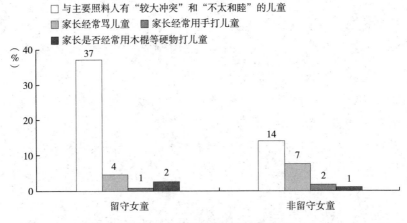

图 2－16　女童遭受家庭暴力情况

校园暴力也包括同学之间的虐待与冲突。在整体样本中，39%的留守儿童和40%的非留守儿童被同学打骂过，比例基本一致。但值得注意的是，本文测算的校园暴力比例要比尚晓援、王小林（2012）测算的中国儿童福利示范区的校园暴力比例高 2 倍左右。

**4. 社会上针对儿童的暴力**

在农村地区，社会上针对儿童的暴力情况较为严重，且针对留守儿童暴力发生率比针对非留守儿童暴力发生率更高。在尚晓援、王小林（2012）的调查中，项目样本县的儿童在校外被打劫的比例为 2.49%；而在本文的总体样本中，14% 的留守儿童和 7% 的非留守儿童有过在校外被打劫的经历（图 2 – 17），贫困地区最为严重，16% 的留守儿童和 11% 的非留守儿童有过在校外被打劫的经历。

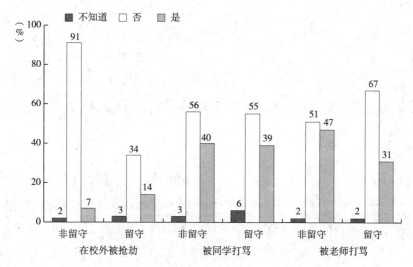

**图 2 – 17  农村地区校园暴力及其他暴力情况（10 ~ 18 岁）**

**5. 其他不安全因素**

留守儿童因为照料缺失且安全知识缺乏，多容易在无人照料或者家长无暇照顾的时候发生安全事故。中国儿童死于意外伤害的原因中，交通事故和溺水是两大重要原因（尚晓援、王小林，2012）。在调研中，很多农村家长承认会让儿童独自在马路上玩耍或者去河里游泳，尤其是在家长很忙的时候，更加没有时间照顾儿童。最近媒体频频报道的留守儿童安全事故，也不断敲响了学校与社会的警钟。

## （四）发展

对于 10 ~ 18 岁的儿童，受教育是他们的基本权利。目前，我国已经基本普及九年义务教育，但是从调研结果看，农村地区最大的问题是如何提高教育质量，保证儿童能够有充足的时间和精力投入学习中。这一问题对留守儿童而言尤为重要。

**1. 教育资源的可及性（上学的距离、工具书、是否为学费发愁）**

**上学距离**

农村儿童在学校环境和教育资源的获得等方面表现不佳。我国农村撤乡并镇以后，为整合教育资源，对村办小学校进行了整合。这样做虽然从空间上对学校、老师等教育资源进行了优化配置，但是对于偏远农村的儿童而言，上学出现了新的困难。总体而言，留守儿童大多住得远离学校，就少数民族地区而言更是如此。在总体样本内，44%的留守儿童和32%的非留守儿童上学距离超过5公里，这意味着他们要步行40分钟以上才能到达学校。样本中少数民族自治县更加严重，64%的留守儿童和44%的非留守儿童上学距离大于5公里，这导致该地区81%的留守儿童和63%的非留守儿童需要住校。

**工具书**

农村儿童在学习资源的获取方面也存在问题。以字典为例，我国从2013年寒假后开学起，为全国农村地区中小学1~9年级在校生免费提供《新华字典》。但从目前来看，农村地区1~9年级在校儿童距离人手一本字典的目标还有一定距离，留守儿童字典普及率明显低于非留守儿童，二者比例为56:81。样本中少数民族自治县已经发生了积极的变化，随着国家不断加大对少数民族地区的扶持力度，这一地区4~9年级的学生中，80%的留守儿童和93%的非留守儿童人手一本字典，但留守儿童仍处于弱势。

**学费**

虽然国家实行了"两免一补"政策，但仍有35%的留守儿童和31%的非留守儿童为学费担忧。尤其在样本中的少数民族自治县，近一半（47%）的留守儿童在为学费发愁，而非留守儿童比例为37%。

**2. 可支配的业余时间（是否要做额外的农活和家务）**

由于单身母亲和隔代老人的劳动能力有限，通常需要留守儿童做额外的家务或农务以补充，尤其是在少数民族地区。总体样本中，46%的留守儿童经常需要帮助家长做农活，而仅有1/3的非留守儿童需要帮忙。在做家务方面，半数以上农村儿童需要经常帮忙，留守儿童比例高于非留守儿童（图2-18）。在需要经常帮忙干家务或农活的儿童中，留守男童、女童比例均高于非留守男童、女童（图2-19）。

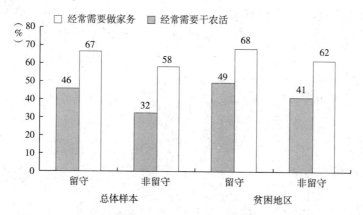

**图2-18 10~18岁农村儿童参与农业及家庭劳动情况（整体）**

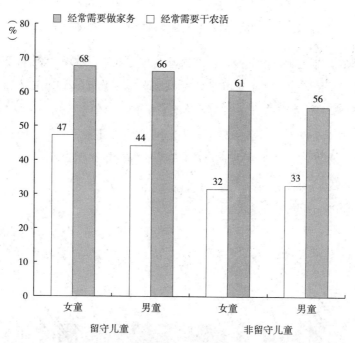

**图2-19 10~18岁农村儿童参与农业及家庭劳动情况（分性别）**

大多数儿童愿意帮助家长干活，但留守儿童比例明显低于非留守儿童（图2-20），这主要是因为与非留守儿童相比，留守儿童需要参与更加繁重的农业及家庭劳动。在对"家长强迫你做的事情是什么"的调查中，选择"无"的非留守儿童明显多于留守儿童，留守儿童填写的答案多是与较重的农业家庭劳动相关，诸如割草、干农活、放牧、杀鸡、取水等，而非留守儿童的答案多半与生活或较轻的农活、家庭、老师相关，例如剪头发、照料弟妹、洗碗等。

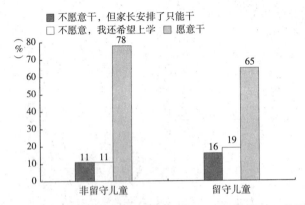

图 2 – 20　10～18 岁农村儿童自愿做农务、家务情况（整体）

多数农村儿童能够理解监护人并愿意帮忙干农务及家务，但留守儿童少于非留守儿童，留守女童少于非留守女童（图 2 – 20、图 2 – 21）。在不愿意干活的留守儿童中，19% 的留守儿童表示"不愿意，我还希望上学"，16% 对此表示无奈，虽然"不愿意干，但家长安排了只能干"。留守儿童不愿干活的比例高于非留守儿童（图 2 – 20），留守儿童女童多于非留守女童（图 2 – 21）。

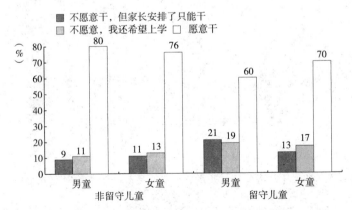

图 2 – 21　10～18 岁农村儿童自愿做农务、家务情况（分性别）

### 3. 学习的积极性（是否厌学）

在厌学情绪方面，留守儿童和非留守儿童并无明显的差别，7% 的留守儿童和 9% 的非留守儿童表示"不喜欢学习"。样本中，少数民族自治县厌学儿童比例相对较高，但是非留守儿童比例高于留守儿童，二者比例为 2∶1，这表明可能因为在这些经济落后地区，留守儿童的父母在外打工的经验影响了整个家庭的教育观念，他们更相信知识改变命运，只有学习才能使他们摆脱贫困。

### 4. 沟通能力（是否愿意与人交往）

缺乏交流是造成留守儿童心理问题的因素之一，他们中的一部分从来不与同伴玩或很少与同伴玩。整体样本中，只有不到一半的留守儿童经常与同伴玩，6% 的留守儿童从来不与同伴玩；与之不同的是，65% 的非留守儿童经常与同伴玩，仅 1% 的非留守儿童从来不与同伴玩（图 2 - 22）。留守女童尤为不愿与人交往（图 2 - 23），6% 的留守女童从不和别人玩，只有 1% 非留守女童不愿与人交流。

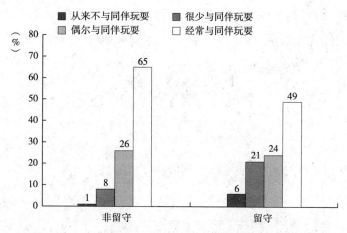

图 2 - 22　10 ~ 18 岁农村儿童与同学交往情况（整体）

### 5. 家庭和谐（母亲离婚率）

母亲对儿童的成长至关重要。在"你最想对妈妈说的一句话"一题中，1/5 的留守儿童对妈妈的辛勤劳动表示感谢，1/5 的留守儿童大胆说出了对妈妈的爱，近 1/3 的留守儿童说妈妈辛苦了，另外有近 1/10 的儿童表示想妈妈，希望她回家。由于长期与父母聚少离多，很多留守儿童的家庭破碎，

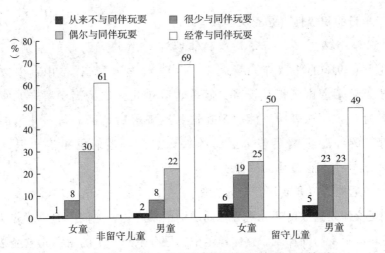

图 2-23　10~18 岁农村儿童与同学交往情况（分性别）

这种家庭的不和谐因素对儿童的成长造成了极为负面的影响。以母亲"再婚"和"离异"情况（图 2-24）为例，留守儿童母亲"再婚""离异"的比例明显高于非留守儿童。有孩子写道："妈妈，希望你在另一个家庭做一个贤妻良母。"这短短的一句话，不但揭示了母亲之前或忙于打工或忙于家务造成对儿童关爱不够，同时也反映了家庭和谐对儿童成长的重要性。

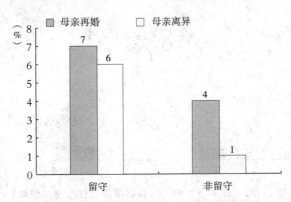

图 2-24　农村儿童母亲"再婚"和"离异"比例

## （五）参与

儿童参与权是指儿童参与家庭、文化、社会生活的权利（尚晓援、王小林，2012）。本文选择了日常生活、学习、交友、业余爱好四方面的内容

综合比较了留守儿童和非留守儿童的参与权差异情况。综合来看（图2 -
25），在10～18岁的农村儿童中，能自主决定学习（学什么、怎么学、上
什么学校）的儿童最多，都超过半数，且留守儿童与非留守儿童差别不大，
其次是日常生活，再次是交友，最后是业余爱好，仅23%的留守儿童和
31%的非留守儿童能决定自己的业余爱好。留守儿童在自己决定"学习"
和"日常生活"方面，与非留守儿童差别不大，在自己决定"交友"和
"业余爱好"方面，留守儿童弱于非留守儿童。

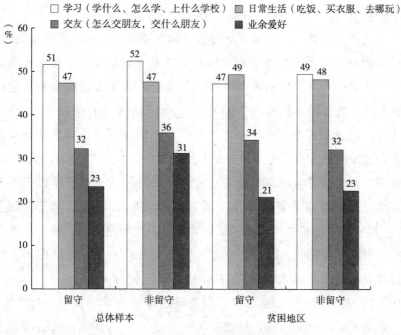

图2-25　农村儿童参与权情况（10～18岁）

## （六）小结

很多人认为，农村留守儿童的父母在外打工，虽然情感上不能得到关
怀，但是在物质条件上应略好于非留守儿童。事实恰恰相反，从调查结果
来看，留守儿童在家庭资产、吃饭、住房、穿衣等方面都落后于非留守儿
童。农村1/3的留守儿童（10～18岁）家庭属于低保户、贫困户或二者都
是。2/3的留守儿童住校，其中56%的留守儿童从小学阶段（5～11岁）开

始住校。住校的留守儿童中，女童比例高于男童。

健康和医疗保障是儿童的基本权利（尚晓援、王小林，2012）。由于长期缺乏照料，很多留守儿童的身体素质较差。儿童正处于成长的关键阶段，但绝大多数留守儿童无法按时、按量摄取必要的营养，导致发育不良。留守在家居住的儿童由于照料缺失、自我管理能力不强、家庭自身条件差等方面的问题，常吃不好饭；而住校的留守儿童，学校又不能提供很细致的照料，难以保证儿童的营养达标。制约农村儿童健康的因素还包括农村看病远及医保覆盖率低，尤其是留守儿童。

学校和家庭较好地保护了儿童，但是10~18岁农村儿童中认同"学校安全"的儿童比例低于认同"家庭安全"的儿童比例。在认同"家里安全"的农村儿童中，留守儿童少于非留守儿童，留守女童少于非留守女童。老师并没有给留守儿童额外的安全关怀。在家里，监护人在对留守儿童进行教育警告时，选择"用硬物打"的比例高于同样情形的非留守儿童比例。留守儿童在其他安全方面也存在诸多问题，例如被校外抢劫的比例高、经常独自在危险的地方玩耍等。

留守儿童厌学情绪较非留守儿童更轻，但留守儿童的发展机会小于非留守儿童，尤其是在教育资源的可及性、可支配的业余时间等方面。在"留守"这种特殊的成长环境中成长的儿童，心理问题较为严重，不愿与同伴玩耍交流的儿童偏多，其中留守女童多于非留守女童。家庭的不和谐给本来就脆弱的留守儿童增加了成长的烦恼。

10~18岁的农村儿童参与权从高到低的排序依次为学习、日常生活、交友、业余爱好。留守儿童在自己决定"学习"和"日常生活"方面与非留守儿童差别不大，在自己决定"交友"和"业余爱好"方面弱于非留守儿童。

## 五 留守儿童政策、实践梳理

### （一）政策梳理

**1. 中央政策**

随着城市化进程中人员流动的增多，进城务工就业农民工子女教育问题在政策层面得到关注和明确，即由农民工输入地政府承担同住子女教育责任，由输出地政府解决托留在农村的子女教育问题。2006 年，由全国妇联、教育部等 13 家单位组成的农村留守儿童专题工作组成立，自此，涵盖教育、健康、户籍管理、社会保障和财政支持的农村留守儿童问题协调统筹工作机制正式形成。2007 年，国家首次开展全国范围内的农村留守儿童调研工作，国务院农工办将农村留守儿童状况列入农民工问题前瞻性研究课题，农村留守儿童专题工作组先后于 2007 年和 2012 年在全国组织开展了两次大规模的调研工作，并分别于 2011 年和 2013 年发布了农村留守、流动儿童状况调查报告，充分掌握了当前农村留守儿童现状和问题，通过不断梳理总结解决问题的对策和建议，为政府决策提供科学依据。农村留守儿童专题工作组充分发挥协调职能，就教育部、卫生部等各成员单位职责和工作下达政策文件，明确工作重点，起到了很好的统筹作用。近十年来，相比其他领域，与留守儿童教育相关的政策更加突出，针对留守儿童教育问题制定的政策朝着具体化、精细化的方向发展。

**2. 地方政策**

我国已有 20 余个省、直辖市、自治区将农村留守儿童的权益保护写入省级《义务教育法》和《未成年人保护法》实施办法中。地方各级工作部门就"留守儿童"相关工作发布的工作意见、实施办法等政策性文件更是数不胜数，内容涵盖教育、儿童保护、心理关爱等方面。据统计，仅2004 ~ 2008 年，各地妇联为推进解决农村留守、流动儿童问题参与制定的省市级文件就有 542 份。目前，各地政策实施不平衡，部分省市未制定专门的留守儿童政策，只是在普惠的儿童保护政策下管理留守儿童；有的省市制定的政策中对留守儿童工作的部署非常细致，有明确的目标和具体的任务，有的省市则停留在概况规定上；各地开展的留守儿童管理实践创新居多，鲜有促进留守儿童与父母共同外出的政策。

## （二）实践梳理

**1. 农村寄宿制学校**

2001 年 5 月 29 日，国务院发布的《关于基础教育改革与发展的决定》中指出，应"因地制宜调整农村义务教育学校布局"，自此农村中小学"撤点并校"工作拉开帷幕。随后，教育部等相关部门先后发布了《国家西部地区"两基"攻坚计划（2004~2007年）》（2004）、《西部地区农村寄宿制学校建设工程实施方案》（2004）、《关于进一步做好农村寄宿制学校建设工程实施工作的若干意见》（2005）、《教育部关于实事求是地做好农村中小学布局调整工作的通知》（2006）、《国家西部地区农村寄宿制学校建设工程项目学校管理暂行办法》（2006）、《关于认真做好未"普九"县农村寄宿制学校建设工程实施工作的通知》（2008）等一系列政策文件，明确了"农村寄宿制学校建设工程"的目标、任务和实施方案，逐步加强对农村寄宿制学校专项资金的使用和建设工程的管理，并加大了对家庭困难的寄宿学生的补助和减免力度。

随着留守儿童规模不断扩大，农村寄宿制学校建设逐渐被国家和地方政府列为关爱留守儿童的一项重要举措。2010年7月，《国家中长期教育改革和发展规划纲要（2010~2020年）》以下简称《纲要》颁布，《纲要》肯定了农村寄宿制学校在促进留守儿童问题解决和提高民族地区教育发展方面的重要意义（戚建、叶庆娜，2013），并专门提出："加快农村寄宿制学校建设，优先满足留守儿童住宿需求。"2013年1月，教育部等5部门联合发布的《关于加强义务教育阶段农村留守儿童关爱和教育工作的意见》，进一步把"优先照顾贫困地区的留守儿童有学校寄宿、吃好饭、上下学方便"作为切实改善留守儿童教育条件的首要任务。

寄宿制学校缓解了留守儿童的照料缺失问题，为他们提供了基本的生活照料、学习上的监督和指导，以及与同辈群体交流、玩耍的机会；但在实践中出现了很多问题，例如，学生宿舍拥挤、老师忙于教学疏忽情感交流、学校安全管理较差、伙食营养不够等，这些都影响了农村儿童的健康成长。

**2. 心理咨询室**

留守儿童存在心理问题，在政府、学校和民间团体推动下，一些农村地区的中小学校开始尝试设立留守儿童心理咨询室。目前，各地开展的留守儿童心理咨询活动的形式主要有：团体辅导、个别交谈、电话和信件咨询，以及讲座宣传活动，内容包括开展感恩、美德、安全、环保等方面的教育。心理咨询老师多由在校教师、大学生志愿者和社会志愿者等组成。

学校心理咨询室为预防和缓解留守儿童各种心理问题，提供了一个有效的途径，但在实践中也遇到一些问题，例如，心理咨询的接受度不高，儿童本身并不愿接受辅导，接受心理辅导的学生容易被贴上"问题儿童"的标签；心理咨询的人力资源缺乏，"目前从事留守儿童心理咨询工作的一般都是承担多重教育教学工作的兼职教师，他们不仅普遍缺少心理咨询方面的专业理论和实践知识，繁重的教学工作也势必影响其在时间、精力方面的投入"（叶敬忠等，2008）。

### 3. 家长学校

1998 年全国妇联和教育部发布的《全国家长学校工作指导意见（试行）》中指出："（20 世纪）80 年代以来，我国家庭教育工作得到很大发展，家长学校作为有效形式之一，已经在全国各地发展起来。目前，全国创办的各种类型的家长学校有数十万所。"2004 年，妇联和教育部在试行意见的基础上，又出台了《关于全国家长学校工作的指导意见》，进一步明确了家长学校的性质与任务、指导与管理、组织与领导和评估与检查工作等方面。2006 年，全国妇联建立了 1000 所流动人口子女、留守儿童示范家长学校。各地结合自身实际情况，建立了一批农村留守儿童指导服务机构，例如，四川省的"留守儿童家长学校"，江苏省的"留守儿童爷爷奶奶家教培训班"，河南省的"'四老'家长学校"和留守儿童家庭教育指导中心等。

"家长学校"的活动形式多样，主要有：以全体家长会的形式进行集体指导学习；召开针对留守儿童的寒假家长会；组织分班交流及座谈会（黄颖、叶敬忠，2007）等。培训的内容涵盖了儿童家庭教育的各方面内容，并针对留守儿童增加了心理健康教育。然而，"家长学校"也不可避免地存在一些局限，如长期外出务工的家长参与率不高、临时监护人的（如祖辈、亲友等）参与很难持续、对学校的教学资源要求较高等。

### 4. 代理家长

代理家长主要有两种形式。一种是政府主导、社会参与的社会帮扶措施，重庆南川市鸣玉镇是目前开展代理家长制最早、最深入，也是最成熟的地区之一，主要采取帮扶干部与无人管护留守儿童"一对一"结对组成代理家庭，成为留守儿童的"代理家长"的形式；另一种是有偿的"职业代理家长"，是根据市场需求自发形成的新职业，是传统家政和家教职能的合并。从事这个职业的多是下岗及退休的教师，或传统的家政工人。职业代理家长与留守儿童的家长签订协议，既照顾儿童的生活，也指导儿童的学习，并按时间收取一定的报酬。

与学校寄宿生活相比，代理家长对儿童生活、感情上的照顾更为精细，在一定程度上弥补了留守儿童的感情缺失。另外，由于其个人素质相对较高（多为干部、教师等），相比隔代教育中祖父母的文化水平不高、过于溺爱等弊端，代理家长在教育水平上具有明显的优势。但其局限性在于：第一，"代理家长"并非都是法定意义上的"临时监护人"，存在法律身份不确定、权责不清等问题；第二，"代理"行为多靠个人情感和道德因素维系，持久性差，不够稳定；第三，代理家长在对留守儿童的管教上地位尴尬，过于严厉恐伤和气，管教不力又有失职之嫌；第四，职业代理家长并非传统行业，缺乏完备的社会监管体系，并且职业代理家长因其有偿性，在农村地区，尤其是贫困农村难以推广。

### 5. 社区亲情活动室

社区亲情活动室是以农村社区为载体，设立供留守儿童学习、娱乐、锻炼的公共活动场所，其目的是动员农村社区内部的力量，给予本地留守儿童相应的关爱（张克云、叶敬忠，2010）。活动室通常会配备书籍、电视、电话、电脑等，有些地方称之为"留守儿童俱乐部""留守儿童之家"。活动室主要由各级妇联倡议并组织，当地政府、村委会和学校在人力、物力和财力上进行支持。为避免重复建设，亲情活动室一般依托已有的乡镇文化站和村文化活动室，明确专人负责和管理，并制定相应的管理、监督和考核制度。活动主要包括文体活动、教育培训及针对留守儿童的关爱活动，如亲情电话（视频）、节日慰问等。但目前亲情活动室主要面临资金、监管等问题，在农村地区很难充分发挥作用，尤其是贫困地区。

### 6. 托管家庭

2007 年，中组部、妇联等 7 家单位联合发布的《关于贯彻落实中央指示精神积极开展关爱农村留守流动儿童工作的通知》中就提出，要"加快留守儿童托管中心建设"。很多地方政府在制定留守儿童关爱政策的时候，也将建立留守儿童托管机制作为一项重要的工作。

留守儿童托管家庭主要有营利与非营利两种。托管家庭比寄宿制学校对儿童的生活照料更加精细，比亲情活动室对儿童的监护更周到，但它有着与寄宿制学校类似的局限性，如"管理"大于"教育"、集体生活容易放大不良习惯的影响等。除此之外，私人托管家庭因为缺乏监管机制，存在着一定风险；民办托管家庭没有"正式身份"，不易得到官方的扶持，可持续性难以保证。

**7. 亲情电话**

亲情电话是近年来出现的一种政府倡导、企业和社会参与的爱心行动，主要是在学校和社区中的专门地点或留守儿童家中安装免费电话或发放储值电话卡，为留守儿童和在外的父母创造沟通条件。

# 六 政策建议

留守儿童既特殊又普通，他们有权像天下所有的儿童一样有父母陪伴左右。因此，国家应尽快出台政策，鼓励地方因地制宜地开展留守儿童与父母随迁的政策创新，在目前无法去除户籍及其制约性政策的情况下，地方政府应加大社区、学校对儿童的关爱与保护，减少"留守"对儿童的负面影响。

## （一）国家应大力改善留守儿童成长环境，重点解决突出矛盾

留守儿童的成长环境面临诸多来自儿童家庭内部和学校的挑战。国家在对留守儿童问题进行干预时，应循序渐进，抓住首要矛盾。在家庭硬件条件改善较慢的情况下，国家应大力改善学校环境，解决制约儿童发展的突出问题。尤其在留守住校生比例的增多和日趋低龄化的前提下，国家应加强对住校留守儿童的补助力度，继续大力推动免费营养餐活动，尤其是在贫困地区、少数民族地区。利用国家财政增加留守儿童获取资源的能力，比如字典及其他学习、生活资源。同时，加强各部委协作，在儿童福利、儿童保护等方面出台针对留守儿童的特惠政策，鼓励地方试点和创新。

## （二）鼓励社会参与对留守儿童的帮助，营造全社会关爱留守儿童的气氛

留守儿童是一个特殊群体，他们需要全社会施以爱心，加以关怀；留

守儿童也是一群普通的孩子，有权像普天下所有的孩子一样去玩耍、去学习。政府应鼓励民间组织参与对留守儿童的关爱活动，培养他们对社会、学校及家庭的信心，以更加积极乐观的心态生活与成长。

## （三）加强学校对留守儿童的管理与关爱

对学生而言，学校是他们成长的重要基地，他们在这里学习知识和做人的道理。学校在对留守儿童进行管理的时候应特别注意。在进行学习管理的时候，应无差别对待，让每一个留守儿童享受和非留守儿童一样的权利，留守儿童中有很多学习成绩不理想，学校对学习成绩不佳的留守儿童不能放任不管，让他们自甘堕落；在进行生活管理的时候，要特殊对待，对留守儿童应给予更多的关注，增加对留守儿童的心理干预，让他们敞开心怀，接纳同学和老师，同外界进行交流。

## （四）加强社区管理，弥补留守儿童家庭的缺失

家庭对儿童的成长至关重要，但是对留守儿童而言，家庭管理、关爱的缺失造成了他们各方面的弱势局面。面对近来频发的留守儿童安全事故，学校和家庭都应加以警惕，除了增强儿童的安全意识以外，社区也应承担起对儿童的管理工作，尤其是对独居的留守儿童的管理。国家应创造条件，对这些儿童进行集中管理，鼓励社团、基层组织多方参与，促进留守儿童健康发展。

**参考文献**

[1] 一张：《"留守儿童"》，《瞭望新闻周刊》1994 年第 45 期。

[2] 崔平、孙华：《"留守子女"更需要爱》，《人民公安》1997 年第 11 期。

[3] 叶敬忠、潘璐：《别样童年：中国农村留守儿童》，社会科学文献出版社，2008。

[4] 叶敬忠等：《对留守儿童问题的研究综述》，《农业经济问题》2005 年第 10 期。

[5] 叶敬忠、杨照：《关爱留守儿童——行动与对策》，社会科学文献出版社，2008。

[6] 戚建、叶庆娜：《关于我国农村寄宿制学校政策内容分析的探讨——以 2001 年

后农村寄宿制学校政策文本为例）,《湖南社会科学》2013 年第 2 期。

［7］ 马亚静、金晓莉:《寄宿制与非寄宿制学校高年级农村留守儿童心理健康状况的比较研究——以淮北市某镇为例》,《社会工作》(下半月) 2010 年第 11 期。

［8］ 黄颖、叶敬忠:《家长学校在留守儿童教育中的作用研究——基于四川 Q 县农村中小学家长学校的调查》,《中小学管理》2007 年第 9 期。

［9］ 姚进忠、巨东红:《立体赋权:农村留守儿童社会支持网络的建构》,《当代青年研究》2012 年第 12 期。

［10］ 叶敬忠、王伊欢:《留守儿童的监护现状与特点》,《人口学刊》2006 年第 3 期。

［11］ 黄颖、叶敬忠:《农村基础教育中村级社区的作用发挥——基于留守儿童支持活动的调查和思考》,《江西教育科研》2007 年第 9 期。

［12］ 叶敬忠、潘璐:《农村寄宿制小学生的情感世界研究》,《教育科学研究》2007 年第 9 期。

［13］ 潘璐、叶敬忠:《农村留守儿童研究综述》,《中国农业大学学报》(社会科学版) 2009 年第 2 期。

［14］ 全国妇联儿童工作部:《农村留守流动儿童状况调查报告》,社会科学文献出版社,2011。

［15］ 叶敬忠:《农业劳动力转移中"留守儿童"关爱的城乡统筹》,《上海城市管理职业技术学院学报》2008 年第 2 期。

［16］ 张克云、叶敬忠:《社会支持理论视角下的留守儿童干预措施评价》,《青年探索》2010 年第 2 期。

［17］ 〔美〕阿玛蒂亚·森:《为何要特别担忧儿童发展?》,2012。

［18］ 温铁军:《分三个层次解决农村留守儿童问题》,《河南教育》2006 年第 5 期。

［19］ 段成荣、杨舸:《我国农村留守儿童状况研究》,《人口研究》2008 年第 3 期。

［20］ 王小林、尚晓援等:《中国儿童福利前沿》,社会科学文献出版社,2012。

［21］ 叶敬忠、〔美〕詹姆斯·莫瑞主编:《关注留守儿童:中国中西部农村地区劳动力外出务工对留守儿童的影响》,社会科学文献出版社,2005。

［22］ 刘明华等:《农村留守儿童教育问题研究报告》,《西南大学学报》(社会科学版) 2008 年第 2 期。

［23］ 梅健、林健:《代理家长制:政府为留守儿童找"家长"》,《中小学管理》2007 年第 4 期。

［24］ 教育部关心下一代工作委员会网:《邓丽同志在全国部分省（市）教育系统

关工委关爱农村留守儿童工作座谈会上的讲话》，2009 年 9 月 22 日，http：//www. moe. gov. cn/publicfiles/business/htmlfiles/moe/moe_ 2536/200910/53291. html。

［25］中国政府门户网站：《教育部等 5 部门就加强义务教育阶段农村留守儿童关爱和教育工作答问》，2013 年 1 月 10 日，http：//www. gov. cn/zwgk/2013 – 01/10/content_ 2309058. html。

［26］新浪网：《中国将办千所流动人口子女留守儿童示范家长学校》，2006 年 5 月 28 日，http：//news. sina. com. cn/o/2006 – 05 – 28/13459049240s. html。

［27］中国教育新闻网：《河南办 "四老" 家长学校让留守儿童有合格监护人》，2007 年 1 月 3 日，http：//www. jyb. cn/xwzx/gnjy/gdcz/t20070103_ 58313. html。

［28］飞象网：《安徽电信启动留守儿童亲情关爱项目安装 2 万部免费亲情电话》，2011 年 5 月 25 日，http：//www. cctime. com/html/2011 – 5 – 25/20115251716541107. html。

［29］人民网：《恩阳个案得失间留守儿童托管探路市场化》，2007 年 6 月 1 日，http：//unn. people. com. cn/GB/14748/5809696. html。

［30］中国妇联新闻网：《5800 万留守儿童共享 6500 所托管中心》，2008 年 10 月 31 日，http：//acwf. people. com. cn/GB/99058/8266792. html。

**附件：中央关于留守儿童的相关政策和工作部署**

| 时　间 | 负责单位 | 政策／工作部署名称 | 内　容 | 类　型 |
|---|---|---|---|---|
| 2004年2月26日 | 国务院 | 关于进一步加强和改进未成年人思想道德建设的若干意见 | "随着人员流动性加大，一些家庭放松了对子女的教育……这些问题应当引起足够重视，并采取有效措施加以解决。……特别要关心单亲家庭、困难家庭、流动人口家庭的未成年子女教育，为他们提供指导和帮助。进城务工就业农民家庭要重视子女教育问题。要高度重视流动人口家庭子女接受义务教育的工作和机制。流出地政府要积极配合做好各项服务工作。" | 教育 |
| 2006年3月27日 | 国务院 | 关于解决农民工问题的若干意见 | 保障农民工子女平等接受义务教育。输入地政府要承担起农民工同住子女义务教育的责任……输出地政府要解决好农民工托留在农村子女的教育问题。（首次明确农民工输出地和输入地的区别负责任） | 教育 |
| 2006年3月31日 | 国务院 | 建立农民工工作联席会议制度 | 国务院召开的历次农民工工作联席会议和相关工作会议上，以及每年农民工办下发的工作要点中，流动儿童、农村留守儿童工作都是重要议题。 | 综合统筹 |
| 2006年5月17日 | 教育部 | 关于教育系统贯彻落实《国务院关于解决农民工问题的若干意见》的实施意见 | 农村劳动力输出规模大的地方人民政府要把做好农村留守儿童教育工作与农村寄宿制学校建设结合起来，满足农村留守儿童寄宿需求。教育行政部门和学校要充分调动各方面力量，建立农村留守儿童教育和监护网络，针对农村留守儿童等方面的实际，开设生存教育、安全与法制教育、心理健康教育等课程，帮助他们学会自我管理、自我保护和自我调节。 | 教育 |

续表

| 时间 | 负责单位 | 政策/工作部署名称 | 内容 | 类型 |
| --- | --- | --- | --- | --- |
| 2006年10月1日 | 全国妇联儿童工作部 | 关于成立农村留守儿童专题工作组的方案 | 对成立农村留守儿童专题工作组的目标任务、工作计划和各成员单位职责进行了明确。并指出,要"深入开展有关流动人口子女、农村留守儿童问题调查研究,了解留守儿童现状,掌握农村留守儿童在生存、发展中存在的突出问题,积极探索解决问题的有效办法,不断总结梳理解决农村留守儿童问题的对策建议,为政府决策提供科学依据"。 | 综合统筹 |
| 2006年10月19日 | 全国妇联、教育部、公安部、民政部、司法部、财政部、农业部、卫生部、国家人口和计划生育委员会、中央文明办、全国总工会、共青团中央、中国关心下一代工作委员会 | 农村留守儿童专题工作组在北京成立 | 工作组将致力于了解解决我国日益突出的农村留守儿童问题。农村留守儿童专题工作组将建立农村留守儿童工作长效机制。包括教育部、公安部、民政部、财政部等部门在内的成员单位将通过深入开展调查研究,及时掌握农村留守儿童状况,逐步建立和完善保护农村留守儿童合法权益的法律指导服务机构,促进形成学校、家庭、社会相结合的监护网络。同时扩大社会宣传,努力营造农村留守儿童健康成长的良好环境。 | 综合统筹 |
| 2007年 | 全国妇联 | "全国农村留守儿童状况研究"课题研究启动 | 国务院农民工办将农村留守儿童状况列入农民工问题前瞻性研究课题,并将此课题交给全国妇联组织实施。由农村留守儿童课题组成员及有关专家组进行相关的调研。2011年4月1日,课题组分4路走进江苏、四川、湖北等8个人口流出大省进行调研。组出版《农村留守流动儿童状况调查报告》一书。 | 研究 |

续表

| 时 间 | 负责单位 | 政策/工作部署名称 | 内 容 | 类 型 |
|---|---|---|---|---|
| 2007年5月14日 | 全国妇联、教育部、公安部、民政部、司法部、卫生部、财政部、农业部、国家人口计生委、中央文明办、全国总工会、共青团中央、中国关工委 | 关于开展"共享蓝天"全国关爱农村留守、流动儿童大行动的通知 | 提出从政策支持、维护权益、开展关爱、社会宣传四个方面合力推进农村留守流动儿童工作，并进一步明确了各成员单位的职责和任务：妇联（组织、协调）、教育部[教育、协调]、民政部（社会救助）、公安部（户籍管理，打击犯罪）、卫生部（卫生保健）、司法部（法律宣传、法律援助）、财政部（经费支持和监督）、农业部（随访和就地转移）、国家人口和计划生育委员会、全国总工会（配合有关部门了解基本状况，加强思想、法制和安全教育；共青团中央（宣传普及法律政策，加强青少年儿童权益维护，媒体宣传）、"手拉手""少年儿童之家"），中国关心下一代工作委员会（思德教育、"家长学校"）。要求各单位加强调查研究，积极出台政策，并推广经验。 | 综合统筹 |
| 2007年7月20日 | 中共中央组织部、全国妇联、教育部、公安部、民政部、卫生部、共青团中央 | 关于贯彻落实中央指示精神积极开展关爱农村留守、流动儿童工作的通知 | 从认真做好农村留守流动儿童的教育管理工作，着力加强农村留守流动儿童的户籍管理与权益保护，积极完善农村留守流动儿童医疗保健服务，不断加大对农村留守流动儿童的关爱，支持力度等方面，对加强农村留守、流动儿童工作提出了具体要求。（比上一个文件更细致，更强调整合力量） | 综合统筹 |
| 2007年12月31日 | 中共中央、国务院 | 关于切实加强农业基础建设、进一步促进农业发展农民增收的若干意见（2008年中央一号文件） | 农民工输入地要坚持以公办学校为主接收农民工子女就学，收费与当地学生平等对待。农民工输出地要为留守儿童创造良好的学习、寄宿和照护条件。深入开展"共享蓝天"关爱农村留守、流动儿童行动。 | 综合统筹 |

续表

| 时间 | 负责单位 | 政策/工作部署名称 | 内容 | 类型 |
|---|---|---|---|---|
| 2010年2月8日 | 全国妇联与教育部、中央文明办、民政部、卫生部、国家人口计生委、中国关工委 | 全国家庭教育指导大纲 | 大纲专门对农村留守儿童的家庭教育提出了指导意见："指导留守儿童家长增强监护人责任意识，认真履行家长的义务，承担起对留守儿童监护的应尽责任；家长中尽量有一方在家照顾儿童，有条件的家长尤其是婴幼儿母亲要把儿童带在身边，尽可能保证要幼儿早期身心呵护、母乳喂养和儿童教育，尽可能把儿童的正常抚养教育进行；指导留守儿童交流沟通，对儿童家长或委托监护人重视监护人重视留守儿童的监护意识和责任。道德发展和精神需求给予充分关注。" | 家庭教育 |
| 2011年7月30日 | 国务院 | 中国儿童发展纲要（2011~2020年） | 建立和完善流动儿童和留守儿童服务机制。积极稳妥推进户籍制度和社会保障制度改革，逐步将流动人口纳入当地经济社会发展规划……健全农村留守儿童服务机构，加强对留守儿童心理、情感和行为的指导，提高留守儿童的监护水平。 | 综合统筹 |
| 2011年12月1日 | 教育部 全国妇联等部门 | 全国农村留守儿童工作经验交流现场会 | 全面总结交流了全国各地近十年来农村留守儿童工作经验和做法，研究部署了农村留守流动儿童关爱服务体系试点工作。 | 综合统筹 |
| 2012年12月19日 | 教育部 | 关于进一步做好农村义务教育学生营养改善计划有关工作的通知 | 对困难地区规模较小的农村小和教学点，没有食堂且规模较小的民族地区学校，要充分听取当地生活习俗取得特殊学生，家长意见的基础上，按照"一校一策"原则制订有针对性的供餐方案。在安排食堂建设项目和各种经费时，要对这些学校给予特殊支持。在食堂（伙房）建设没有到位前要制订细致、稳妥的过渡方案，确保这些学校正常供餐。 | 教育 |

续表

| 时间 | 负责单位 | 政策/工作部署名称 | 内容 | 类型 |
|---|---|---|---|---|
| 2012年 | 全国妇联等 | 农村留守儿童、城乡流动儿童状况研究 | 全国妇联儿童工作部、中国人民大学人口与发展研究中心共同组成课题组，国家统计局提供数据支持，开展全国农村留守儿童、城乡流动儿童状况研究。 | 研究 |
| 2013年1月4日 | 教育部、全国妇联、中央综治办、共青团中央和中国关工委 | 关于加强义务教育阶段农村留守儿童关爱和教育工作的意见 | 对在新形势下加强农村留守儿童工作提出了明确要求。提出要明确留守儿童工作的基本原则，切实改善留守儿童教育条件（基础设施、交通需求），不断提高留守儿童教育水平（全面关爱、心理健康、安全教育、社区关爱、家校联动）；逐步构建社会关爱服务机制（家庭关爱、社区关爱、社会关爱）。在接受记者采访时，相关负责人提到：针对切实改善留守儿童教育条件，要求努力争做到"三优先"……说到底，就是优先照顾贫困地区的留守儿童有学校寄宿，吃好饭、上下学方便。 | 教育 |
| 2013年5月10日 | 全国妇联 | 我国农村留守儿童、城乡流动儿童状况研究报告 | 报告显示，我国农村留守儿童数量达6102.55万，总体规模扩大，并从完善政策体系、强化政府主导作用、构建学校、家庭、社区相衔接的关爱网络、加快学前教育发展、关注大龄留守儿童的需求和困境等方面，对解决农村留守儿童问题提出了对策建议。 | 研究 |

# 第三章 微量营养素干预对我国西部贫困农村学生身心健康成长的影响研究[*]

张林秀 罗仁福 史耀疆 等[**]

## 一 引言

随着我国义务教育法的实施，特别是 2006 年国家正式免除义务教育阶段学生学费后，城乡学龄儿童义务教育阶段"有学上"的问题得到了较好解决，但城乡学龄儿童完成义务教育阶段学习后接受进一步教育的比例存在巨大差异。尽管有大量文献证明，接受高中或高等教育不仅对获得非农就业机会和提高收入有正面促进作用，而且对家庭收入和社区发展还能产生很强的正外部性，但农村地区后义务教育阶段教育普及程度仍明显低于城市地区。根据相关研究及资料，在 2005 年 80% 以上的城市青少年能顺利完成高中阶段教育，但在贫困农村地区，这一比例还不到 40%。

在一切围绕高考的竞争性教育环境下，很多学者认为，义务教育阶段城乡教育质量差异是导致后义务教育阶段城乡教育差异的重要原因。有研究指出，义务教育阶段城乡学生的标准化测试得分存在显著的差异，城市学生的标准化测试得分显著高于农村学生。和这些研究发现类似，在决定能否上大学的高考中，农村学生在竞争力方面明显低于城市学生。

* 本文已经发表在《中国软科学》。
** 张林秀、罗仁福：中国科学院地理科学与资源研究所农业政策研究中心；史耀疆：西北大学经济管理学院教授；刘承芳、易红梅：中国科学院地理科学与资源研究所农业政策研究中心；王欢、岳爱：西北大学经济管理学院教授。

关于农村学生标准化测试得分显著低于城市学生的原因，相关学者做了大量研究。研究表明，导致城乡义务教育阶段学生成绩差异的重要原因包括，城市地区学校基础设施和师资力量显著好于农村地区，农村学生的生均投资额明显小于城市学生等。也有学者指出，城市学生家长的教育水平明显高于农村学生家长，因此更有可能对孩子的学习进行辅导。

各级政府也开始意识到城乡教育差距的严重性，已经在基础设施和师资力量等方面加大对农村教育的投入力度，然而一个长期被忽视的问题是农村学生，特别是贫困农村学生存在贫血等营养和健康问题，这也可能会导致他们的学业表现差于城市学生。事实上，缺铁性贫血在发展中国家是一个严重的营养和健康问题，影响着数以亿计的人群，儿童和学生表现得更为严重。长期的缺铁性贫血会导致输送到大脑和身体各重要器官的氧气减少，从而导致学生易疲劳，上课时注意力不集中等，甚至会导致学生认知能力下降。大量研究表明，缺铁性贫血和学生的学业表现存在显著的相关，贫血儿童不仅缺课较多，考试成绩较差，而且受教育程度也偏低。

在 30 多年的快速经济增长后，尽管我国居民的营养摄入状况有显著改善，但贫血仍然是困扰贫困农村地区的一个重要问题。研究表明，贵州省的学生贫血率仍高达 50% 以上，陕西省则有 40% 左右的学生存在贫血。上述研究结果表明，要缩小城乡巨大的教育差距，也许仅关注教育还不够，还需要将学生的营养、健康和教育结合起来，通盘考虑。

本文的目标是从营养、健康和教育相结合的角度，探索提高贫困农村儿童健康状况和学业表现的可行方法。由于学生成长发育需要蛋白质、脂肪、碳水化合物、维生素和矿物质等多种营养素，因此评价学生营养状况也有身高、体重等众多指标。对于本研究而言，选取什么指标作为贫困农村学生营养、健康和教育研究的切入点显得尤为重要。根据第四次全国营养与健康调查结果，贫困农村儿童低体重和发育迟缓比例显著下降，但微量营养素（如铁、锌和维生素等）缺乏现象仍非常严重。考虑到贫困农村学生贫血的严重程度，贫血对学生学业表现的负面影响，以及由专业人员在学校现场对学生进行贫血检测的可行性，为了完成上述研究目标，本文将学生贫血作为本研究的切入点，详细分析在学校层面对学生开展微量营养素补充干预对学生营养、健康和学业表现的影响。

本研究主要包括三个研究内容。首先，根据学生层面血红蛋白检测结果，了解贫困农村地区学生的血红蛋白水平和贫血的分布情况。其次，分析导致学生贫血问题的可能原因及其作用机制。最后，识别学生营养补充方案对提高学生血红蛋白水平（减少贫血）以及学业表现的作用。

本研究的一个重要创新在于，将自然科学研究中的随机干预试验方法引入社会科学研究中，在学校层面开展社会干预试验。这一研究方法的核心是将样本学校随机分为两组，根据需要解决的问题，对其中一组样本开展有针对性的干预，另一组作为对照组，不开展任何干预。通过比较干预组和对照组在干预前后的差异，这种研究方法可以很好地克服传统社会科学研究中存在的内生性问题，识别干预方式和干预预期结果间的因果关系及显著性。

## 二 样本选择和实验设计

### （一）样本选择

根据本研究的目标，课题组选择陕西省作为样本省。选择陕西省作为样本省主要基于如下几个方面的考虑。首先，陕西省处在西部贫困地区，有多达50个国定贫困县。其次，陕西省的陕南和陕北地区能很好地代表我国主要的集中连片贫困地区，陕南地区所属的秦巴山区和陕北地区属于黄土高原地区，都是我国主要集中连片贫困地区。在选取样本省之后，在陕西省的50个国家级贫困县中随机选取了8个县作为样本县。

为了选取样本学校，课题组首先到各县教育局开展了农村小学基本情况普查。根据普查了解到的信息，在样本县有寄宿条件的农村完全小学中随机选取样本学校。选取有寄宿学生的农村完全小学作为样本学校主要是基于如下考虑：其一，随着人口流动的加快和计划生育政策的实施，农村学龄儿童数量开始减少，很多农村小学陆续被撤。为了解决被撤并学校学生的就学问题，国家开始将一些完全小学逐步配套建设成为寄宿学校，接纳被撤并学校学生就读，导致在寄宿制完全小学就读学生的比例开始逐步增加。其二，根据作者前期的研究，贫困农村地区寄宿学校就读的寄宿学生是最值得关注的脆弱群体，有必要进行重点关注。

## （二）实验设计

在实验设计中，首先需要选取贫困农村学生的营养干预方式。在选择营养干预方式时，项目组在阅读大量国内外文献的基础上，进一步征求国内外营养学家的建议，根据我国贫困农村学生微量营养素缺乏严重的现状，选择富含 21 种人体生长发育所需的维生素和微量元素（包括铁等）的多维元素片，也就是 21 金维他多维元素片（有国家正规生产批号和生产许可）作为本研究的干预材料。考虑到贫困农村学生贫血的严重程度，贫血对学生学业表现的负面影响，以及由专业人员在学校现场对学生进行贫血检测的可行性，将血红蛋白水平和贫血状况作为本研究表征学生营养不良的指标。

本研究待验证的假说包括两部分：其一，如果给贫困农村地区学生提供富含维生素和微量元素的营养补充品，学生服用半年后他们的健康状况（以血红蛋白水平和贫血为指标）会有所改善；其二，如果给贫困农村地区学生提供富含维生素和微量元素的营养补充品，学生服用半年后他们的学业表现（以标准化数学测试得分）会有所提高。

基于上述研究假说，项目组随机选取并分配样本学校。根据相关统计研究，使用密歇根州立大学研究人员开发的实验设计软件进行测算，结果表明，如果在 24 个学校开展微量营养素补充干预活动，可以满足本研究样本规模的需要。因此，本研究首先随机选取了 54 个样本学校，然后随机分配其中的 24 所学校开展微量营养素补充干预，作为干预组。其他 30 个学校作为对照组，不进行任何干预。54 个样本学校中所有的 4 年级学生都参与本项目，作为样本学生。选取 4 年级学生作为样本学生，是因为 4 年级学生可以使用国际通用的标准化数学测试（The Trends in International Mathematics and Science Study，简称 TIMSS 测试）对学生的学业表现进行测试。

在本研究中，共有 54 个学校的 3020 名 4 年级学生参与项目作为样本学生。其中，干预组学生数量为 1417 名，占比 46.8%。对照组学生数量为 1603 名，占比 53.2%。为了减少不必要的干扰，项目组没有告知样本学校任何有关其他学校的信息，干预前后样本学校校长和老师都不知道其他样本学校参与项目的情况。

随机干预试验包括 3 个主要步骤：首先是开展基线调查，其次是实施干预，最后是实施评估调查。在干预活动开始前，也就是 2008 年 10 月项目组对样本学校所有 4 年级学生进行基线调查。在基线调查结束后，开始了为期半年左右（除去寒假）的干预。最后在为期半年的干预结束后（也就是 2009 年 6 月）进行评估调查。

在基线调查和评估调查中，项目组将调查员分为 6 个小组，每个小组负责 10 个左右的样本学校，收集本研究所需的数据。在每个调查小组中，包括队长 1 人、医生 2 人、其他调查员 3~4 人。医生团队都是西安交大医学院的在读研究生（实习医生），她们负责对学生进行血红蛋白测试。通过对样本学生采集指血，然后使用瑞典生产的 HemoCue Hb201＋便携式分析仪及配套的 HemoCue Hb201 血红蛋白微型反应杯，对样本学生的血红蛋白水平进行检测。根据世界卫生组织的建议，使用血红蛋白测试值＜120g/L 作为贫血的检测标准。其他调查员收集样本学生个人（如年龄、性别、寄宿情况等）及家庭（如家长的年龄、教育水平和非农就业等）的基本情况信息，使用国际通用的标准化数学测试（TIMMS）对学生的数学能力进行测试。

在基线调查结束后，项目组马上开展随机干预试验的第二个步骤，也就是对微量营养素补充干预组学生实施干预。在提供微量营养素补充干预的 24 个样本学校，项目组在发放干预材料后对校长和教师进行了培训。培训的内容包括为什么给学生发放 21 金维他多维元素片和如何发放 21 金维他多维元素片等几个方面。为了确保干预方案在样本学校得到有效实施，项目组给学校提供必要的辅助设备，并给班主任提供一点小补贴。

## 三　实证研究结果

### （一）干预前样本学生基本情况

在基线调查中，54 个样本学校共有 3071 个学生完成了调查。在 2009 年 6 月开展的评估调查中，参加基线调查的 3071 个学生中有 51 个学生由于转学、请假等原因没有参加评估调查，有效样本个数为 3020。样本缺失率为 1.7%，并且在干预组和对照组间没有显著差异。因此，文中只报告 3020 名参与学生的情况。

和国内其他研究结果类似，基线调查表明，我国贫困农村地区学生存在严重的贫血问题（表 3－1）。在 3020 个样本学生中，血红蛋白水平平均值为 122.7g/L。根据世界卫生组织推荐 120g/L 的贫血标准，38.8% 的样本地区学生存在不同程度的贫血。也就是说，在贫困农村地区，10 个小学生中大约有 4 个学生罹患贫血这一营养不良导致的疾病。贫困农村学生如此高比例的贫血率表明，通过将营养、健康和教育相结合进行研究，从降低贫血率入手，解决贫困农村儿童的营养健康状况，并进而提高其学业表现，可能是一个可行办法。

表 3－1　样本学生干预前基本特征

| | 所有学生 | 对照组学生 | 微量营养素补充干预组学生 | 微量营养素补充干预组和对照组学生差异 |
|---|---|---|---|---|
| 血红蛋白水平（g/L） | 122.7 | 123.6 | 121.7 | -1.91（4.72）*** |
| 贫血率（%） | 38.8 | 35.6 | 42.5 | 6.94（3.91）*** |
| 标准化数学测试得分 | 66.0 | 66.3 | 65.7 | -0.57（1.03） |
| 寄宿学生比例（%） | 36.1 | 34.8 | 37.5 | 2.72（1.56） |
| 学生年龄（月） | 122.2 | 122.4 | 121.9 | -0.49（1.24） |
| 女学生比例（%） | 44.8 | 45.9 | 43.5 | -2.47（1.36） |
| 学生母亲教育程度（年） | 7.81 | 7.76 | 7.86 | 0.10（1.20） |
| 学生母亲在家住的比例（%） | 78.8 | 78.9 | 78.7 | 0.27（0.18） |
| 学生母亲有自营工商业或正式工作的比例（%） | 12.1 | 12.4 | 11.7 | 0.64（0.53） |

注：括号中是估计的 t 统计量；***、** 和 * 分别表示在 1%、5% 和 10% 的水平下显著。

资料来源：作者根据调查资料计算整理。

在基线调查关注的结果变量中，干预组和对照组学生的血红蛋白水平和贫血率有一定差异，但标准化数学测试成绩没有明显差异。微量营养素补充干预组学生的血红蛋白水平为 121.7g/L，低于对照组学生的 123.6g/L。两组学生间的差异为 1.91g/L，并在统计意义上显著。相应的，微量营养素补充干预组学生的贫血率为 42.5%，也明显高于对照组学生。微量营养素补充干预组学生和对照组学生在标准化数学测试得分上基本相同，不存在显著差异。尽管干预组和对照组学生血红蛋白水平和贫血率在基线调查时存在差异，但由于本研究通过随机的方式分配样本学校，因此仍然可以很好地识别干预的影响。

在学生个体和家庭特征方面，微量营养素补充干预组和对照组之间也没有显著差异。在微量营养素补充干预组，寄宿学生的比例为37.5%，稍大于对照组的34.8%，但这一差异在统计上不显著。微量营养素补充干预组和对照组在年龄和性别构成方面也基本相同，不存在显著差异。家庭特征方面，母亲的教育水平、学生母亲在家居住的比例，以及母亲有自营工商业或正式工作的比例也基本相同，没有显著差异。

基线调查数据表明，贫困农村地区寄宿学生和非寄宿学生的营养健康状况存在较大差异（表3-2）。在基线调查时，寄宿学生的血红蛋白水平（121.5g/L）显著低于非寄宿学生的123.3g/L。相对应的，寄宿学生的贫血率（42.1%）也显著高于非寄宿学生（37.0%）。我们的调查数据表明，寄宿学生营养摄入不均衡，是导致这一现象背后的主要原因。调查数据表明，寄宿学生在过去3天吃过一次肉、豆腐和水果的比例仅为16%、36%和24%，远小于非寄宿学生30%、43%和59%的相应比例。而且寄宿学生贫血率显著高于非寄宿生的事实也表明，有必要分析微量营养素干预对寄宿和非寄宿学生影响的异质性。

表3-2　样本学校寄宿生和非寄宿学生干预前营养、健康和学业情况

| | 所有学生 | 寄宿学生 | 非寄宿学生 | 寄宿学生和非寄宿学生间的差异 |
|---|---|---|---|---|
| 干预前血红蛋白水平（g/L） | | | | |
| 微量营养素补充干预组 | 121.7 | 121.7 | 121.6 | 0.05（0.08） |
| 对照组 | 123.6 | 121.2 | 124.8 | -3.50（5.97）*** |
| 所有学生 | 122.7 | 121.5 | 123.3 | -1.86（4.44）*** |
| 干预前贫血率（%） | | | | |
| 微量营养素补充干预组 | 42.5 | 42.5 | 42.6 | -0.13（0.05） |
| 对照组 | 35.6 | 41.7 | 32.3 | 9.33（3.74）*** |
| 所有学生 | 38.8 | 42.1 | 37.0 | 5.03（2.73）*** |

| | 所有学生 | 寄宿学生 | 非寄宿学生 | 寄宿学生和非寄宿学生间的差异 |
|---|---|---|---|---|
| 干预前标准化数学测试得分（满分100分） | | | | |
| 微量营养素补充干预组 | 65.7 | 66.8 | 65.1 | 1.77 （2.05）** |
| 对照组 | 66.3 | 68.0 | 65.4 | 2.57 （3.31）*** |
| 所有学生 | 66.0 | 67.4 | 65.2 | 2.17 （3.16）*** |

注：括号中是估计的 t 统计量；*** 、** 和 * 分别表示在 1%、5% 和 10% 的水平下显著。

资料来源：作者根据调查资料计算整理。

基线调查时，微量营养素补充干预组的寄宿学生和非寄宿学生在血红蛋白水平和贫血率方面基本相同，但在对照组，寄宿学生的血红蛋白水平和贫血状况存在显著差异。在干预组，寄宿学生和非寄宿学生的血红蛋白水平仅相差 0.1g/L，贫血率也仅相差 0.1%。但在对照组，寄宿学生的血红蛋白水平（121.2g/L）比非寄宿学生的低 3.5g/L。相对应的，寄宿学生的贫血率（41.7%）也比非寄宿学生的高 9.33%。

从样本学生基线调查时的学业表现看，寄宿学生的标准化数学测试得分（满分 100 分）要稍好于非寄宿学生。在所有样本学生中，寄宿学生的标准化数学测试得分（67.4 分）要比非寄宿学生的（65.2 分）高 2.17 分，且差异在 1% 的水平下显著。对于微量营养素补充干预组和对照组，寄宿学生的标准化测试得分分别比非寄宿学生的高 1.77 分和 2.57 分，这可能源于寄宿学生有更多的时间在课外复习功课。

## （二）干预前后样本学生健康和学业表现变化情况

在为期半年的干预结束后，项目组于 2009 年 6 月对样本学校学生进行了跟踪调查，再次对样本学生的血红蛋白水平进行检测，并使用标准化数学测试（TIMMS）对学生的学业表现进行测试，同时收集项目实施过程中的一些基本信息。

通过对比评估调查和基线调查的数据发现，贫困农村地区学生的血红蛋白水平在干预期间有小幅增加（表 3 - 3）。在干预后，3020 个样本学生的血红蛋白水平从干预前的 122.7g/L 增加到干预后的 124.8g/L，增加了

2.08g/L，干预前后样本学生血红蛋白水平的变化在1%的水平下显著。相对应的，干预后学生的贫血率也有显著下降，从干预前的38.8%下降到干预后的31.7%，下降了7.19%。

表3-3 样本学校学生干预前后营养、健康和学习变化情况

| | 干预前 | 干预后 | 干预前后差异 |
|---|---|---|---|
| 干预前后血红蛋白水平（g/L） | | | |
| 微量营养素补充干预组 | 121.7 | 124.7 | 3.08 (9.54) *** |
| 对照组 | 123.6 | 124.8 | 1.21 (3.97) *** |
| 所有学生 | 122.7 | 124.8 | 2.08 (9.38) *** |
| 干预前后贫血率（%） | | | |
| 微量营养素补充干预组 | 42.5 | 31.7 | −10.83 (7.01) *** |
| 对照组 | 35.6 | 31.6 | −3.98 (2.82) *** |
| 所有学生 | 38.8 | 31.7 | −7.19 (6.88) *** |
| 干预前后标准化数学测试得分（满分100分） | | | |
| 微量营养素补充干预组 | 65.7 | 71.5 | 5.80 (17.78) *** |
| 对照组 | 66.3 | 70.6 | 4.27 (15.20) *** |
| 所有学生 | 66.0 | 71.0 | 4.99 (23.30) *** |

注：括号中是估计的t统计量；*** 、** 和 * 分别表示在1%、5%和10%的水平下显著。
资料来源：作者根据调查资料计算整理。

进一步的分析表明，样本学生血红蛋白水平的提高和贫血率的下降主要是由微量营养素补充干预贡献的。对于微量营养素干预组，学生血红蛋白水平从干预前的121.7g/L增长到干预后的124.7g/L，增长了3.08g/L。贫血率从干预前的42.5%下降到干预后的31.7%，下降了10.83%。换言之，通过服用近半年的21金维他多维元素片，有高达1/4的贫血学生远离了贫血困扰。而对照组学生的血红蛋白水平和贫血状况虽然有改善，但改善的幅度远小于微量营养素干预组。对照组学生血红蛋白水平从干预前的123.6g/L小幅增加到干预后的124.8g/L，增长了1.21g/L。相应的，贫血率也从干预前的36.6%小幅下降为干预后的31.6%，仅下降3.98%。对照组学生血红蛋白水平和贫血率的变化，可能更多的是反映了贫困农村地区学生血红蛋白水平和贫血率的季节性变化。

值得注意的是，调查数据显示微量营养素干预对提高学生的标准化数学测试成绩有一定的效果。在实施微量营养素干预后，学生的标准化数学测试得分从干预前的65.7分增加到干预后的71.5分，增加了5.8分。而在

对照组，虽然在评估调查时，学生的标准化数学测试得分也有所增加（从66.3 分增加到70.6 分），但增加的幅度仅为4.23 分，也小于微量营养素干预组学生标准化数学测试得分增加的幅度。

考虑到寄宿学生基线调查时比非寄宿学生存在更为严重的营养（血红蛋白水平）和健康（贫血率）问题，因此本文进一步分析了微量营养素干预对寄宿学生和非寄宿学生的影响及差异（表 3 - 4）。研究结果表明，微量营养素干预对于提高贫困农村地区寄宿和非寄宿学生的血红蛋白水平都有显著作用。微量营养素干预组寄宿学生的血红蛋白水平在干预后增加了2.59g/L，高于对照组寄宿学生的1.78g/L。在微量营养素干预组，非寄宿学生的血红蛋白水平增加了 3.36g/L，显著高于对照组的0.90g/L。

表 3 - 4　样本学校寄宿学生和非寄宿学生干预前后营养、健康和学习变化情况

| | 寄宿学生 | | 非寄宿学生 | |
|---|---|---|---|---|
| | 干预后 | 干预前后差异 | 干预后 | 干预前后差异 |
| 干预后血红蛋白水平及变化（g/L） | | | | |
| 微量营养素补充干预组 | 124.3 | 2.59（4.86）*** | 125.0 | 3.36（8.33）*** |
| 对照组 | 123.1 | 1.78（3.66）*** | 125.7 | 0.90（2.33）** |
| 所有学生 | 123.7 | 2.18（6.03）*** | 125.4 | 2.03（7.21）*** |
| 干预后贫血率及变化（%） | | | | |
| 微量营养素补充干预组 | 33.0 | − 9.43（3.73）*** | 30.9 | − 11.66（5.97）*** |
| 对照组 | 36.3 | − 5.37（2.21）** | 29.1 | − 3.24（1.87）* |
| 所有学生 | 34.7 | − 7.35（4.19）*** | 29.9 | − 7.09（5.45）*** |
| 干预后标准化数学测试得分及变化（满分100 分） | | | | |
| 微量营养素补充干预组 | 72.6 | 5.81（10.84）*** | 70.8 | 5.79（14.10）*** |
| 对照组 | 72.2 | 4.28（8.98）*** | 69.7 | 4.27（12.26）*** |
| 所有学生 | 72.4 | 5.03（14.02）*** | 70.2 | 4.96（18.60）*** |

注：括号中是估计的 t 统计量；*** 、** 和 * 分别表示在1% 、5% 和10% 的水平下显著。
资料来源：作者根据调查资料计算整理。

在贫血率方面，不论是寄宿学生还是非寄宿学生，微量营养素干预组贫血率的下降都显著大于对照组。在微量营养素干预组，寄宿学生的贫血率下降了9.43%，显著高于对照组的5.37%。对于非寄宿学生而言，贫血率的下降更高达11.66%，而在对照组学校，下降的幅度仅为3.24%。虽然

描述性分析表明，微量营养素干预对寄宿和非寄宿学生血红蛋白水平和贫血率的影响存在一些差异，但这种差异是否显著，需要做进一步的验证。

在标准化数学测试得分方面，分析结果表明，微量营养素补充干预对寄宿和非寄宿学生的标准化数学测试得分都有一定的促进作用。在微量营养素干预组，寄宿学生的标准化数学测试得分增加了 5.81 分，显著高于对照组寄宿学生的提高幅度（4.28 分）。对于非寄宿学生，微量营养素干预组的标准化数学测试得分提高了 5.79 分，比对照组提高的幅度多了 1.52 分。但微量营养素干预对寄宿学生和非寄宿学生在标准化测试得分方面的影响基本相同。

## （三）计量模型分析结果及稳健性

虽然通过描述性分析可以看出微量营养素干预对贫困农村地区学生的营养、健康和学业表现有显著的影响，但为了控制基线调查时干预组和对照组间一些可以观测到的差异，提高估计效率，文中使用计量经济模型进一步分析了微量营养素干预对贫困农村地区学生营养、健康和学业表现的影响及其异质性。为了检验估计效果的稳健性，本文设定了多种模型进行分析。

在实证计量经济模型中，本研究最关注的结果变量（因变量）是学生血红蛋白水平和标准化数学测试得分在干预前后的差异。在基本模型中，只有一个自变量，也就是学校是否实施微量营养素补充干预。在这一模型中，由于样本学校是否实施微量营养素补充干预是随机决定的，从而样本学校是否实施微量营养素补充干预和误差项不相关，所以即使没有控制其他因素的影响，估计的系数也无偏且一致的。但在基本模型中，由于没有控制其他变量的作用，估计效率可能会受到影响，因此在计量模型分析时分别加入区域虚变量、学生个人特征（包括学生年龄、性别和是否寄宿学生）和学生母亲（包括母亲是否在家住、母亲教育水平以及母亲是否正式工作人员或自营工商业者）的一些重要特征，以提高估计效率，并在此基础上了解估计结果的稳健性。为了识别实施微量营养素补充干预对寄宿和非寄宿学生影响的异质性，在回归分析中还加入了是否实施微量营养素补充干预和是否寄宿学生的交叉项。

计量模型分析结果和描述性分析的结果基本类似，微量营养素干预对学生的血红蛋白水平提高有显著作用（表 3 - 5）。在微量营养素干预对贫困农村学生血红蛋白水平影响的分析中，只有一个自变量的基本模型的估计结果与描述性分析结果完全一样（表 3 - 5，第 1 列）。估计的系数为 1.87，表示在给贫困农村学生服用 21 金维他多维元素片半年后，微量营养素干预组学生的血红蛋白水平比对照组学生多增加了 1.87g/L。这一估计值正好等于微量营养素干预组学生干预后血红蛋白水平的增加值 3.08g/L 和对照组学生干预后血红蛋白水平的增加值 1.21g/L 的差（表 3 - 3，第 3 列）。

表 3 - 5　微量营养素补充干预对学生血红蛋白水平的影响

| 自变量 | 因变量：学生血红蛋白水平干预前后变化情况（干预后—干预前） | | | | |
|---|---|---|---|---|---|
| | (1) | (2) | (3) | (4) | (5) |
| 微量营养素补充干预（1 = 干预学校；0 = 对照学校） | 1.87 | 2.17 | 2.45 | 2.42 | 2.43 |
| | (4.21)*** | (5.09)*** | (4.58)*** | (4.52)*** | (4.53)*** |
| 是否寄宿生（1 = 是；0 = 否） | | | 1.80 | 1.90 | 1.98 |
| | | | (2.99)*** | (3.14)*** | (3.25)*** |
| 是否微量营养素补充干预 * 是否寄宿生 | | | - 0.91 | - 0.95 | - 0.89 |
| | | | (1.05) | (1.08) | (1.02) |
| 学生年龄（月龄） | | | | - 0.04 | - 0.03 |
| | | | | (1.83)* | (1.65)* |
| 性别（1 = 女；0 = 男） | | | | - 0.70 | - 0.71 |
| | | | | (1.66)* | (1.68)* |
| 母亲是否在家（1 = 是；0 = 否） | | | | | 0.71 |
| | | | | | (1.37) |
| 母亲教育水平（年） | | | | | - 0.17 |
| | | | | | (0.57) |
| 母亲是否正式工作人员或自营工商业者（1 = 是；0 = 否） | | | | 1.67 | |
| | | | | (2.46)** | |
| 地区虚变量 | 否 | 是 | 是 | 是 | 是 |
| 常数项 | 1.21 | 8.73 | 8.21 | 13.08 | 12.15 |
| | (3.97)*** | (16.55)*** | (14.55)*** | (5.13)*** | (4.33)*** |
| 观测值 | 3020 | 3020 | 3020 | 3020 | 3020 |
| $R^2$ | 0.01 | 0.11 | 0.11 | 0.11 | 0.12 |

注：括号中是估计的 t 统计量；***、** 和 * 分别表示在 1%、5% 和 10% 的水平下显著。

资料来源：作者根据调查资料计算整理。

在控制了地区虚变量等可观测因素的影响后，微量营养素干预对学生血红蛋白水平影响的估计系数有小幅提高（表3-3，第2~5列）。考虑到不同地区在学校管理等各方面可能有不同的政策，因此在模型中添加地区虚变量对地区间的这些差异进行控制。在控制地区虚变量后，估计结果显示，相对于对照组而言，实施微量营养素干预后贫困农村学生的血红蛋白水平可以多增加2.17g/L。通过在自变量中添加是否实施微量营养素补充干预和是否寄宿学生的交叉项，可以看出干预组学校寄宿学生血红蛋白水平提高了3.34g/L（2.45+1.80-0.91），稍大于非寄宿学生的2.45g/L，微量营养素干预对于提高寄宿学生和非寄宿学生血红蛋白水平都有显著影响，但两者之间的差异并不显著。

在进一步控制了学生和家长的基本特征后，估计结果显示，实施微量营养素干预对贫困农村学生的血红蛋白水平的影响基本保持在2.42~2.45g/L的水平，变化不大，相当于学生血红蛋白水平提高了0.2个标准差。回归结果表明，女学生、年龄大的学生，以及母亲没有正式工作或不从事自营工商业的学生的血红蛋白水平提高的幅度，显著地比男学生、年龄较小学生，以及母亲有正式工作或从事自营工商业的学生小。因此，除寄宿学生外，贫困农村地区上述几类学生也需要特别关注。

伴随着学生血红蛋白水平提高，干预组学生的贫血率有显著下降。实证计量回归模型的结果表明，微量营养素干预对学生贫血率下降有显著的影响，微量营养素干预组学生的贫血率比对照组学生多减少10%左右。由于文章篇幅的原因及避免重复，文中未报告贫血率回归结果。

对于本研究关注的另一个方面，也就是微量营养素干预对学生标准化数学测试得分的影响，实证计量模型分析结果和描述性分析的结果也基本类似（表3-6）。在基本模型中，微量营养素干预组学生标准化测试得分的提高幅度比对照组学生高1.52分。标准化测试得分1.52分的提高相当于提高了0.14个标准差，这一差异在1%的水平下显著。换言之，给贫困农村学生服用21金维他多维元素片半年，在学生标准化测试得分上产生的效果相当于按正常的教学安排给学生多上了45天（或1/3个学期）的数学课。

表3-6 微量营养素补充干预对学生学业表现的影响

| | 因变量：学生标准化数学测试成绩干预前后变化情况（满分100分，干预后—干预前） | | | | |
|---|---|---|---|---|---|
| | (1) | (2) | (3) | (4) | (5) |
| 自变量 | | | | | |
| 微量营养素补充干预（1＝干预学校；0＝对照学校） | 1.52 | 1.36 | 1.36 | 1.36 | 1.36 |
| | (3.54)*** | (3.14)*** | (2.52)** | (2.51)** | (2.52)** |
| 是否寄宿生（1＝是；0＝否） | | | 0.22 | 0.32 | 0.38 |
| | | | (0.37) | (0.53) | (0.64) |
| 微量营养素补充干预是否寄宿生 | | | -0.02 | -0.03 | -0.04 |
| | | | (0.02) | (0.04) | (0.04) |
| 学生年龄（月龄） | | | | -0.05 | -0.04 |
| | | | | (2.32)** | (2.03)** |
| 性别（1＝女；0＝男） | | | | 0.72 | 0.73 |
| | | | | (1.67)* | (1.69)* |
| 母亲是否在家（1＝是，0＝否） | | | | | 0.05 |
| | | | | | (0.10) |
| 母亲教育水平（年） | | | | | 0.35 |
| | | | | | (1.12) |
| 母亲是否正式工作人员或自营工商业者（1＝是，0＝否） | | | | | 0.55 |
| | | | | | (0.82) |
| 地区虚变量 | 否 | 是 | 是 | 是 | 是 |
| 常数项 | 4.27 | 3.59 | 3.53 | 9.03 | 7.70 |
| | (15.20)*** | (6.53)*** | (6.09)*** | (3.50)*** | (2.67)*** |
| 观测值 | 3020 | 3020 | 3020 | 3020 | 3020 |
| $R^2$ | 0.00 | 0.01 | 0.01 | 0.01 | 0.01 |

注：括号中是估计的t统计量；***、**和*分别表示在1%、5%和10%的水平下显著。
资料来源：作者根据调查资料计算整理。

在控制了地区虚变量等可观测因素的影响后，微量营养素干预对学生标准化数学测试成绩影响的估计系数有小幅下降，不同实证分析模型的估计结果都表明，在给贫困农村学生服用21金维他多维元素片半年后，微量营养素干预组学生的标准化数学测试得分比对照组学生多增加了1.36分，并且这一差异在5%的水平下显著。分析结果还表明，开展微量营养素干预对寄宿学生和非寄宿学生的标准化数学测试得分的影响没有显著差异。对于其他控制变量的影响，和血红蛋白水平的分析类似，年龄较小的学生标准化数学测试得分的提高幅度要稍好于年龄较大的学生。女学生标准化数学测试得分改善情况稍好于男学生的。

# 四 结论和政策含义

本文使用随机干预试验的研究方法，从营养、健康和教育相结合的角度，探索提高贫困农村儿童健康状况和学业表现的可行方法。从陕西省 8 个贫困县中，随机选取 54 个样本小学并随机分为微量营养素干预组和对照组。在 24 个微量营养素干预组，学校每天给样本学生免费服用一片 21 金维他多维元素片，干预时间为半年，另外 30 个学校什么都不提供，作为对照组。

基线调查结果表明，从贫血的角度看，我国贫困农村地区学生存在严重的营养不良问题。使用世界卫生组织 120g/L 的标准，贫血率高达 38.8%。在贫困农村，寄宿学生的贫血状况高达 42.1%，远高于非寄宿学生的 37.0%。学生贫血现象的普遍存在表明，贫困农村学生存在严重的微量营养素缺乏导致的营养和健康问题。

根据 54 个学校对 3020 个学生开展的随机干预试验，结果表明，在给微量营养素干预组的贫困农村学生每天服用一片 21 金维他多维元素片，服用半年左右后，学生的血红蛋白水平和标准化数学测试得分都有显著提高。伴随着学生血红蛋白水平的提高，微量营养素干预组学生的贫血率也有显著的下降，学生的营养、健康和学业表现都有显著的改善。

本文的研究结果有如下的政策含义。首先，本研究指出，可以从营养、健康和教育相结合的角度，综合改善贫困农村学生营养健康水平和学业表现，并进而减少城乡教育和人力资本差距。其次，本研究的结果和世界银行（2009）的研究成果类似，也就是在学校层面补充微量营养素可以很好地改变学生的营养健康状况，这为如何在我国贫困农村地区科学实施农村义务教育学生营养改善计划提供了科学依据。最后，农村义务教育学生营养改善计划实施中，将微量营养素补充纳入项目范畴是可行且有效的，因为在学校层面给学生补充微量营养素每生每天只需要不到 0.3 元，仅为农村义务教育学生营养改善计划国家补贴经费标准的 1/10，但可以很好地解决学生营养不良的重要方面，也就是微量营养素缺乏导致的营养不良问题，从而显著改善农村义务教育学生营养改善计划的实施效果。

## 参考文献

［1］Li H, Liu P, Ma N, Zhang, *Does Education Pay in Urban China? Estimating Returns to Education Using Twins*, Hong Kong：Chinese University of Hong Kong, Department of Economics, 2005.

［2］Wang X, Fleisher B., Li H, Li S, *Access to Higher Education and Inequality：The Chinese Experiment*, Bonn：Institute for the Study of Labor, 2007.

［3］Zhang L, Luo R, Liu C, Rozelle S.，" Investing in Rural China：Tracking China's Commitment to Modernization", *Chinese Economy*, Vol. 39, No. 4, 2006, pp. 57 – 84.

［4］高彦彦：《学校教育投资、家庭内知识外部性与农户收入回报：来自苏北农村的证据》,《南方经济》2009 年第 9 期。

［5］Wang X, Liu C, Zhang L, Luo R, Glauben T., Shi Y, Rozelle S., Sharbono B.，"What Is Keeping the Poor Out of College? Enrollment Rates, Educational Barriers and College Matriculation in China", *China Agricultural Economics Review*, Vol. 39, No. 2, 2011, pp. 131 – 149.

［6］教育部：《中国教育统计年鉴》, 人民教育出版社, 2006。

［7］Young D.，"Ambition, Self – Concept and Achievement：A Structural Equation Model for Comparing Rural and Urban Students", *Journal of Research in Rural Education*, Vol. 14, No. 1, 1998, pp. 34 – 44.

［8］Webster B., Fisher D.，"Accounting for Variation in Science and Mathematics Achievement：A Multilevel Analysis of Australian Data Third International Mathematics and Science Study（TIMSS）", *School Effectiveness and School Improvement*, Vol. 11, No. 3, 2000, pp. 339 – 360.

[9] Mohandas R. , *Report on the Third International Mathematics and Science Study*, Jakarta: National Institute for Research and Development, Ministry of National Education, 2000.

[10] 叶宏:《高考的城乡差异及其对策研究》,《中国高教研究》2011 年第 4 期。

[11] World Bank, China, *Challenges of Secondary Education. Second Education Series* 22856, *Washington*, DC: World Bank, 2001.

[12] 曾满超、丁延庆:《中国义务教育资源利用及配置不均衡研究》,《教育与经济》2005 年第 2 期。

[13] 教育部和国家统计局:《中国教育财政统计年鉴》,中国统计出版社,2004。

[14] 黄艾丽、杜学元:《关于我国城乡家庭教育差异的比较研究》,《宜宾学院学报》2007 年第 1 期。

[15] Ramakrishnan U. , Semba R. , *Iron Deficiency and Anemia*, Semba R. , Bloem M. , *Nutrition and Health in Developing Countries*, New York: Humana Press, 2001.

[16] Halterman J. , Kaczorowski J. , Aligne A. , Auinger P. , Szilagyi P. , "Iron Deficiency and Cognitive Achievement among School – Aged Children and Adolescents in theUnited States", *Pediatrics*, Vol. 107, 2001, pp. 1381 – 1386.

[17] Stoltzfus R. , Kvalsvig J. , Chwaya H. , Montresor A. , Albonico M. , Tielsch J. , Savioli L, Pollitt E. , "Effects of Iron Supplementation and Anthelmintic Treatment on Motor and Language Development of Preschool Children in Zanzibar: Double Blind, Placebo Controlled Study", *British Medical Journal*, Vol. 323, No. 7326, 2001, pp. 1389 – 1393.

[18] Bobonis G. , Miguel E. , Puri – Sharma C. , "Anemia and School Participation", *Journal of Human Resources*, Vol. 41, No. 4, 2006, pp. 692 – 721.

[19] Chen J, Zhao X, Zhang X, Yin S, Piao J, Huo J, Yu B, Qu N, Lu Q, Wang S, Chen C, "Studies on the Effectiveness of NaFeEDTA – Fortified Soy Sauce in Controlling Iron Deficiency: A Population – Based Intervention Trial", *Food and Nutrition Bulletin*, Vol. 26, No. 2, 2005, pp. 177 – 186.

[20] 薛婧、王振林、张键、韩亚莉、黄承钰、张勇、何中虎:《陕西某农村初中生贫血与智力情况调查》,《现代预防医学》2007 年第 9 期。

[21] 于小冬:《一半是火焰,一半是冰河——我国公众营养状况分析》,2013 年 8 月 29 日, http://www.jyb.cn/gb/2005/08/27/zy/4 – zb/1. htm。

[22] Luo R, Shi Y, Zhang L, Liu C, Rozelle S. , Sharbono B. , "Malnutrition in China's Rural Boarding Schools: The Case of Primary Schools in Shaanxi Province", *Asia Pacific Journal of Education*, Vol. 29, No. 4, 2009, pp. 481 – 501.

[23] Spybrook J. , Raudenbush S. , Liu X, Congdon R. , Martínez A. , "Optimal Design for Longitudinal and Multilevel Research: Documentation for the "Optimal Design" Software", http: //sitemaker. umich. edu/group – based/! les/od – man- ual – v200 – 20090722. pdf, 2013 – 7 – 17.

[24] Bundy D. , Burbano C. , Grosh M. , Gelli A. , Jukes M. , Drake L. , *Rethinking School Feeding: Social Safety Nets, Child Development, and the Education Sector*, Washington D. C. : The World Bank, 2009.

# 第二部分

儿童福利的成本测算和
财政保障

# 第四章  儿童福利服务包及其成本测算研究

姚建平[*]  王小林  尚晓援[**]

## 一  研究背景和研究目的

改革开放以来，中国儿童福利制度经过 30 多年的发展取得了巨大成就。总体来看，中国儿童福利制度已经走过了传统补缺型阶段，目前正向适度普惠型迈进。儿童福利制度在得到显著发展的同时，仍然存在很大问题，这包括儿童福利发展的城乡不平衡，贫困地区儿童医疗卫生条件较差，学前教育公共资源不足，义务教育发展不均衡，贫困家庭儿童、孤儿、弃婴、残疾儿童、流浪儿童的救助迫切需要制度保障等。为此，2011 年 7 月国务院发布了《中国儿童发展纲要（2011～2020 年）》（以下简称《纲要》）。《纲要》明确提出了建立和完善适度普惠的儿童福利体系，并为构建综合性儿童福利服务供给模式提供了总体框架。《纲要》指出，"到 2020 年，要在 90% 以上的城乡社区建设 1 所为儿童及其家庭提供游戏、娱乐、教育、卫生、社会心理支持和转介等服务的儿童之家。要在每个街道和乡（镇）至少配备 1 名专职或兼职儿童社会工作者。将家庭教育指导服务纳入城乡公共服务体系，在 90% 的城市社区和 80% 的行政村建立家长学校或家庭教育指导服务点"。《纲要》提出要在城乡社区建设儿童之家的目标，为在社区层面提供普遍性儿童福利服务提供了政策依据。

普遍性儿童福利服务供给模式，目前在中国部分地区已经开始探索。

---

　* 姚建平：华北电力大学人文与社会科学学院副教授。

　** 其他参与课题的成员还有：张喻、杨曦、虞婕。

2010 年 7 月，联合国儿童基金会、民政部、北京师范大学壹基金公益研究院，联合在 5 个省 12 个县的 120 个村开展了儿童福利示范区项目。在示范区项目村都建立了综合性儿童福利服务机构——儿童之家，每个儿童之家都设立了儿童主任，专门负责儿童福利服务工作。示范区儿童福利项目，除了为孤儿和残疾儿童等特殊儿童提供服务之外，还包括针对社区所有儿童的健康档案、健康教育、社区环境卫生、早期教育和学期教育、法制教育和安全教育、社会救助、虐待干预等普遍性儿童服务。因此，可以说示范区项目已经在中国最贫困的农村地区适度普惠型儿童福利服务供给方面做了有益探索。在经济发达地区，民政部还选定了浙江省海宁市和江山市、江苏省昆山市和苏州市作为先行、先试地区探索建立"城乡四级"一体化儿童福利服务体系（以下简称"四级儿童服务体系"）。所谓四级儿童服务体系是指依托公办社会福利院建立儿童福利服务指导中心，在街道和乡镇设立儿童福利服务工作站，在居委会、村委会设立专职儿童福利督导员，形成自上而下、深入社区和乡村的"局—院—站—员"四级工作网络，把各类政策和服务有效地递送到儿童和家庭身边。

本研究的目标是要回答在适度普惠型的儿童福利制度和原则下，测算在不同经济发展水平地区实施儿童福利服务的运行成本，探索在中国建立综合性儿童福利服务机构（本研究称为"儿童之家"），并提供具有适度普惠性质的综合性儿童福利服务包（以下简称"服务包"）需要多大的成本。具体来说，本研究需要解决三个关键问题：第一，确定服务包所包含的指标，即需要提供哪些儿童福利服务；第二，计算提供服务包的人力成本，即持续性投入成本；第三，计算提供服务包的硬件成本（包括场地、设施和设备），即一次性投入成本。

## （一）服务包的内容设定及具体指标

### 1. 服务包内容的确定

（1）服务包内容确定方法

本研究首先碰到的问题是服务包应该包含哪些服务。在服务内容确定原则上，本研究主要依据的是《纲要》——即服务包的内容是适度普惠型的儿童福利，而不仅仅是补缺型儿童福利。具体指标的确定主要采用了三种方法：第一是学术文献回顾。为了确定服务包的具体指标，项目组成员查阅了很多儿童服务相关文献，特别是参考了《纲要》中提出的具体服务指标。第二，征求专家意见。为服务包的最终确定召开了多次小型讨论会，听取了一些儿童专家的意见。在讨论过程中，去除了一些不太重要的指标，同时也加进了很多有意义的指标。第三，儿童服务需求实地调研。服务包的确定吸取了很多前期相关调研的成果，特别是借鉴了示范区"儿童之家"运行的经验。

（2）服务包的设计框架

服务包的设计主要考虑了两个维度，即目标儿童类型和服务项目类型。基于这两个维度，项目组设计了服务包的所有指标：

第一，目标儿童类型。服务包的目标儿童设定为两类：第一类是困境儿童，在服务包中具体体现为孤儿和残疾儿童，困境儿童的福利服务是由民政部门直接提供。除了孤残儿童之外，特殊儿童还包括受艾滋病影响的儿童、流浪儿童、留守儿童、单亲家庭儿童、贫困儿童等。服务包只选择孤儿和残疾儿童的主要考虑是：（1）受艾滋病影响的儿童相对其他类型的特殊儿童数量较少。从目前的情况来看，受到社会普遍关注的主要是贫困地区因"卖血"造成的受艾滋病影响儿童，并且国家针对他们有专门的救助政策，因此他们可以看作特殊儿童中的特殊情况；（2）流浪儿童的福利服务目前由官办救助站/儿童保护中心，或者民间儿童保护组织提供；（3）农村留守儿童、单亲家庭儿童、贫困儿童都有家庭保护，其服务需求可以在普通儿童服务包的基础上，适当增加一些针对性福利服务，因此本研究不作为一个单独的目标群体划分出来。第二类是普通儿童，即要向社区内所有家庭中的儿童提供服务，针对普通儿童的福利服务，可以由民政部门协调其他相关部门共同提供，也可以由其他政府相关部门提供。《纲要》提出要扩大儿童福利范围，建立和完善适度普惠的儿童福利体系，因此面向普通家庭的儿童服务是服务包设计的重点。

第二，服务项目类型。服务包根据两类目标儿童的基本需求，分别设计了具体的服务模块：一是针对孤儿和残疾儿童的服务。针对孤儿的服务项目包括替代性监护、待遇发放、健康检查、孤儿养护评估、独立生活孤儿生活技能指导五个部分。针对残疾儿童的服务包括预防遗弃、医疗康复、教育服务、社会参与和就业安置五个部分。这是面向困境儿童且由民政部门直接提供，因此可以称为基础服务部分。二是针对普通儿童的服务分为户籍登记、基本卫生服务、教育服务、社会救助服务、儿童虐待和忽视五个部分。这五个部分的服务面向所有儿童，因此可以看作在基础服务之上的扩展服务。

**2. 服务包的具体指标**

儿童福利服务包的孤残儿童部分有 22 个指标、普通儿童部分有 33 个指标，整个服务包总共有 55 个指标。从服务包的具体指标来看，按照服务提供类型大致可以分为六类：

第一，培训服务。这包括对家长进行子女教育和儿童入学培训、对孤儿照料人进行养育培训、对残疾大龄儿童进行就业培训等。培训活动可以由儿童之家工作人员直接提供，也可以通过外聘工作人员、服务购买的方式开展。这类服务在服务包中用字母 A 表示。第二，组织社区活动。这是指组织社区内的儿童和家长开展有益于儿童成长的各种活动，具体包括各种对儿童成长有益的游戏活动，残疾儿童、孤儿的社会参与和社会融入活动，提升儿童自我权利意识的活动等。这类服务在服务包中用字母 B 表示。第三，社区宣传，包括儿童健康行为宣传、早期教育宣传、预防青少年违法犯罪宣传、与儿童相关的各类社会救助政策宣传、预防儿童虐待和遗弃宣传等。这类服务在服务包中用字母 C 表示。第四，统计工作。社区儿童福利服务工作者既要查阅政府相关部门的统计资料，自己也要做一些相关的统计工作。具体包括：了解社区内新生儿的数量、了解儿童健康档案和计划免疫情况、记录儿童早餐和午餐情况、了解和掌握义务教育阶段儿童辍学情况、了解和统计社区内孤儿和残疾儿童数量和情况等。这类服务在服务包中用字母 D 表示。第五，家庭访问。家庭访问具体包括未落户新生儿的家访、动员辍学儿童返校的家访、针对少年儿童违法行为的家访、帮助儿童获得社会救助的家访、针对孤儿和残疾儿童的家访，等等。这类服务在服务包中用字母 E 表示。第六，转介服务（或者称为"协调服务"）。目前政府和相关部门实际上已经为社区儿童提供了大量服务。例如，民政部门为儿童提供社会救助服务，卫生部门和计生部门为儿童提供医疗健康、计划免疫、孕产妇等服务，教育部门为儿童提供营养午餐、义务教育、安全教育等服务。作为基层组织，政府各个相关部门为儿童提供的所有服务几乎都有通过社区居委会/村委会组织开展。因此，社区儿童福利服务工作者要协助这些相关部门提供服务，或者帮助社区内的儿童家长获得有这些部门提供的服务。这类服务在在服务包用字母 F 表示。[①]

需要指出的是，服务包中的一个指标可能不止包含一种服务类型。例如，针对未落户新生儿的家访工作首先是家庭访问服务。同时，可能需要对未落户新生儿情况进行记录，属于统计服务。如果新生儿家长在落户过程中需要儿童之家工作人员帮助与相关部门进行协调落户，那么还涉及转介服务。整个服务包所有指标所涵盖六类服务比重的分布情况见图 4 - 1：

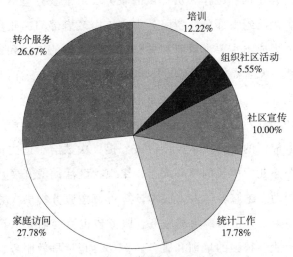

图 4 - 1　服务包指标的服务类型比重

从图 4 - 1 可以看出，首先，服务包中最重要的工作是家庭访问，几乎占所有工作的 1/3（比例为 27.78%）。其次是转介服务/协调服务（比例为 26.67%），这表明，大量儿童福利服务的供给，不是民政部门一家的事情，而是要协调政府各相关部门做好。再次是统计工作，这说明社区儿童福利服务工作者不仅要查阅相关部门关于儿童的统计数据，同时自身也要对社区内的儿童情况了如指掌（17.78%）。最后是培训活动，这说明社区儿童福利服务工作者为家长和儿童开展一些培训也是重要服务内容，具体比例

---

① 服务指标类型归类见附表1。

为12.22%。此外，在社区内开展针对儿童的相关宣传（10%）、组织社区的儿童和家长开展活动（5.55%）也是重要服务内容。

## 二 服务包成本测算总体思路和数据收集方法

### （一）成本测算的总体思路

服务包的成本可以分为两个部分，即服务提供的人力成本和硬件设施成本。从人力成本的角度来看，根据服务提供人员的不同又可以分为三个部分：第一，政府部门儿童福利工作人员提供的服务。由于服务包中所列服务属于基本公共服务，因此绝大部分儿童服务都应该由政府部门的儿童工作人员提供。这部分的人力成本主要由政府相关部门工作人员的工资和补助构成；第二，外聘人员或志愿者提供的服务。外聘人员包括来自公安部门、民政部门、教育部门、卫生部门、居委会/村委会和社会公益组织的专业工作者等。外聘人员可以发挥他们的专业特长对社区儿童工作者、家长和儿童开展培训和宣传教育等活动。他们的人力成本可以按服务提供次数给予适当补贴。志愿者主要来自社区关心儿童成长的热心人士，组织社区活动或开展社区宣传可能需要志愿者的帮助。志愿者的人力成本计算可以按服务提供次数给予餐费和交通费等补贴。第三，市场购买的服务。服务包也可能需要从市场购买少量服务，主要是专业性很强的培训和服务。例如，儿童早教服务、残疾儿童的康复训练服务等。这部分的成本可以按照市场价格计算。

硬件设施成本可以分为两个部分，即儿童之家的场地成本和内部设施成本。场地成本和内部设施成本由社区工作人员根据服务提供的需要确定，并进行相应的成本估算。第一，场地的成本。儿童之家的场地获得设计了三种方式：即政府无偿提供、租用和建设，三种方式的成本也不一样。在确定了场地获得方式之后，再对场地的面积进行估算。第二，场地内的设施和设备成本。一般来说，儿童之家至少需要三方面的服务设施。一是办公设施，包括电脑、办公桌椅、打印机等。二是娱乐活动设施。儿童之家首先是一个游戏和活动空间，因此需要提供一些乒乓球、羽毛球和篮球等体育器材。另外，也需要一些供儿童玩耍的器材，例如滑梯、跷跷板、秋千、攀援架、沙坑，等等，这是留住儿童的重要设施。三是学习活动设施。儿童之家还是一个儿童课外学习和能力培养的场地，儿童之家应有适合各个年龄阶段儿童阅读的图书，以及给婴幼儿的益智类玩具等。

### （二）成本数据收集方法

服务包所列的 55 个指标属于基本公共服务，因此不管是贫困地区还是经济发达地区都应该提供。但是，由于贫困地区和经济发达地区情况差异很大，具体的服务提供方式会有很大差别。例如，在云南省示范区所在的农村地区，由于基本公共服务的供给严重不足，服务包所列服务都由项目村建立的儿童之家提供，因此服务包的人力成本仅仅是儿童之家工作人员的工资或补助。而在浙江省先行、先试地区（海宁市和江山市），由于四级儿童服务体系已经建成，其工作人员除了承担困境儿童福利服务之外，还会主动协调其他部门提供儿童福利服务。而北京市在社区层面虽然没有专门的儿童福利督导员，但社区居委会设立了儿童专干负责相关儿童服务。调研中还发现，服务包中的一些服务项目是由社区非营利组织提供的。例如，调研中发现，杭州市的一些社区非营利组织提供放学后儿童青少年的托管服务、家长教育服务等。不同的儿童福利服务提供方式，其成本也不一样，因此本研究分贫困地区和经济发达地区进行数据资料收集。

成本数据的收集具体可以分为两个阶段进行：第一阶段是 2012 年的上半年，主要是对经济不发达地区（贫困地区）收集数据资料。第二阶段是 2012 年下半年，主要是对东南沿海经济发达地区（民政部儿童福利制度先行、先试地区）收集数据资料。贫困地的调研地点选取了国家级贫困县安徽省利辛县和云南省德宏州。先行、先试地区调研地点选取了浙江省海宁市和江山市、江苏省昆山市和苏州市。由于各地的经济发展水平和儿童福利制度建设的差异，调研地点的不同使成本数据资料收集方式略有差异。安徽省利辛县是本研究最早进行的调研，调研方式包括深度访谈、座谈和问卷调查 3 种，共完成服务包问卷 17 份、深度访谈 16 次和座谈 2 次。在被访人员的选择上，主要根据目前各种类型的儿童服务实际提供和接受情况，选取了来自教育、医疗保健、民政、公安、儿童福利机构、村委会/居委会等部门的工作者，以及家长和儿童代表。由于在利辛县回收的问卷量偏少，再加上被访者来源多元，导致在估算儿童之家成本时差异太大，因此本研究将利辛县的调研作为一个试调查处理，而不进行成本测算。另外，项目组本打算将北京作为一个调研地点进行成本测算，但是由于种种原因导致收集的问卷数量太少，本研究也不对北京进行服务包成本测算。因此，本研究只选择云南省示范区代表贫困地区，浙江省、江苏省先行、先试地区代表经济发达地区进行成本测算。

云南省数据资料收集以儿童福利示范区项目村的儿童之家为对象。具体方法是在北京对示范区儿童之家工作人员进行深度访谈，了解示范区的具体情况。然后请示范区工作人员将服务包表格和儿童之家成本估计表带回云南，请各村儿童之家的儿童主任填写。服务包的填写要求儿童主任先选出目前儿童之家已经提供的服务，并根据实际工作情况估计每一个服务指标的标准次数。儿童之家硬件设施成本估算表要求儿童主任按照目前儿童之家的实际情况以及未来建设情况填写。示范区儿童之家数据收集的样本点分布情况如下（表4-1）：

**表4-1　云南省儿童福利服务包问卷样本点分布情况**

| | |
|---|---|
| 德宏州盈江县平原镇 | 陇中村、兴和村、新莲村、拱腊村、胜龙村、勐盏村、拉勐村、芒璋村、富联村、丙辉村 |
| 德宏州陇川县景罕镇 | 广帕村、广宋村、罕等村、景罕村、曼胆村、曼晃村、曼面村、曼软村 |
| 德宏州陇川县章凤镇 | 送撒村、拉勐村 |

经济发达地区选定了浙江省海宁市和江山市、江苏省昆山市和苏州市为调研地点，调研方式包括问卷法、座谈法和个案访谈。浙江省海宁市和江山市已经按照民政部儿童福利制度先行、先试地区文件的要求，建立了四级儿童服务体系。服务包问卷是通过电子邮件分发给街道/乡镇工作站工作人员和居委会/村委会督导员填写。江苏省昆山市和苏州市虽然也是民政部儿童福利制度先行、先试地区，但是其四级儿童服务体系尚在建设之中，因此服务包问卷是分发给拟建工作站的街道/乡镇和拟设督导员的居委会/村委会儿童福利工作人员填写的。由于苏州市返回的服务包问卷太少很难进行统计分析，因此苏州市只有座谈和个案访谈资料作为参考，无法进行成本估算。浙江省和江苏省成本数据收集样本点情况如下（表4-2）：

表 4-2  浙江省和江苏省问卷样本点分布情况

| | | |
|---|---|---|
| 海宁市 | 海州街道 | 百合社区、白漾社区、东长社区、海州社区、金龙村、民和村、梨园社区、联塘社区、南郊社区、双凤村、西郊社区、新桥社区、新庄社区、伊桥村、张店村 |
| | 硖石镇 | 成园里社区、联合里社区、梅园社区 |
| | 斜桥镇 | 光明村、庆云村、斜桥村 |
| | | 其他 27 个社区、村 |
| 江山市 | 张村乡、塘源口乡、双溪口乡、大陈乡、保安乡 | |
| | 长台镇、新塘边镇、峡口镇、坛石镇、四都镇、石门镇、上余镇、清湖镇、廿八都镇、贺村镇、凤林镇、大桥镇 | |
| | 虎山街道 | 城南社区、江东社区、南门社区、桐岭社区、安泰社区、东门社区、市心社区、西门社区 |
| | 双塔街道 | 城北社区、民声社区、乌木山社区、县前社区、周家社区 |
| 昆山市 | 柏庐街道、朝阳街道、开发区街道、高新区街道 | |
| | 巴城镇、淀山湖镇、花桥镇、锦溪镇、陆家镇、千灯镇、张浦镇、周市镇、周庄镇 | |
| | 昆山市儿童福利院 | |

浙江省海宁市基本上是每个社区或村的督导员填答一份问卷，总共回收 48 份。浙江省江山市是每个乡和镇的工作站都填答一份问卷，而街道则按每个社区填答 1 份问卷，具体由乡镇和街道的儿童福利督导员填答，总共回收问卷 32 份。江苏省昆山市每个街道和镇填答 2~3 份，由负责儿童福利的工作人员填写，总共回收问卷 37 份。浙江和江苏两省总共回收儿童福利服务包问卷 117 份。

## 三  贫困地区服务包成本测算过程及结果

### （一）人力成本测算

#### 1. 示范区儿童之家实际人力成本

目前，示范区儿童之家服务的供给完全依托儿童之家的工作人员（专职人员和兼职人员）开展，因此人力成本主要就是儿童之家工作人员的工资/补助。表4-3是示范区20个村受访儿童之家工作人员工资/补助情况：

表4-3　示范区"儿童之家"人力成本情况

单位：元，人

| 所属县 | 村名 | 月工资/补贴（1人） | 月工资/补贴 | 合　计 |
|---|---|---|---|---|
| | | 专职 | 兼职×人数 | |
| 盈江县 | 村1（广帕村） | 1800 | 600×2 | 3000 |
| | 村2（广宋村） | 1800 | 600×2 | 3000 |
| | 村3（罕等村） | 600 | 无 | 600 |
| | 村4（迭撒村） | 800 | 无 | 800 |
| | 村5（景罕村） | 1500 | 850×2 | 3200 |
| | 村6（拉勐村） | 1500 | 600×1 | 2100 |
| | 村7（曼胆村） | 1500 | 850×2 | 3200 |
| | 村8（曼晃村） | 600 | 无 | 600 |
| | 村9（曼面村） | 800 | 无 | 800 |
| | 村10（曼软村） | 1200 | 600×1 | 1800 |
| 陇川县 | 村1 | 1000 | 无 | 1000 |
| | 村2 | 800 | 无 | 800 |
| | 村3 | 800 | 无 | 800 |
| | 村4 | 1800 | 500×4 | 3800 |
| | 村5 | 800 | 无 | 800 |
| | 村6 | 1000 | 无 | 1000 |
| | 村7 | 800 | 无 | 800 |
| | 村8 | 800 | 600×1 | 1400 |
| | 村9 | 1500 | 500×2 | 2500 |
| | 村10 | — | — | — |
| 合　计 | | 21400 | 10600 | 32000 |

从表4-3可以看出，各村儿童主任的工资差异很大，最多的1800元/月，最少的只有600元/月，前者是后者的3倍。兼职人员的补贴差异不大，最多的是850元/月，最少的也有500元/月。各村儿童之家的人员配备有一定差异。有的村只有一个专职儿童主任，而没有兼职人员。有的村配备1个

或 2 个兼职人员，有一个村甚至有 4 名兼职人员。兼职人员数量的差异也进一步加剧了不同儿童之家人力成本的差异。从完成现有工作量的角度来看，每个儿童之家配备 1 位专职人员和 2 位兼职人员是比较合理的。其理由有二：第一，目前没有配备兼职人员的村主要是由于资金缺乏的原因。而从已经配备兼职人员的儿童之家来看，最多的情况是 2 位，因此配备 2 位兼职人员应是一种比较合理的情况，第二，根据对示范区工作人员访谈的情况来看，由于每位儿童主任需要负责一个村委会所管辖的所有自然村。根据村委会下辖的自然村的不同，儿童主任需要走访的自然村数也不同。最多的儿童主任一年要走访 18 个自然村，并且一个自然村一年至少要走访 2 次。因此，儿童之家工作人员的工作量是非常大的。从这一点来看，也需要配备 2 名兼职人员。

**2. 标准服务包人力成本**

如果要提供服务包中所有服务（标准服务包），那么其人力成本会有多少呢？标准服务包成本的测算可以以目前示范区儿童之家的实际人力成本为基础，通过比较标准服务包与示范区儿童之家目前提供的服务（低成本服务包）在服务指标和服务次数的差别，计算出增加的服务指标成本，进而最终确定标准服务包的成本。为此，首先要确定示范区儿童之家已经提供的服务和服务包的标准次数。

（1）示范区儿童之家已经提供的服务

服务包中的指标是基于儿童服务理论和实践，通过专家讨论而制定的。从示范区的情况来看，儿童之家并没有提供标准服务包中的所有服务。那么，示范区各儿童之家提供了标准服务包中的哪些服务呢？附表 1 最后一列显示了 20 个儿童之家已经提供的服务占标准服务包中 55 个指标的比例，图 4 - 2 是散点图。

从图 4 - 2 可以看出，服务包中所列举的 55 个指标中有的提供比例很高，有的很低。按照提供比例的高低，可以将服务包中的所有指标分为低、中、高三个档次：

第一，低服务提供指标，即 50%（含 50%）以下的"儿童之家"提供该项服务。低服务提供指标有 20 个，占总指标数的 36.36%。也就是说，服务包的 55 个指标中有超过 1/3 提供的"儿童之家"不到一半。低服务提

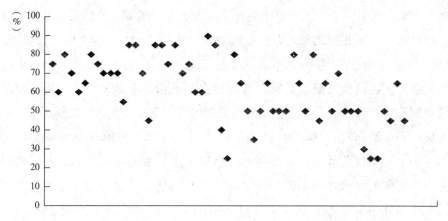

图 4 - 2　示范区"儿童之家"已经提供的服务占标准服务包指标的比例

供指标主要包括：残疾儿童服务（13 个指标仅有 3 个指标超过 50%）、孤儿服务中替代性监护服务的 4 个指标均只有 50% 的儿童之家提供了相关服务。此外，法律援助服务、教育救助服务、儿童虐待服务提供的儿童之家也不到一半。

第二，中等服务提供指标，即 55% ~ 80%（含 80%）的"儿童之家"提供了该项服务。中等服务提供指标有 21 个，占总指标的 38.18%。中等服务提供指标包括：早教宣传和学前教育机构监督；新生儿家访及协助其落户；了解和帮助儿童疫苗接种；儿童安全知识培训和宣传；了解或统计吃早餐/午餐；帮助获得医疗救助；孤儿替代性监护、体检、津贴发放和走访；了解社区残疾儿童等级、大龄残疾儿童技能培训；发现儿童活动区域的安全隐患和社区卫生和环境污染；入学指导、发现和制止青少年违法行为；开展提升儿童权利意识的活动；儿童健康档案了解和健康行为教育。中等服务提供指标可以看作"儿童之家"服务提供的主要领域。

第三，高服务提供指标，即 80% 以上的"儿童之家"提供了该项服务。高服务提供指标包括 7 个，占总指标数的 12.73%，具体包括：了解儿童辍学情况、帮助辍学儿童返校、对儿童主任进行儿童权利意识培训、儿童主任对家长进行儿童权利意识培训、预防青少年违法犯罪宣传、帮助获得生活救助、生活救助宣传。从高服务提供指标来看，儿童之家对于儿童辍学、对儿童主任和家长的儿童权利培训、青少年违法犯罪宣传和生活救助这四个方面是高度关注的领域。

（2）服务包指标的标准次数

如何通过已经调研的 20 个"儿童之家"提供的服务确定标准次数呢？一般的想法是取平均值。但是取平均值可能存在问题。由于服务包中标准次数的填写方法通常是"每月几次""每季度几次""每年几次"，最后统一转化为"每年几次"。因此，实际上数据是非连续的，再加上各个儿童之家提供的服务次数可能差异很大，如果求平均值在进行解释时不是很准确。因此，本研究确定标准次数时放弃平均值而采用众数。众数说明某一项服务被大多数儿童之家所采用，因此可以看作普遍认同的服务次数。需要说明的是：由于被调研的儿童之家并没有提供服务包中的所有服务项目，因此儿童主任所填写的标准次数既包括实际提供的服务次数，也包括儿童主任根据经验认为该项服务应该提供的次数。通过对所有 55 个服务指标计算众数，得出服务包标准服务次数分布情况如图 4 - 3（亦见附表 1）所示：

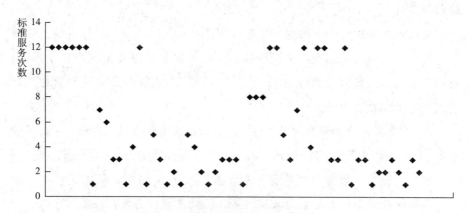

图 4 - 3 服务包标准次数分布散点图

注：附件表 1 中凡是涉及多个众数均取平均值。

从图 4 - 3 可以看出，所有 55 项服务需要提供的标准服务次数中，服务次数为每年 1 次、3 次和 12 次的情况最多。第一，标准次数为 3 次的有 13 项，占总数的 23.64%。具体包括：指导家长做好儿童入学准备；专家对儿童主任的培训；生活救助政策宣传及帮助有需要的儿童获得生活救助；法律援助政策宣传及帮助有需要的儿童获得法律援助；对孤儿照料人的培训；独立生活孤儿生活技能指导及就业帮助；预防残疾儿童遗弃宣传；帮助残疾儿童申请医疗救助；残疾儿童励志教育；大龄残疾儿童生活技能培训等。

第二，标准次数为 12 次的也有 13 项，占总数的 23.64%。具体包括：新生儿落户家访；帮助未落户新生活落户；了解儿童健康档案建立；了解疫苗接种情况；帮助儿童进行疫苗接种；统计儿童吃早餐/午餐情况；发现、劝阻和报告儿童虐待；了解因突发事件成为孤儿和照料人情况，并确定是否需要临时监护；了解孤儿津贴发放和使用；走访独立生活孤儿；发现儿童遗弃并上报等。

第三，标准次数为 1 次的有 10 项，占总数的 18.18%。具体包括：儿童健康行为教育；了解社区环境卫生情况；监督学习机构的规范性；对家长进行儿童权利意识培训；预防青少年违法犯罪宣传；在社区进行儿童安全知识宣传；生活救助政策宣传；医疗救助政策宣传；了解社区内残疾儿童等级情况；统计社区内残疾儿童数量和类型；对家长开展残疾儿童养育培训等。

第四，标准次数为 2 次的有 7 项，占总数的 12.73%。具体包括：早期教育宣传；组织提升儿童权利意识的活动；对家长开展儿童安全知识培训；邀请专业技术人员对残疾儿童进行康复指导；帮助残疾儿童接受教育；帮助大龄残疾儿童就业等。

第五，标准次数为 4 次的有 3 项，占总数的 5.45%。具体包括：了解学校卫生情况；走访义务教育阶段儿童辍学情况；了解孤儿是否定期体检等。

第六，标准次数为 8 次的有 3 项，占总数的 5.45%。具体包括：帮助儿童获得医疗救助；宣传教育救助政策；帮助儿童获得教育救助等。

第七，标准次数为 5 次的有 3 项，占总数的 5.45%。标准次数为 7 次的有 2 项，占总数的 3.64%。标准次数为 6 次的有 1 项，占总数的 1.82%。实际上，没有哪个服务指标儿童主任填写的标准次数是 5 次、6 次和 7 次，这一结果是对众数再求平均值的结果，这说明儿童主任在判断这些指标在标准次数上存在很大分歧。具体包括：了解饮水、厕所、炕灶等卫生和环境污染情况并向有关部门报告；了解学校的卫生条件并报告卫生不达标的学校情况；发现当地青少年有违法行为及时制止；及时发现儿童活动区域的安全隐患并报告；联系相关教育培训机构并督促非义务教育儿童参加职业教育培训；协调建立孤儿的替代性监护；协助做好孤儿资产保全等。

（3）标准服务包的成本测算

从附表1可以明显看出，儿童之家是否提供该项服务与该项服务的服务标准次数没有什么关系，实际上很多标准次数高的服务指标反而很好地提供了。表4－4是服务包中每一个指标的标准次数和儿童之家是否提供该项服务的相关分析的结果：

表4－4　服务指标标准次数与提供该项服务比例的相关关系

|  |  | 标准次数 | 提供该项服务的比例 |
|---|---|---|---|
| 标准次数 | Pearson Correlation | 1 | 0.083 |
|  | Sig.（2－tailed） |  | 0.549 |
|  | N | 54 | 54 |
| 提供该项服务的比例 | Pearson Correlation | 0.083 | 1 |
|  | Sig.（2－tailed） | 0.549 |  |
|  | N | 54 | 54 |

从表4－4可以看出，标准次数和儿童之家是否提供该项服务比例之间的相关系数仅为0.083，显著性检验也不显著。也就是说两者几乎没有关系。通过对示范区对工作人员的访谈和前期相关调研，可以大致看出服务提供比例较低的原因可能包括以下几个方面：

第一，专业性很强的服务难以提供。例如，残疾儿童服务和孤儿替代性监护服务。残疾儿童服务模块设计的指标包括医疗康复、心理健康教育、社会参与服务等都有很强的专业性要求，非专业人士很难开展。孤儿替代性监护服务中的资产保全、监护关系的建立等也都需要较强的专业技能。因此，这类服务提供比例非常低。

第二，对服务需求理解的差异。以儿童虐待为例，传统文化中对孩子的管教始终是家庭的事情，外人不便干预。从调研和访谈情况来看，家长和农村地区儿童工作者对儿童虐待的理解，一般认为打伤、打残甚至打死才是虐待。而对儿童的忽视、言语暴力等行为一般不会被看作虐待。再如，农村居民仍然不太习惯于运用法律武器保护自己的权益，因此对于法律援助服务的需求也较少。当然，也有可能由于儿童主任本身也可能难以找到相关法律服务资源，导致服务包中法律援助的提供比例极低。

第三，人员和资金的限制。从各个儿童之家服务提供的情况来看，彼此之间差异也非常大。为什么会出现这种情况呢？这可能主要受制于儿童之家的人员和资金的限制。从人员配备情况来看，被调研的儿童之家有一半仅有一个儿童主任，而没有任何兼职人员和其他人员帮助。如果仅靠一个人来完成服务包中所有服务指标几乎是不可能的。从调研反馈的情况来看，有些儿童主任在调查问卷备注栏上明确写了"请上级领导提高工资补助和每月及时发放工资补助，以便开展工作"。这表明，资金和人员缺乏是无法保证服务开展的重要因素。

第四，儿童服务的选择性。从开展最多的四项服务来看，义务教育是儿童基本权利，因此必然会受到儿童主任的高度重视。贫困儿童的生活救助（例如，申请低保）是贫困地区最重要的任务，帮助贫困儿童也是儿童主任的工作重点。儿童主任参加培训是上岗的前提，因此也必然受到重视。而预防青少年违法犯罪宣传受到高度重视，可能和当地的社会状况密切相关。因此，在不能保证所有服务正常提供的情况下，这四项服务在儿童主任看来就处于优先提供的地位。

针对以上服务提供不足的问题，可以从三个方面加以解决：

第一，增加工作人员。例如，可以在现有儿童之家人员配备方案的基础上再增加带薪兼职工作者，即每个儿童之家配备1个专职人员和4个兼职人员。实际上，有一个村就采取了这种人员配备方式，只是因为资金的限制使得兼职人员的补助明显低于其他儿童之家。工作人员增加的好处不仅在于能够提供更多服务，更重要的是能够实现儿童之家工作人员的专业分工，确保服务质量。例如，可以按儿童群体分工，有人专门负责残疾儿童和孤儿等特殊儿童，有人负责一般儿童。也可以按照服务包的板块分工，有人负责教育服务、有人负责社会救助、有人负责医疗卫生等。

第二，加强工作人员的专业培训。由于儿童服务的专业性较强，因此必须加强工作人员的专业培训。包括残疾儿童康复训练、孤儿替代性监护、早期教育、就业指导、健康行为教育、法制教育、心理咨询等。由于农村地区资金和社会条件（特别是交通条件）的限制，如果都通过外聘专业人员或从市场购买专业服务的方式来解决，显然是不现实的，因此根本出路在于加强儿童之家工作人员的专业培训，让儿童之家的工作人员提供各种专业服务。

第三，外聘专业人员或购买服务。服务包的有些项目专业性非常强，即使对儿童之家工作人员进行专业培训也可能很难实现服务供给，因此必须通过外聘或购买的方式提供专业性儿童服务，例如残疾儿童康复的专业指导，预防青少年违法犯罪教育、心理健康教育等。

如果要想提供更多的儿童福利服务，就必须增加服务包的成本。第一项如果增加兼职人员，主要是增加了兼职人员的工资。后两项（增加工作人员专业培训、外聘专业人员或购买服务）可以通过增加培训及外聘专家经费的方式来解决。表4－5是示范区儿童之家提供服务包中全部服务（标准服务包）的人力成本测算：

表4－5　标准服务包的人力成本

单位：元/年

| | 月工资/补贴 | 儿童主任培训增加成本 | 外聘专家经费 | 合　计 |
|---|---|---|---|---|
| 专职人员1人 | 1126.32 | | 邀请专业人士进行残疾儿童康复技术指导。标准服务次数为 2×300＝600元 | |
| 兼职人员4人 | 633.33×4 | 3000 | 开展残疾儿童励志教育课程。标准服务次数为3×300＝900 | 48715.68 |
| 合　计 | 43915.68 | | 宣传预防青少年犯罪法律、法规标准服务次数为1×300＝300 | |

注：（1）表中专职人员（儿童主任）的月工资为被调研儿童主任的平均工资。

（2）表中兼职人员的月补贴为被调研儿童之家兼职人员的平均补贴。

（3）外聘专家经费仅从服务包中挑选了3项专业性最弱的服务指标进行计算，其他指标如果需要外聘专家可按类似方法进行计算。

由表4－5可以看出，从支出的角度来看，农村贫困地区每个儿童之家即使提供服务包所有服务所要求的人力成本经费每年还不到5万元。

## （二）硬件设施成本测算

### 1. 场地成本测算

根据对示范区工作人员的访谈所了解的情况，示范区儿童之家有的放在村委会，有的放在学校，但所有场地都是免费使用。表4－6显示，已有很多儿童之家的场地面积差异很大，有的不到 30 平方米，即仅有办公场地，例如只有一间教室。而有些儿童之家的面积达到 200～300 平方米。这些儿童之家除了办公场地之外，往往还有一块活动场地（例如，一块水泥地）。

表 4-6　示范区儿童之家现有实际场地成本及未来建设成本情况表

| 所属县 | 村　名 | 现有实际面积（平方米） | 实际成本（元） | 未来建设面积（平方米） | 单位面积价格（元/平方米） | 估算总价（万元） |
|---|---|---|---|---|---|---|
| 盈江县 | 村1（广帕村） | — | | 500 | 200 | 10 |
| | 村2（广宋村） | — | | 500 | 200 | 10 |
| | 村3（罕等村） | 28 | | | | |
| | 村4（迭撒村） | 28 | | | | |
| | 村5（景罕村） | 27.3 | | | | 15～20 |
| | 村6（拉勐村） | | | 300 | 200 | 6 |
| | 村7（曼胆村） | 27.3 | | | | 15～20 |
| | 村8（曼晃村） | 12（村委会房子） | | | | |
| | 村9（曼面村） | 30 | | | | |
| | 村10（曼软村） | 85 | | | | |
| 陇川县 | 村1 | 360 | | | | |
| | 村2 | | | | | |
| | 村3 | 220 | | | | |
| | 村4 | | | | | |
| | 村5 | 200 | | | | |
| | 村6 | 300 | | | | |
| | 村7 | 250 | | | | |
| | 村8 | 300 | | | | |
| | 村9 | | | | | |
| | 村10 | 50 | | | | |

　　表 4-6 给出了 5 个村的儿童主任估计建立新的"儿童之家"的成本情况。从表中已经给出的估算价格来看，建设一个 500 平方米左右的儿童之家，其成本也就是在 15 万元左右。

**2. 内部设施、设备成本测算**

　　设施设备估算是在儿童之家已有设施、设备情况的基础上，根据儿童之家未来建设情况填写的。表 4-7 汇集了 20 个儿童之家已有的设施设备和儿童主任所能想到的应该配备的所有设施、设备，因此是一个非常完全和详细的设施、设备目录。从表中可以看出，儿童之家的设施、设备主要分为三类，即办公设施、学习设施和娱乐设施。另外，考虑到当地的实际情况，有些儿童主任提出了应配备摩托车作为服务提供的交通工具。各种设施的价格按照儿童主任自己给出的估价。如果不同儿童主任给出的估价有差异，则采取中间值的原则确定最后估算价格。从最后计算的价格来看，办公设施 8100 元、学习设施 8700 元、娱乐设施 11700 元，加上交通工具和儿童小床的费用，一个儿童之家的设施设备总估算最后是 3.4 万元。

表 4-7 示范区儿童之家设施设备成本估算

单位：元

| 设施类别 | 设施名称 | 价格估算 |
|---|---|---|
| 办公设施 | 电脑 1 台 | 2500 |
| | 照相机 1 台 | 1500 |
| | 打印机 1 台 | 1000 |
| | 档案柜 | 400 |
| | 办公桌椅 | 500 |
| | 饮水机 | 500 |
| | 工作服 2 套 | 300 |
| | 每年上网费用 | 1200 |
| | 成长日记本 | 200 |
| 合　计 | | 8100 |
| 学习设施 | 小课桌 3 套 | |
| | 四方桌 2 套 | 400 |
| | 复读机 1 台 | 300 |
| | 书架 2 个 | 800 |
| | 各类文具（包括绘画材料等） | 200 |
| | 各类书籍 | 5000 |
| | 电子琴 | 2000 |
| 合　计 | | 8700 |

| 设施类别 | 设施名称 | 价格估算 |
|---|---|---|
| 娱乐设施 | 电视机 1 台 | 2500 |
| | 音箱、话筒 | 1600 |
| | 体育用品（各类球具等） | 600 |
| | 各类玩具 | 1000 |
| | DVD1 台及有关儿童教育 CD | 500 |
| | 篮球服 6 件 | 500 |
| | 儿童健身及娱乐设施（如滑梯、秋千等） | 5000 |
| 合　计 | | 11700 |
| 交通设施 | 交通工具（摩托车） | 4000 |
| 其他设施 | 儿童小床 | 1500 |
| 合　计 | | 34000 |

## 四　经济发达地区服务包成本测算过程及结果

### （一）人力成本测算

#### 1. 服务提供方式分类

对浙江省和江苏省先行、先试地区的调研发现，大部分服务包中所列的各项儿童福利服务在该地区都已经提供，只是由不同的部门提供而已。由于先行、先试地区四级儿童服务体系已经建立或正在建设，本研究首先按提供方式将服务包所列服务指标分为三类：A 代表由四级儿童服务体系工作人员直接提供的服务，称为民政服务；B 代表由四级儿童服务体系之外的卫生、计生、公安、教育、残联等政府相关部门工作人员提供的服务，称为非民政政府服务；C 代表由四级儿童服务体系通过市场购买提供的服务，称为民政购买服务。从成本的角度来看，A 类和 B 类都是政府部门工作人员提供，其成本主要是政府各部门工作人员的工资或补助；C 类是市场购买服务，可以按市场价格计算。由于不同服务提供方式的成本不同，因此成本测算要先确定服务包中所有指标分属于三类中的哪一类。在调研过程中，服务指标的提供方式由被访者填答，请他们根据自己的工作经验和本地实际情况来判断所有 55 个指标归属于哪类比较合适。图 4 - 4 和附表 2 是海宁市、江山市和昆山市三地被访者对服务包服务指标的归类情况：

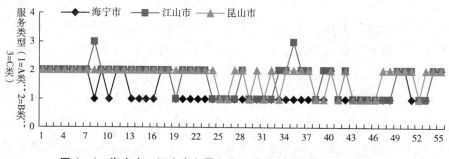

**图 4 - 4　海宁市、江山市和昆山市儿童服务指标提供方式比较**①

从图 4 - 4 可以看出，三个地方对服务包指标归类情况：海宁市的结果显示，认为完全由四级儿童服务体系提供的服务指标为 38 个，其余 17 个服务指标可以由四级儿童服务体系协调其他相关政府部门提供。江山市的结果显示，认为完全由四级儿童福利服务网络提供的服务指标为 20 个，33 个指标由四级儿童服务体系协调其他相关政府部门提供。另外，还有 2 个指标可以通过市场购买方式提供。昆山市的结果显示，认为完全由四级儿童服务体系提供的服务仅为 13 个，其他 42 个服务指标可以通过四级儿童服务体系协调其他相关政府部门提供。由以上结果可以得出如下结论：

第一，三个地方对四级儿童服务体系提供儿童福利服务的功能和能力有不同的理解。海宁市的情况最为乐观，认为服务包中的 69% 服务指标都应该由四级儿童服务提供。江山市这一比例为 36.36%，而昆山市这一比例仅为 23.64%。在海宁市做调研时发现，四级儿童服务体系在所有先行、先试地区最先建成且比较完善，基层工作人员普遍表示应该拓展和整合现有儿童服务功能，以便更好地提供儿童福利服务。而在昆山市做调研时发现的情况与海宁市恰好相反，民政部门工作人员对儿童服务的理解总体看来是多一事不如少一事。例如，座谈和访谈时，被访

---

① 注：服务类型的归属采用的是取众数的方法获得。

者主动提到当时发生在贵州儿童被闷死在垃圾箱里导致相关民政部门领导被罢免的事件，认为民政部门如果管了那些本可以不归自己管的事情很容易自找麻烦。

第二，服务包55个指标属于基本公共服务，几乎所有被访者都认为应该为儿童提供这些服务，主要差别是采取什么样的方式来提供这些服务。从困境儿童福利服务提供结果来看，海宁市的22个孤残儿童服务指标中有17个由四级儿童服务体系提供，占77.27%。江山市的22个孤残儿童服务指标中有10个由四级儿童服务体系提供，占45.45%。昆山市22个孤残儿童服务指标中有8个由四级儿童服务体系提供，占36.36%。由此可见，与普通儿童相比，四级儿童服务体系应该更多地服务于困境儿童。三个地方的被访者都认为应由四级儿童服务体系提供的孤残儿童服务包括：监督孤儿津贴的发放和了解津贴使用情况，走访独立生活的孤儿家庭，了解他们的基本生活状况和需求，宣传与儿童遗弃的相关法律法规和争取政策支持，及时发现儿童遗弃问题并上报有关部门，了解社区内残疾儿童残疾等级情况并督促进行残疾等级认定，帮助残疾儿童申请医疗救助和残疾补助，组织开展残疾儿童和家长的社区融入互动7个指标。从普通儿童福利服务提供结果来看，三个地方都认为由四级儿童服务体系提供的服务只有生活救助服务、医疗救助宣传和教育救助宣传，总共4个指标。

第三，认为通过市场购买提供服务的指标仅在江山市的服务包中出现了2次。这表明，被访者认为服务包所列服务绝大部分都应该由政府部门直接提供。

**2. 服务提供次数**

从图4-5可以看出，海宁市的标准次数情况稍微有变化，江山市和昆山市的标准次数比较统一。海宁市标准次数为每年1次的指标有16个，每年2次的指标有14个，每年4次的有22个，每年12次的指标有3个。江山市的标准次数为每年1次的指标有6个，每年2次的指标有5个，每年3次的指标有2个，每年4次的指标有40个，每年12次的指标有2个。昆山市的标准次数每年1次的指标只有1个，每年3次的指标有45个，每年4次的有5个，每年12次的有4个。如何来理解这种标准次数分布呢？海宁市的标准次数中最多的情况是每年 4 次和每年 1 次，江山市标准次数中最多的情况也是每年 4 次和每年 1 次，而昆山市标准次数最多的情况也是每年 3 次和每年 4 次。每年 4 次可以理解为每个季度 1 次，而每年 3 次可以理解为年初、年中和年末各一次，由此可以看出，服务包中的多数儿童服务被视为日常程序性工作，服务提供首先要保证一定的工作量而并非完全从儿童需求的角度去理解标准次数。

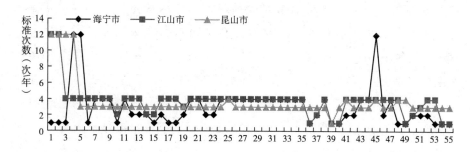

图 4 – 5 海宁市、江山市和昆山市儿童服务指标标准次数比较①

## （二）儿童之家成本测算

### 1. 儿童之家的不同模式

从以上对海宁市、江山市和昆山市服务包各指标提供方式归类和标准次数计算的情况来看，服务包中各项服务的提供大体可以归结为两种模式：第一，综合模式（海宁市）。从对海宁市的分析结果来看，服务包中所列出的服务指标大部分都是依托四级儿童服务体系提供。在这种情况下，必须拓展现有基层儿童福利服务网络的功能，在社区（居委会/村委会）建立以民政部门为主导的综合性儿童福利服务机构——儿童之家。儿童之家属于公办性质，社区儿童福利督导员（儿童主任）除了负责原有孤儿等困境儿童服务之外，还要将业务范围扩展到为社区内所有儿童服务上。此外，儿童之家还可以将一些服务包中没有但社区儿童急需的服务纳入其中，例如儿童临时托管，儿童保护、节假日儿童学

---

① 注：标准次数采用的是取众数的方法获得。

习教育等。这样，儿童之家的建立不仅有利于确保服务包中所有服务都能贯彻落实，也可以为社区提供其他重要的儿童服务。当然，这种模式最大的问题是可能会使民政部门的业务范围与计生、卫生、公安、教育、残联和妇联等部门的现有业务范围相冲突，进而造成部门之间的矛盾，因此综合模式需要非常好地协调各部门之间的业务关系。从成本的角度来看，儿童之家以现有四级儿童服务体系为基础，可以从人力成本和硬件条件两方面来考虑。从人力成本的角度来看，儿童之家需要增加两个方面的人员。一是适当增加现有四级儿童服务体系工作人员，主要提供服务包所列的各项服务。这部分新增人员需要编制并支付工资。二是增加外聘人员，主要是提供服务包之外的服务。这部分人员增加的成本主要是兼职人员的补助。从硬件成本来看，主要是儿童之家场地建设/租用和内部设施/设备的购买。

第二，分散模式（昆山市和海宁市）。从昆山市和海宁市服务包各指标提供方式归类和标准次数计算的情况来看，四级儿童服务体系的功能仍然局限于传统民政业务范围，即服务于孤残儿童和社会救助两大块，其他儿童服务的供给分散在计生、卫生、教育、公安、残联、妇联、共青团等部门，在社区层面上主要由居委会/村委会具体负责所有归口单位，发挥儿童服务的协调和整合功能。在分散模式下，由于服务包所列的服务项目由各个政府相关儿童服务部门提供，因此在社区就缺少了综合性儿童服务机构——儿童之家。目前，在经济发达地区的社区，确实存在除了服务包之外的其他儿童服务需求，例如儿童临时托管、儿童保护、儿童心理咨询、节假日儿童学习教育、儿童社会融入、残疾儿童服务、农民工子女服务、留守儿童服务等。由于服务包所列儿童服务和其他儿童服务是彼此分开的，儿童之家可以考虑采取民办公助的方式由社区非营利组织举办。分散模式下的儿童之家由社区非营利组织举办，因此较之综合模式下的儿童之家更加灵活，可以根据社区儿童的实际需求提供更多的服务。民办公助的儿童之家模式实际上在我国很多地方都有探索。在浙江的调研中，民政厅的干部在谈到儿童之家的建设时提到了浙江温岭对儿童之家模式的探索。具体方式是由妇联出面牵头，由社区非营利组织具体举办。另外，我国港台地区以及深圳等地的儿童之家大多采取这种模式。民办公助性质的儿童之家的功能主要是补政府基本公共儿童福利服务之不足。

从成本的角度来看，分散模式下的儿童之家政府投入比较小。政府成本主要体现在对儿童之家的支持上，具体可以体现在三个方面：一是政策支持。例如，儿童之家可以由政府发起，也可以考虑在税收方面对儿童之家予以优惠等。二是在条件允许的条件下，可以考虑在场地和设施方面支持。三是也可以考虑政府购买服务。

**2. 儿童之家提供的服务**

为了能够测算儿童之家的成本，还需要确定儿童之家提供哪些服务。从调查结果来看，海宁市（综合模式）的被访者与江山市、昆山市（分散模式）的被访者在儿童之家的应提供服务构想上，也体现了儿童之家举办模式上的差异。表4-8是海宁市、江山市和昆山市三个地方被访者认为儿童之家应提供服务的总结。总体来看，儿童之家服务对象可以分为普通儿童和困境儿童两类，而困境儿童又包括残疾儿童、孤儿、农民工子女和留守儿童。困境儿童服务需求源于他们所处的困境。例如，残疾儿童主要是康复服务，贫困农民工子女主要是学习和生活帮助服务，留守儿童主要是亲情电话、学习辅导和生活辅导。普通儿童服务可以分为十大类：托管和临时照顾、社区融入、家长培训、课后和节假日学习教育、游戏和娱乐、心理咨询、公益咨询、基本卫生保健、儿童保护和儿童信息统计。另外，从表中也可以看出，综合模式（海宁市）与分散模式（江山市和昆山市）儿童之家所提供服务的差异。由于海宁市的被访者认为儿童之家要承担服务包中所列儿童服务，因此儿童之家的服务项目要明显少于江山市和昆山市，并且基本上可以看作在传统孤残儿童服务基础上适当向社区普通儿童扩展。而从江山市和昆山市的情况来看，由于儿童之家没有承担服务包所列基本公共服务，因此儿童之家的服务可以满足社区儿童的各种需求，具有明显的灵活性和市场导向性。

表 4-8　海宁市、江山市和昆山市儿童之家儿童福利服务提供

| | | 海宁市 | 江山市 | 昆山市 |
|---|---|---|---|---|
| 普通儿童 | 托管和临时照顾 | | 日托服务 | 儿童社区照顾、临时照顾服务、放学后的看护 |
| | 社区融入 | | 组织亲子活动服务、亲子教育 | 亲子活动、互动游戏 |
| | | | 交友服务 | |
| | 家长培训 | 对家长进行各方面的宣传、培训、教育 | 家长育儿培训 | |
| | 课后和节假日学习教育 | 节假日、周末学习 | 提供课后辅导 | 教育服务、放学后辅导服务 |
| | | 儿童长远发展技能培训 | 提供电脑培训 | 科普教育 |
| | | | 为儿童提供学习帮助 | 儿童学习园地 |
| | | | 寒暑假、课外学习辅导及书法、美术、乐器等培训 | 素质教育、健康快乐文娱服务（寒暑假、双休日） |
| | | | 特长训练 | "小手牵大手"法制宣传活动 |
| | | | 智力开发 | |
| | 游戏、娱乐 | 文化体育 | 提供图书阅览服务、书法、绘画等培训 | 儿童游戏、娱乐 |
| | | 儿童游乐活动 | | 图书阅读 |
| | | | 体育、健身 | 组织少儿书法比赛 |
| | | | | 共建联谊才能展示 |
| | | | | 开展植树护绿活动 |
| | | | | 学雷锋志愿者服务 |
| | | | | 露天电影播放 |
| | | | | 青少年军训夏令营 |
| | 心理咨询 | 心理指导 | 儿童心理咨询服务 | 心理咨询、心理健康发展 |
| | 公益咨询 | 法律咨询 | 儿童公益咨询服务 | 儿童福利咨询 |
| | 基本卫生保健 | 基本卫生服务 | 儿童保健服务 | 身心健康讲座 |
| | | | 应急救护 | 儿童健康检查 |
| | 儿童保护 | 儿童维权和监督 | | 儿童保护、维护儿童权益 |
| | | 儿童保护、维权教育、法律咨询 | | 受虐儿童保护 |
| | 信息统计 | 儿童信息统计 | | 儿童信息统计 |

续表

| | | 海宁市 | 江山市 | 昆山市 |
|---|---|---|---|---|
| 残疾儿童 | | 残疾儿童服务 | 为残疾儿童提供心理辅导及康复训练 | 残疾儿童乐园 |
| | | 残疾儿童康复训练 | 为残疾儿童提供生活、学习帮助 | |
| 孤儿 | | 孤儿服务 | | 孤儿的成长与教育服务 |
| 农民工子女 | | | 外来务工家庭、贫困家庭儿童提供学习、生活服务 | |
| 留守儿童 | | | 留守儿童免费亲情电话 | |
| | | | 留守儿童心理辅导 | |
| | | | 留守儿童学习辅导 | |

### 3. 儿童之家的人力成本

从人力成本的角度来看，综合模式下的儿童之家由于既要提供服务包所列的基本公共服务，又要提供社区儿童所需的其他服务，其工作人员包括两类：一是四级儿童服务体系在社区的工作者，主要是提供服务包所列的各项服务。这部分工作人员是民政系统内部工作人员，因此要适当增加现有基层四级儿童服务体系工作人员，体现在成本上是工作人员的编制和工资。从表4-9可以看出，海宁市被访者认为于儿童之家的专职人员有1～2人，每人月薪0.2万～0.25万元。二是外聘人员2～3人，主要是提供服务包之外增加的服务。外聘人员的成本月薪0.1万元左右。如果仅从工资和补助的角度来看，一个儿童之家的人力成本将专职人员和兼职人员加在一起也不会超过每年10万元。

表4-9 海宁市儿童之家人力成本估算

单位：万元

| | 专职人数（月薪） | 兼职人数（月薪） | 成本/年 |
|---|---|---|---|
| 1 | 2人（0.25） | 3人（0.1） | 9.6 |
| 2 | 1 | | |
| 3 | 2人（0.25） | 3人（0.1） | 9.6 |
| 4 | 1人（0.2） | 2人（0.08） | 4.32 |
| 5 | 2人 | 2人 | |

　　分散模式下的儿童之家，不需要提供服务包中的基本公共服务，因此可以根据社区儿童福利需求的情况开展业务，其人力成本可以根据业务开展的情况灵活处理。由于分散模式下，儿童之家开展的服务项目会比较多，因此其工作人员的自然也就要求更多。表4-10是江山市和昆山市被访者对儿童之家人力成本情况的估算情况。从表中可以看出，江山市多数被访者认为儿童之家的专职人员在5~10人，工资在每月0.2万元左右。兼职人员差异较大，最少的情况为2人，最多的情况为30人，但工资都在0.1万元左右。专职人员和兼职人员的总工资成本在15万~30万元。昆山市被访者设想的儿童之家的工作人员相对较少。从表4-10可以看出，专职人员最少1人，最多5人，工资在每月0.2万元左右。兼职人员最少2人，最多15人，工资在0.08万元左右，因此一个儿童之家的人力成本在每年5万~10万元。由于分散模式下的儿童之家是民办性质，因此工作人员的工资可以通过服务收费的方式来解决，这样对政府来说就没有成本。

表4-10　江山市和昆山市儿童之家人力成本估算

| | 江山市 | | | 昆山市 | | |
|---|---|---|---|---|---|---|
| | 专职人数/月薪（人） | 兼职人数/月薪（人） | 成本（万元/年） | 专职人数/月薪（人） | 兼职人数/月薪（人） | 成本（万元/年） |
| 1 | 12（0.2万元/月） | 2（0.15万元/月） | 32.4 | 1（0.2万元/月） | 2（0.1万元/月） | 4.8 |
| 2 | 7 | 26 | | | 2（0.1万元/月） | 2.4 |
| 3 | 5 | 10 | | | 2（0.1万元/月） | 2.4 |
| 4 | | 2 | | | 3（0.08万元/月） | 2.88 |
| 5 | 7（0.25万元/月） | 26（0.11万元/月） | 55.32 | 4（0.2万元/月） | 15（0.05万元/月） | 18.6 |
| 6 | 4（0.2万元/月） | 3/（0.15万元/月） | 15 | 2（0.15万元/月） | 2（0.05万元/月） | 4.8 |
| 7 | 10（0.2万元/月） | 30/（0.1万元/月） | 60 | 1 | 1 | |
| 8 | 5（0.2万元/月） | 6（0.1万元/月） | 19.2 | | | |
| 9 | 1（0.1万元/月） | 2（0.08万元/月） | 3.12 | 1 | 3 | |
| 10 | | | | 1 | 1 | |
| 11 | | | | | | |
| 12 | | | | 2 | 3 | |
| 13 | | | | 5 | 2 | |
| 14 | | | | 1~2 | 5~10 | |
| 15 | | | | 2~3 | 3~5 | |

**4. 儿童之家硬件设施成本**

在综合模式下，社区儿童之家依托四级儿童服务体系举办，主要是提供服务包中的基本公共服务并兼顾社区其他儿童福利服务需求。因此，综合模式下举办的儿童之家也可以理解为利用民政系统儿童福利机构的设施和设备为社区所有儿童服务。尽管该模式下的儿童之家的硬件设施投入不会太大，但属于政府投入性质。表4－11是海宁市被访者关于儿童之家场地和实施、设备成本情况的估算。从表中可以看出，被访者认为儿童之家的场地面积在100~350平方米。如果采用租用的方式获得场地，那么每年的租金在6万~7万元。儿童之家的设施和设备可以分为三类：一是办公设备；二是按照功能配置的设备，包括培训室设备、咨询室设备、残疾儿童康复室设备；三是其他设施，包括体育器材、图书、文化和体育设施等。三类设施的总成本在10万元左右。

表4－11 海宁市儿童之家场地和设施、设备成本估算

| 序 号 | 场地面积（平方米） | 场地成本 | |
|---|---|---|---|
| | | 租（万元/年） | 建（万元） |
| 1 | 350 | 6 | |
| 2 | 100 | | |
| 3 | 350 | 7 | |
| 4 | 100 | | |
| 5 | 300 | | |

| 序 号 | 设施名称 | 成本（万元） |
|---|---|---|
| 1 | 康复室器材（2万元）、培训室（3万元）、咨询室（1万元）、体育器材（1万元）、办公设备（2万元） | 9 |
| 2 | 电视、电脑、桌子、椅子、图书、报纸、文化和体育设施 | |
| 3 | 康复室器材（2万元）、培训室（3万元）、咨询室（1万元）、体育器材（2万元）、办公设备（2万元） | 10 |
| 4 | 电脑桌、办公桌、文件柜等 | |
| 5 | 办公设备、培训室、宣传橱窗、档案室、残疾儿童康复室 | |

在分散模式下，儿童之家可以根据社区儿童的需求提供各种各样的服务，因此对场地面积要求也比较大。表4－12是江山市和昆山市被访者对儿童之家

场地情况的估计。从表中可以看出，江山市的被访者对儿童之家的场地面积的设想比较大，最小的为200平方米，最大的达到3000平方米，多数在1000平方米左右。如果采用租用的方式，那么一个500平方米的场地租金在每年10万~50万元。如果采用建设的方式，那么1000平方米的场地需要200万~500万元左右。很明显，江山市的被访者对儿童之家的理解已经类似于传统意义上的少年宫。昆山市的被访者对儿童之家场地面积的设想差异较大。部分的被访者认为儿童之家的面积在35~160平方米，这与海宁市的情况比较相似。而另一部分被访者认为儿童之家的面积在300平方米以上，最大的达到800平方米，这与江山市的情况比较接近。为了保证儿童之家的公益性，在有条件的地方可以考虑政府投资建设场地，再采用招标的方式让社区非营利组织来运营儿童之家。儿童之家的场地也可以考虑利用政府拥有的相关场地，采取免租或低租金的方式招标社区非营利组织运营。

表4-12　江山市和昆山市儿童之家场地成本估算

| 序　号 | 江山市 | | | 昆山市 | |
| --- | --- | --- | --- | --- | --- |
| | 场地面积（平方米） | 场地成本 | | 场地面积（平方米） | 场地成本 |
| | | 租（万元/年） | 建（万元） | | 租（万元/年） |
| 1 | 500 | 50 | | 50 | |
| 2 | 1000 | | | 50 | |
| 3 | 1000 | | | 40 | |
| 4 | 150 | | | 35 | |
| 5 | 1000 | | 200 | 700 | |
| 6 | 1500 | | 500 | 800 | |
| 7 | 3000 | | 550 | 400 | |
| 8 | 500 | | | 160 | |
| 9 | 200 | 15 | | 80 | |
| 10 | 480 | 10 | | 30 | |
| 11 | | | | 100 | 15 |
| 12 | | | | 300 | |
| 13 | | | | 300 | |
| 14 | | | | 100 | |
| 15 | | | | 600 | |

　　表 4 – 13 是江山市和昆山市的被访者对儿童之家应有设施设备的设想。从江山市的情况来看，设施和设备可以分为三类：一是办公设施，包括电脑、桌椅、投影仪等；二是各功能区的设施和设备，具体包括阅览室设施、乒乓球室设施、棋牌室设施、书法和美术等练习室设施、心理辅导室设施、游戏设施、教育培训室设施、康复训练器材、室外器材等；三是其他设施，具体包括小型客车、食堂、浴房等。被访者对设施设备成本估算的差异很大，最少的为 5 万元，最多的达到 100 万元。从昆山市的情况来看，设施和设备主要分为四类：一是办公设施，主要包括电脑、办公桌椅、电话、空调、打印机等；二是游戏娱乐设施，主要包括橡皮泥、特大数字投圈、手眼协调掷圈、几何图形板、智力积木、小精灵隧道、摇马、儿童攀登椅、画具等；三是体育设施，包括乒乓球台、篮球、羽毛拍及羽毛球、足球、跳绳等；四是其他设施，包括图书、钢琴、亲情电话等。从成本的角度来看，这些设施设备需要花费 5 万元左右。为了保证儿童之家的公益性，政府对儿童之家的支持除了在场地方面，也可以考虑在创建之初予以设施设备购买上的资助。

表 4 – 13 　江山市和昆山市儿童之家设施、设备成本估算

单位：万元

| 序　号 | 江山市 | | 昆山市 | |
| --- | --- | --- | --- | --- |
| | 名　　称 | 成　　本 | 名　　称 | 成　　本 |
| 1 | 课桌、椅（2 万元）、电脑、电视机、投影机（3.6 万元）、教材（0.5 万元）、玩具（0.5 万元）、浴缸等设施（1.2 万元）、其他设施（2 万元） | 8.8 | 儿童桌椅、橡皮泥、特大数字投圈、手眼协调掷圈、几何图形板、智力积木、小精灵隧道、摇马、儿童攀登椅 | |
| 2 | 阅览室、乒乓球室、棋牌室、书法和美术等练习室、心理辅导室 | | 电脑 1 台、办公桌椅 1 套、电话 1 部、空调 2 台、打印机 1 台 | |
| 3 | 阅览室、乒乓球室、棋牌室、书法和美术等练习室、心理辅导室、健身器 | | 电脑 1 台、办公桌椅 1 套、电话 1 部、空调 1 台、打印机 1 台、玩具若干 | |
| 4 | 阅览室、乒乓球室、棋牌室、书法、美术等练习室 | | 空调 2 台、办公桌 1 张、儿童桌椅若干、儿童游戏设施 | |

| 序 号 | 江山市 名 称 | 成 本 | 昆山市 名 称 | 成 本 |
|---|---|---|---|---|
| 5 | 阅览室、乒乓球室、棋牌室、书法、美术等练习室 | | 图书、篮球、羽毛球拍及羽毛球、足球、电视机、跳绳 | |
| 6 | 食堂（10万元）、室内器材（5万元）、室外器材（15万元）、室内教学设施（10万元）、办公设施（15万元）、小型客车（10万元） | 65 | 电脑、网络设备、钢琴、娱乐设施、桌椅、图书、书架、亲情电话、灭火器、办公用品、乒乓球台 | |
| 7 | 饮食餐具（10万元）、图书（10万元）、游戏设施（50万元）、教育培训室（10万元）、床铺（5万元）、浴房（15万元） | 100 | 电脑/网络等（1万元）、桌椅（0.4万元）、娱乐设施（1万元）、办公用品和医疗用品（0.5万元）、图书（0.2万元）、装修及装饰品（0.5万元） | 4 |
| 8 | 游乐园、图书馆、活动室、教室、办公用品、体育器材 | | 电脑、儿童图书、玩具、地垫、蹦床、滑滑梯、画具、儿童活动器材 | |
| 9 | 办公设施（1.5万元），康复训练器材（1万元），学习、教育、培训用品（2.5万元） | 5 | 游戏垫子、桌、椅、气球、皮球等玩具、投影仪、电脑、音箱、儿童游乐园 | 6.22 |
| 10 | 健身器材（1.5万元）、图书室（0.8万元）、医疗设施（0.6万元）、娱乐设施（0.2万元）、安全设施（0.9万元）、法制教育读物（0.4万元）、残疾儿童康复器具（1.2万元）、孤儿生活技能指导书籍（0.4万元）、安全宣传画（0.3万元）、健康教育书籍（0.3万元）、心理健康光盘（0.25万元）、棋室（0.5万元） | 7.4 | 电脑、打印机、办公用纸、电话、记事本、笔、图书、体育器材（包括：篮球、足球、乒乓球拍、羽毛球拍、象棋、跳棋、单人跳绳、乒乓球台、羽毛球、乒乓球等） | |
| 11 | | | 电视机、电脑、电子钢琴、书架、课桌、凳子、文娱器材、亲情电话、灭火器、餐桌椅、办公桌 | |
| 12 | | | 围栏、摇马、秋千板、运动铁环、加菲猫、空心硬球、数字投圈、几何图形板、智力积木、多色书架 | |

续表

| 序 号 | 江山市 | | 昆山市 | |
| --- | --- | --- | --- | --- |
| | 名　称 | 成　本 | 名　称 | 成　本 |
| 13 | | | 滑梯、长桌、长椅、安全地垫、积木、黑板、球池、儿童钻洞、组合柜、消防车 | |
| 14 | | | 电脑1台、办公桌椅1套、电话1部、空调1台、打印机1台 | |

# 五　结论及进一步讨论的问题

## （一）主要结论

总体来看，目前示范区"儿童之家"的成本可以说是十分低廉。从人力成本来看，儿童之家只有给专职工作人员的工资和兼职人员的补贴。有的村只有一位儿童主任，每个月只有600元的工资。有的村配有专职人员和多个兼职人员，但即使将所有人员的工资加在一起人力成本也不过3000元左右。从硬件成本来看，目前所有儿童之家的场地都是免费的，要么使用的是村委会的房子，要么使用的是学校的房子。因为目前的儿童之家面积十分有限，很多都不到30平方米，因此主要是一个办公的场所。有些儿童之家除了办公场地之外，还会有一块儿童游戏的场地，但是其内部的设施和设备也非常有限。由于没有专门的场地和相应的儿童福利服务设施，因此目前这些儿童之家的场地很难说得上是一个独立的儿童福利机构。通过对调研资料进行测算发现，建立一个综合性的儿童福利机构的硬件成本并不高。如果建立一个500平方米左右的儿童之家，并配备基本办公设施、儿童娱乐设施和学习设施，其硬件成本也不会超过20万元。

目前，示范区儿童之家是在非常低廉成本的条件下提供了大量儿童福利服务。但总体来看，儿童之家提供的服务仍然有限，并且已经提供的服务其服务质量也有待于进一步提高。其原因主要包括三个方面：第一，资金和人员缺乏。目前，示范区儿童之家的资金和人员仍然十分有限，一些项目村仅有一位儿童主任并且只拿600元的补贴。如果仅靠这么少的人手和资金，要开展服务包所规定的儿童服务几乎是不可能的。第二，专业化水平有限。尽管从调研的情况来看，各个儿童之家所提供的服务占标准服务包所有指标的比例还是比较高，但是一些专业水平比较高的服务提供的比例明显偏低，而其他一些服务专业化水平仍然亟待提高。从服务包括户籍登记、医疗卫生、安全教育、社会救助、残疾儿童康复和社会参与、孤儿监护和生活照料等专业化领域，这就要求儿童主任具备各种专业知识和技能。如果不能对儿童之家工作人员进行必要的培训，那么他们所提供的服务质量和水平就难以保证。因此，加强儿童之家工作人员的专业培训就显得十分必要。第三，外聘专业人员和吸收志愿者十分困难。服务包中有一些指标即使对儿童主任进行培训也难以有效提供，因此必须通过外聘专业人员的方式来提供。由于农村贫困地区经济条件和交通条件比较差，通过外聘方式提供服务往往需要付出很大的经济成本。因此，这些服务的供给除了要加大资金投入之外，更要充分调动和发挥专业人士的志愿精神和奉献精神，让他们能够主动为农村贫困地区作贡献，从而实现成本的节省。

从经济发达地区的情况来看，由于各地的实际情况不一样，儿童福利服务包的提供方式也应该有所差异。从对海宁市、江山市和昆山市的调研情况来看，大体可以分为综合模式和分散模式两种类型。所谓综合模式就是依托四级儿童服务体系在社区建立儿童之家，提供服务包所列基本公共服务和服务包之外的其他儿童服务。所谓分散模式就是服务包所列的基本公共服务由民政、卫生、计生、教育、残联、妇联和公安等各个部门提供。同时，在社区采用民办公助的方式由社区非营利组织建立儿童之家，提供服务包之外的其他儿童服务。两种不同服务提供模式的成本也不一样。在综合模式下，儿童之家依托四级儿童服务体系，因此需要增加基层工作人员编制及相应的工资支出。而在分散模式下，由于儿童之家采取的是民办公助的方式，其工作人员工资可以采取服务收费的方式解决。为了保证儿童之家的公益性，政府可以考虑对儿童之家采取支持措施，主要体现在三个方面：一是政策支持。例如，儿童之家可以由政府发起，也可以考虑在税收方面予以优惠等。二是在条件允许的条件下，可以考虑在场地和设施方面予以支持。三是也可以考虑政府购买服务的方式支持儿童之家。

## （二）进一步讨论的问题

云南省示范区儿童之家的做法实际上是对于在中国最贫困地区如何实现综合性儿童福利服务供给的一种有益探索。也可以说，示范区的实践为全国其他农村地区建立儿童之家提供了可以借鉴的经验。借鉴示范区的经验，那么如何在全国其他农村地区推广"儿童之家"呢？如果从成本测算的角度来看，有三个方面可以得到启示：

第一，人力成本的差异。示范区儿童之家的人力成本可以看作一个基准。全国其他农村地区如果建立类似的儿童之家，可以根据农村平均收入水平和消费水平计算出儿童之家工作人员工资和补贴调整系数，再乘以示范区儿童之家人力成本，即可推算出其他地区农村儿童之家的人力成本。

第二，由于办公设施、儿童学习、娱乐用品及建筑材料等都处于市场流通状态，因此各地农村地区的这些物品的价格差异应该不会很大。因此，如果建立儿童之家的土地成本可以不考虑的话，那么目前全国其他地区建立农村儿童之家的设施设备的差异应该不会太大。

第三，由于服务包的设计是基于基本公共服务的理念和原则，因此在服务包的指标和每一项指标的标准次数上城市和农村并不会有太大差异，只是在服务提供方式上会有些差别（例如，是由儿童之家工作人员提供还是外聘专业人员提供）。由于城市和农村在服务提供的人力资本和硬件设施条件上存在巨大差异，因此城市和农村的标准服务包的成本也会有显著差异。

浙江省和江苏省先行、先试地区四级儿童服务体系，实际上是在中国经济发达地区如何实现综合性儿童福利服务供给的一种有益探索。那么如何在全国其他经济发达地区建立"儿童之家"呢？从先行、先试地区的调研结果来看，可以从以下三个方面得到启示：

第一，根据各地的实际情况，儿童服务提供应该采取不同的模式。总体来看，服务包所列基本公共服务的提供可以采取综合模式和分散模式。在综合模式下，可以依托四级儿童服务体系举办的儿童之家提供服务包中的儿童服务。公办儿童之家的优点是可以保证儿童福利服务的公共性并促进社会公平，缺点是将增加政府财政负担。在分散模式下，儿童之家可采取民办公助的方式由非营利组织举办，因而区别于纯商业性儿童服务行为。民办公助方式举办儿童之家虽然也需要政府在政策、场地、设施等方面给予一定的支持，但已经极大地减少了政府的负担并使儿童之家具有相当大的灵活性。当然，民办公助举办方式只适合于非营利组织发展比较好的地区（通常是经济发达地区）。对于那些非营利组织发展状况不好的地区来说，儿童之家的举办还是只能选择公办模式。

第二，儿童服务提供方式不同，其成本也不一样。在综合模式下，由于服务包所列基本公共服务主要依托四级儿童服务体系提供，这必然要增加基层儿童福利服务工作人员并由此带来政府财政支出的增加。在分散模式下，由于服务包所列儿童服务的提供被分散到民政、卫生、计生、教育、公安、残联、妇联等多个政府部门，因此需要加强各归口部门的儿童服务供给，由此增加的负担就不会都落在民政一家。儿童之家如果依托四级儿童服务体系建立，由于其公办性质那么必然要增加人员编制及相应的工资支出。而儿童之家如果采取民办公助的方式，则可以通过服务收费的方式来解决人员工资和运营成本，政府可以在政策、场地和设施等方面予以支持。

第三，不管儿童服务提供采取哪种模式，其成本都不会太大。从海宁市的情况来看，如果依托四级儿童服务体系建立儿童之家，一个儿童之家的人力成本（包括专职人员和兼职人员加在一起）不会超过每年10万、场地租金5万元左右、硬件设施投入在10万元左右。从对江山市和昆山市的调查结果分析情况来看，儿童之家如果采取民办公助的方式举办，其成本可以根据社区儿童服务需求的情况灵活控制。而对于政府来说，最重要的是出台相应的政策，并在政策或场地等方面给予一定支持，以推动社区非营利组织提供儿童服务。由此可见，社区儿童福利服务的供给最根本的问题不在资金，而是服务理念的转变并建立相应的福利制度。

附表 1　示范区儿童福利服务包标准次数和服务提供比例

| 服务内容 | | 服务项目 | 服务类型 | 标准次数（众数：次/年） | 标准次数（平均数：次/年） | 服务提供平均比例（%） |
|---|---|---|---|---|---|---|
| 所有儿童 | 户籍登记 | 1. 新生儿家访，督促新生儿及时落户 | D、E | 12 | 8.47 | 75 |
| | | 2. 了解未落户新生儿未落户原因，与家长和有关部门及时协调，帮助其落户 | E、F | 12 | 7.05 | 60 |
| | 建立儿童健康档案 | 了解儿童健康档案情况。对于未建立健康档案的儿童，与家长和妇幼保健人员及时协调，帮助其建立健康档案 | D、E、F | 12 | 6.61 | 80 |
| | 计划免疫 | 1. 及时核查儿童预防接种记录手册，了解当地儿童接种疫苗情况 | D | 12 | 6.84 | 70 |
| | | 2. 了解未接种疫苗儿童的原因，并为他们提供相帮助，确保其顺利接种疫苗 | E、F | 12 | 7.57 | 60 |
| | 营养干预 | 统计儿童是否吃午餐/午餐 | D | 12 | 59.57 | 65 |
| | 健康教育 | 对家长进行儿童健康行为教育（例如，洗手、健康饮食、吸烟、酗酒、吸毒、药品安全、生殖健康等） | A、B、C | 1 | 4.56 | 80 |
| | 社区环境卫生 | 了解饮水、厕所、炕灶等卫生和环境污染情况。如果发现问题及时告知家长，并向相关部门反映情况 | D、E、F | 1、8、12 | 7.83 | 75 |
| | 学校卫生 | 通过走访，了解各个学校要求的卫生条件。如果发现卫生不达标的学校与校方沟通，或联系相关部门解决 | D、F | 4、8 | 5.94 | 70 |

续附表

| 服务内容 | | 服务项目 | 服务类型 | 标准次数（众数：次/年） | 标准次数（平均数：次/年） | 服务提供平均比例（%） |
|---|---|---|---|---|---|---|
| 教育服务 | 早期教育（3~6岁学龄前儿童） | 1. 指导家长做好学龄前儿童入学准备（例如，家长培训） | A | 3 | 4.75 | 70 |
| | | 2. 组织开展早期教育宣传服务（例如，在社区播放宣传片、早教游戏活动等） | B、C | 2、3 | 3.86 | 70 |
| | | 3. 监督学前教育机构的规范性，发现情况及时向有关部门报告（例如，办学资质不具备，存在潜在安全隐患） | F | 1 | 3.21 | 55 |
| | 义务教育 | 1. 走访和了解当地辍学儿童情况 | D | 4 | 5.78 | 85 |
| | | 2. 发现辍学儿童，及时了解辍学原因，帮助儿童重新返校 | E、F | 12 | 6.58 | 85 |
| | 衔接教育 | 1. 了解当地非义务教育阶段儿童继续教育意愿 | D | 1 | 7.69 | 70 |
| | | 2. 协调相关教育培训机构，督促非义务教育儿童参加职业教育培训 | F | 1、3、12 | 5.16 | 45 |
| 所有儿童 | 权利教育（生存权、受保护权、发展权、参与权） | 1. 组织专家对儿童福利主任开展儿童权利意识培训 | A | 3 | 3.11 | 85 |
| | | 2. 儿童福利主任对家长进行儿童权利意识培训 | A | 1 | 2.44 | 85 |
| | | 3. 提升儿童的自我权利意识（例如，组织开展自我权利意识的游戏或活动） | B | 2 | 4.39 | 75 |

续附表

| 服务内容 | | 服务项目 | 服务类型 | 标准次数（众数：次/年） | 标准次数（平均数）（次/年） | 服务提供平均比例（%） |
|---|---|---|---|---|---|---|
| 法制教育 | | 1. 宣传预防青少年犯罪的法律、法规，以及防止儿童受伤害的法规 | C | 1 | 1.78 | 85 |
| | | 2. 发现当地青少年有违法行为及时制止 | E | 3、12 | 12.18 | 70 |
| 安全教育 | | 1. 及时发现儿童活动区域的安全隐患（例如，裸露水面、高压电线、水井、炉灶、用药等），并建议家长和相关部门采取防护措施 | D、E、F | 1、8 | 10.36 | 75 |
| | | 2. 对儿童家长开展安全知识培训（包括交通安全、溺水、火灾、学校安全、防拐骗等） | A | 2 | 7.15 | 60 |
| | | 3. 在社区进行安全知识宣传（例如，制作和设置宣传海报，宣传标语等） | C | 1 | 4.23 | 60 |
| 所有儿童 | 社会救助服务 生活救助 | 1. 宣传相关政策法规，及时告知有生活救助需要的家庭基本申请程序和资格条件 | C | 1、2、3 | 2.93 | 90 |
| | | 2. 及时与相关部门和机构联系，帮助符合资格条件的家庭获得生活救助 | E、F | 3 | 2.78 | 85 |
| | 法律援助 | 1. 宣传相关政策法规，及时告知有法律援助需要的家庭基本申请程序和资格条件 | C | 3 | 4.14 | 40 |
| | | 2. 及时与相关部门和机构联系，链接社会资源，帮助符合资格条件的家庭获得法律救助 | E、F | 3 | 3.57 | 25 |
| | 医疗救助 | 1. 宣传相关政策法规，及时告知有医疗救助需要的家庭基本申请程序和资格条件 | C | 1 | 4.53 | 80 |
| | | 2. 及时联系相关部门，链接社会资源，帮助符合资格条件的家庭获得医疗救助。 | E、F | 8 | 5.64 | 65 |
| | 教育救助 | 1. 宣传相关政策法规，及时告知有需要的家庭基本申请程序和资格条件 | C | 8 | 4.9 | 50 |
| | | 2. 及时联系相关部门，链接社会资源，帮助符合资格条件的家庭获得教育救助。 | E、F | 8 | 6.8 | 35 |

续附表

| 服务内容 | 服务项目 | 服务类型 | 标准次数（众数：次/年） | 标准次数（平均数：次/年） | 服务提供平均比例（%） |
|---|---|---|---|---|---|
| **所有儿童**<br>虐待和忽视的预防 | 及时发现被虐待儿童，劝阻家长停止虐待行为，并向有关部门（包括公安部门、妇联、村委会、民政部门等）报告 | E、F | 12 | 8.25 | 50 |
| 替代性监护 | 1. 随时了解因为突发事件成为孤儿的儿童及其照料人状况，确定是否需要进行临时性监护 | D、E | 12 | 9.89 | 65 |
| | 2. 协调建立替代性监护（例如，收养、寄养等） | F | 1、3、12 | 7.20 | 50 |
| | 3. 对亲属照料人进行养育技能培训 | A | 3 | 4.3 | 50 |
| | 4. 协助做好孤儿资产保全工作，例如住房、宅基地、现金等 | E、F | 1、12 | 6.00 | 50 |
| **孤儿**<br>待遇发放 | 监督孤儿津贴的发放情况，对孤儿家庭走访，了解津贴使用情况 | E、D | 12 | 9.59 | 80 |
| 健康检查 | 了解孤儿是否定期进行医院体检。 | E、D | 4 | 4 | 65 |
| 孤儿养护评估 | 对孤儿养护状况进行评估（例如，观察孤儿的气色、穿戴等），发现问题及时向有关部门报告 | E、F | 12 | 9.78 | 50 |
| 独立生活孤儿的生活技能指导 | 1. 走访独立生活的孤儿家庭，了解他们的基本生活状况和需求 | E、D | 12 | 6.44 | 80 |
| | 2. 根据孤儿需要的提供相关服务（包括津贴使用、生活技能指导，就业和安置培训等） | A | 3 | 5.40 | 45 |

续附表

| 服务内容 | | 服务项目 | 服务类型 | 标准次数（众数）次数：次/年 | 标准次数（平均）次数：次/年 | 服务提供平均比例（%） |
|---|---|---|---|---|---|---|
| 残疾儿童 | 预防遗弃 | 1. 宣传与儿童遗弃的相关法律法规，争取政策支持（例如，社区宣传） | C | 3 | 3.1 | 65 |
| | | 2. 认真监督，及时发现儿童遗弃问题并上报有关部门 | E、F | 12 | 6.29 | 50 |
| | 医疗康复服务　医疗服务 | 1. 了解社区内残疾儿童残疾等级情况，督促进行残疾等级认定 | D、E、F | 1 | 4.69 | 70 |
| | | 2. 帮助残疾申请医疗救助和残疾补助 | E、F | 3 | 5.40 | 50 |
| | | 3. 帮助有需要的残疾儿童与医院等部门联系，申请减免手术费用 | E、F | 3 | 3.4 | 50 |
| | 康复服务 | 1. 统计社区内残疾儿童数目与类型，助听器等器械的残疾儿童，统计需要轮椅，向上级申请设备供给，申请康复器械，并开展康复训练 | D、E、F | 1 | 2 | 50 |
| | | 2. 邀请专业人士进行康复技术指导 | A | 1、3 | 2.22 | 30 |
| | 教育服务　入学服务 | 帮助残疾儿童接受教育（例如，帮助有能力随班就读的残疾儿童就近安排学校入学，帮助不能随便就读的残疾儿童进入特殊教育学校接受教育） | D、E、F | 1、3 | 2.20 | 25 |
| | 心理健康教育 | 开展励志教育课程，鼓励残疾儿童积极向上，热爱生活 | A、B | 3 | 3.00 | 25 |
| | 社会参与服务 | 1. 组织开展残疾儿童和家长的社区融入互动（例如，社区融入游戏等） | B | 1、3 | 3.6 | 50 |
| | | 2. 开展培训，使家长了解更多残疾子女养育的知识和技巧 | A | 1 | 2.36 | 45 |

续附表

| 服务内容 | 服务项目 | 服务类型 | 标准次数（众数：次/年） | 标准次数（平均）：次/年 | 服务提供平均比例（%） |
|---|---|---|---|---|---|
| 残疾儿童 | 1. 开展大龄残疾儿童工作技能培训 | A | 3 | 2.43 | 65 |
| 就业、安置服务 | 2. 积极寻找就业机会，联系残疾人可以工作的企业，开展就业、创业帮扶，积极帮系联系提供小额贷款、免税等，促进大龄残疾儿童自力更生 | F | 1, 3 | 2.73 | 45 |

注：（1）"标准次数栏"请根据示范区实际情况进行估计，例如每年3次，每月1次，每季度2次等。关于标准次数如果有需要特别说明之处，请在"备注栏"填写。如有其他解释也可以填在"备注栏"。

（2）服务类型代码：A代表培训，B代表社区宣传，C代表组织社区活动，D代表统计工作，E代表家庭访问，F代表转介服务（主要指针对家长机构之间的协调服务）

附表2 海宁市、江山市和昆山市服务指标类型和标准次数

| 服务内容 | 服务项目 | 海宁市 服务类型及排序 | 标准次数：次/年 | 江山市 服务类型及排序 | 标准次数：次/年 | 昆山市 服务类型及排序 | 标准次数：次/年 |
|---|---|---|---|---|---|---|---|
| 所有儿童 户籍登记 | 1. 新生儿家访，督促新生儿及时落户 | B（61%）— A（39%） | 1 | B（59%）— A（38%）— C（3%） | 12 | B（57%）— A（43%） | 12 |
| | 2. 了解未落户新生儿未落户原因，与家长和有关部门及时协调，帮助其落户 | B（73%）— A（27%） | 1 | B（52%）— A（41%）— C（7%） | 12 | B（59%）— A（41%） | 12 |

续附表

| 服务内容 | 服务项目 | 海宁市 | | 江山市 | | 昆山市 | |
|---|---|---|---|---|---|---|---|
| | | 服务类型及排序 | 标准次数（众数：次/年） | 服务类型及排序 | 标准次数（众数：次/年） | 服务类型及排序 | 标准次数（众数：次/年） |
| 建立儿童健康档案 | 了解儿童健康档案情况。对于未建立健康档案的儿童，与家长和妇幼保健人员及时协调，帮助其建立健康档案 | B（84%）－ A（16%）－ | 1 | B（69%）－ A（28%）－ C（3%）－ | 4 | B（66%）－ A（23%）－ C（11%）－ | 12 |
| 计划免疫 | 1. 及时核查儿童预防接种记录手册，了解当地儿童接种疫苗情况 | B（87%）－ A（13%）－ | 12 | B（87%）－ A（10%）－ C（3%）－ | 4 | B（80%）－ A（17%）－ C（3%）－ | 12 |
| | 2. 了解未接种疫苗儿童的原因，并为他们提供相帮助，确保其顺利接种疫苗 | B（89%）－ A（11%）－ | 12 | B（83%）－ A（10%）－ C（7%）－ | 4 | B（77%）－ A（20%）－ C（3%）－ | 3 |
| 营养干预 | 统计儿童是否吃早餐/午餐 | B（56%）－ A（32%）－ C（12%）－ | 1 | B（46%）－ A（40%）－ C（14%）－ | 4 | B（44%）－ A（36%）－ C（20%）－ | 3 |
| 健康教育 | 对家长进行儿童健康行为教育（例如，洗手、健康饮食、吸烟、酗酒、吸毒、药品安全、生殖健康等） | B（50%）－ A（48%）－ C（2%）－ | 4 | B（48%）－ C（36%）－ A（16%）－ | 4 | B（58%）－ A（31%）－ C（11%）－ | 3 |
| 社区环境卫生 | 了解饮水、厕所、炕灶等卫生和环境污染情况。如果发现问题及时告知家长，并向相关部门反映情况 | A（60%）－ B（38%）－ C（2%）－ | 4 | C（36%）－ B（32%）－ A（32%）－ | 4 | B（82%）－ A（15%）－ C（3%）－ | 3 |

基本卫生服务

所有儿童

续附表

| 服务内容 | | 服务项目 | 海宁市 | | 江山市 | | 昆山市 | |
|---|---|---|---|---|---|---|---|---|
| | | | 服务类型及排序 | 标准次数（次/年） | 服务类型及排序 | 标准次数（次/年） | 服务类型及排序 | 标准次数（次/年） |
| 所有儿童 | 基本卫生服务 学校卫生 | 通过走访、了解各个学校的卫生条件。如果发现卫生不达标的学校要与校方沟通，或联系相关部门解决 | B（64%） -<br>A（31%） -<br>C（5%） - | 4 | B（75%） -<br>A（18%） -<br>C（7%） - | 4 | B（89%） -<br>A（11%） - | 3 |
| | 教育服务 早期教育（3~6岁） | 1. 指导家长做好学龄前儿童入学准备（例如，家长培训） | A（60%） -<br>B（38%） -<br>C（2%） - | 1 | B（70%） -<br>A（22%） -<br>C（8%） - | 2 | B（67%） -<br>A（22%） -<br>C（11%） - | 3 |
| | | 2. 组织开展早期教育宣传服务（例如，在社区播放宣传片、早教游戏活动等） | B（51%） -<br>A（49%） - | 4 | A（45%） -<br>B（31%） -<br>C（24%） - | 4 | B（58%） -<br>A（31%） -<br>C（11%） - | 3 |
| | | 3. 监督学前教育机构的规范性，发现情况及时向有关部门报告（例如，办学资质不具备，存在潜在安全隐患等） | B（78%） -<br>A（15%） -<br>C（7%） - | 2 | B（64%） -<br>A（32%） -<br>C（4%） - | 4 | B（74%） -<br>A（23%） -<br>C（3%） - | 3 |
| | 义务教育 | 1. 走访和了解当地辍学儿童情况 | A（70%） -<br>B（30%） - | 2 | B（65%） -<br>A（35%） - | 4 | B（64%） -<br>A（36%） - | 3 |
| | | 2. 发现辍学儿童，及时了解辍学原因，帮助儿童重新返校 | A（65%） -<br>B（35%） - | 2 | B（65%） -<br>A（35%） - | 2 | B（78%） -<br>A（22%） - | 3 |

续附表

| 服务内容 | | 服务项目 | 海宁市 | | 江山市 | | 昆山市 | |
|---|---|---|---|---|---|---|---|---|
| | | | 服务类型及排序 | 标准次数（次/年） | 服务类型及排序 | 标准次数（次/年） | 服务类型及排序 | 标准次数（次/年） |
| 所有儿童 | 教育服务 衔接教育 | 1. 了解当地非义务教育阶段儿童继续教育意愿和就业意愿 | A（72%）—<br>B（28%）— | 1 | B（69%）—<br>A（31%）— | 2 | B（50%）—<br>A（30%）—<br>C（14%）— | 3 |
| | | 2. 协调相关教育培训机构，督促非义务教育儿童参加职业教育培训 | A（62%）—<br>B（38%）— | 2 | B（52%）—<br>A（26%）—<br>C（22%）— | 4 | B（67%）—<br>A（19%）—<br>C（13%）— | 3 |
| | 权利教育（生存权、受保护权、发展权、参与权） | 1. 组织专家对儿童福利主任开展儿童权利意识培训 | B（71%）—<br>A（29%）— | 1 | B（50%）—<br>C（43%）—<br>A（7%）— | 4 | B（88%）—<br>C（9%）—<br>A（3%）— | 3 |
| | | 2. 儿童福利主任对家长进行儿童权利意识培训 | B（74%）—<br>A（21%）—<br>C（5%）— | 1 | B（54%）—<br>C（36%）—<br>A（10%）— | 4 | B（79%）—<br>C（18%）—<br>A（3%）— | 3 |
| | | 3. 提升儿童的自我权利意识（例如，组织开展自我权利意识的游戏或活动） | A（52%）—<br>B（46%）—<br>C（2%）— | 2 | A（55%）—<br>B（32%）—<br>C（13%）— | 3 | B（75%）—<br>A（14%）—<br>C（11%）— | 3 |
| | 法制教育 | 1. 宣传预防青少年犯罪法律、法规、以及防止儿童虐待法规 | A（65%）—<br>B（30%）—<br>C（5%）— | 4 | B（63%）—<br>A（37%）— | 4 | B（68%）—<br>A（42%）— | 3 |
| | | 2. 发现当地青少年有违法行为及时制止 | A（67%）—<br>B（31%）—<br>C（2%）— | 4 | B（60%）—<br>A（40%）— | 4 | B（72%）—<br>A（28%）— | 3 |

续附表

| 服务内容 | | 服务项目 | 海宁市 | | 江山市 | | 昆山市 | |
|---|---|---|---|---|---|---|---|---|
| | | | 服务类型及排序 | 标准次数（次/年） | 服务类型及排序 | 标准次数（次/年） | 服务类型及排序 | 标准次数（次/年） |
| 所有儿童 | 安全教育 | 1. 及时发现儿童活动区域的安全隐患（例如，裸露水面、高压电线、水井、炉灶、用药等），并建议家长和相关部门采取防护措施） | A（71%）－ B（29%） | 2 | B（60%）－ A（40%） | 4 | B（61%）－ A（36%）－ C（3%） | 3 |
| | | 2. 对儿童家长开展安全知识培训（包括交通安全、溺水、火灾、学校安全、防拐骗等） | A（62%）－ B（38%） | 2 | B（50%）－ C（30%）－ A（20%） | 4 | B（69%）－ A（28%）－ C（3%） | 3 |
| | | 3. 在社区进行安全知识宣传（例如，制作和设置宣传海报、宣传标语等） | A（75%）－ B（25%） | 4 | A（59%）－ B（38%）－ C（13%） | 4 | B（63%）－ A（44%）－ C（3%） | 3 |
| | 社会救助服务（生活救助） | 1. 宣传相关政策法规，及时告知有生活救助需要的家庭基本申请程序和资格条件 | A（73%）－ B（27%） | 4 | A（59%）－ B（41%） | 4 | A（68%）－ B（32%） | 4 |
| | | 2. 及时与相关部门机构联系，帮助符合资格条件的家庭获得生活救助 | A（62%）－ B（38%） | 4 | A（59%）－ B（41%） | 4 | A（57%）－ B（43%） | 3 |
| | 法律援助 | 1. 宣传相关政策法规，及时告知有法律援助需要的家庭基本申请程序和资格条件 | A（70%）－ B（30%） | 4 | A（48%）－ B（48%）－ C（4%） | 4 | B（51%）－ A（49%）－ C（3%） | 3 |
| | | 2. 及时与相关部门和机构联系，链接社会资源，帮助符合资格条件的家庭获得法律救助 | A（61%）－ B（37%）－ C（2%） | 4 | B（53%）－ A（45%）－ C（3%） | 4 | B（57%）－ A（40%）－ C（3%） | 3 |

续附表

| 服务内容 | | 服务项目 | 海宁市 服务类型及排序 | 海宁市 标准次数（众数：次/年） | 江山市 服务类型及排序 | 江山市 标准次数（众数：次/年） | 昆山市 服务类型及排序 | 昆山市 标准次数（众数：次/年） |
|---|---|---|---|---|---|---|---|---|
| 所有儿童 社会救助服务 | 医疗救助 | 1. 宣传相关政策法规，及时告知有医疗救助需要的家庭基本申请程序和资格条件 | A（74%）－ B（26%）－ | 4 | A（66%）－ B（34%）－ | 4 | A（53%）－ B（47%）－ | 3 |
| | | 2. 及时联系相关部门，链接社会资源，帮助符合资格条件的家庭获得医疗救助 | A（65%）－ B（35%）－ | 4 | A（66%）－ B（34%）－ | 4 | B（56%）－ A（44%）－ | 3 |
| | 教育救助 | 1. 宣传相关政策法规，及时告知有需要的家庭基本申请程序和资格条件 | A（73%）－ B（27%）－ | 4 | A（59%）－ B（41%）－ | 4 | A（53%）－ B（47%）－ | 3 |
| | | 2. 及时联系相关部门，链接社会资源，帮助符合资格条件的家庭获得教育救助 | A（64%）－ B（36%）－ | 4 | A（59%）－ B（41%）－ | 4 | B（56%）－ A（44%）－ | 3 |
| | 虐待和忽视的预防 | 及时发现被虐待儿童，劝阻家长停止虐待行为，并向有关部门（包括公安部门、妇联、村委会、民政部门等）报告 | A（76%）－ B（24%）－ | 4 | B（52%）－ A（45%）－ C（3%）－ | 4 | A（50%）－ B（47%）－ C（3%）－ | 3 |
| 孤儿 替代性监护 | | 1. 了解因为突发事件成为孤儿的儿童及其照料人状况，确定是否需要进行临时性监护 | A（74%）－ B（26%）－ | 4 | B（55%）－ A（42%）－ C（3%）－ | 4 | B（50%）－ A（47%）－ C（3%）－ | 3 |
| | | 2. 协调建立替代性监护（例如，收养、寄养等） | A（64%）－ B（31%）－ C（5%）－ | 4 | C（42%）－ A（37%）－ B（23%）－ | 4 | B（53%）－ A（41%）－ C（6%）－ | 3 |
| | | 3. 对亲属照料好孤儿进行养育技能培训 | A（80%）－ B（18%）－ C（2%）－ | 1 | B（50%）－ C（32%）－ A（18%）－ | 1 | B（67%）－ A（18%）－ C（15%）－ | 3 |
| | | 4. 协助做好孤儿资产保全工作，例如，住房、宅基地、现金等 | A（60%）－ B（38%）－ C（2%）－ | 2 | B（45%）－ C（35%）－ A（20%）－ | 2 | B（74%）－ A（23%）－ C（3%）－ | 3 |

续附表

| 服务内容 | 服务项目 | 海宁市 服务类型及排序 | 海宁市 标准次数（众数：次/年） | 江山市 服务类型及排序 | 江山市 标准次数（众数：次/年） | 昆山市 服务类型及排序 | 昆山市 标准次数（众数：次/年） |
|---|---|---|---|---|---|---|---|
| 待遇发放 | 监督孤儿津贴的发放情况，对孤儿家庭走访，了解津贴使用情况 | A（69%） —<br>B（31%） — | 4 | A（62%） —<br>B（31%） —<br>C（7%） — | 4 | A（61%） —<br>B（37%） —<br>C（3%） — | 3 |
| 健康检查 | 了解孤儿是否定期进行医院体检 | A（68%） —<br>B（32%） — | 1 | B（62%） —<br>A（31%） —<br>C（7%） — | 1 | A（44%） —<br>B（42%） —<br>C（14%） — | 1 |
| 孤儿养护评估 | 对孤儿养护状况进行评估（例如观察孤儿的气色、穿戴等），发现问题及时向有关部门报告 | B（73%） —<br>A（25%） —<br>C（2%） — | 1 | B（62%） —<br>A（24%） —<br>C（14%） — | 1 | B（47%） —<br>A（38%） —<br>C（15%） — | 3 |
| 独立生活孤儿的生活技能指导 | 1. 走访独立生活的孤儿家庭，了解他们的基本生活状况和需求 | A（77%） —<br>B（23%） — | 2 | A（49%） —<br>B（48%） —<br>C（3%） — | 4 | A（56%） —<br>B（33%） —<br>C（11%） — | 4 |
| | 2. 根据孤儿需要的提供相关服务（包括津贴使用、生活技能指导、就业和安置培训等） | A（69%） —<br>B（31%） — | 2 | B（52%） —<br>A（41%） —<br>C（7%） — | 4 | B（53%） —<br>A（35%） —<br>C（12%） — | 3 |

孤儿

续附表

| 服务内容 | | 服务项目 | 海宁市 | | 江山市 | | 昆山市 | |
|---|---|---|---|---|---|---|---|---|
| | | | 服务类型及排序 | 标准次数（次/年） | 服务类型及排序 | 标准次数（次/年） | 服务类型及排序 | 标准次数（次/年） |
| 残疾儿童 | 预防遗弃 | 1. 宣传与儿童遗弃的相关法律法规，争取政策支持（例如，社区宣传） | A（67%）－ B（31%）－ C（2%） | 4 | A（55%）－ B（45%） | 4 | A（55%）－ B（42%）－ C（3%） | 3 |
| | | 2. 认真监督，及时发现儿童遗弃问题并上报有关部门 | A（73%）－ B（25%）－ C（2%） | 4 | A（52%）－ B（48%） | 4 | A（58%）－ B（39%）－ C（3%） | 3 |
| | 医疗康复服务 — 医疗服务 | 1. 了解社区内残疾儿童残疾等级等情况，督促进行残疾等级认定 | A（83%）－ B（17%） | 12 | A（60%）－ B（40%） | 4 | A（56%）－ B（44%） | 4 |
| | | 2. 帮助残疾儿童申请医疗救助和残疾补助 | A（70%）－ B（30%） | 2 | A（70%）－ B（30%） | 4 | A（50%）－ B（50%） | 3 |
| | | 3. 帮助有需要的残疾儿童与医院等部门联系，申请减免手术费用 | A（69%）－ B（31%） | 4 | A（50%）－ B（50%） | 4 | B（56%）－ A（33%）－ C（11%） | 3 |
| | 康复服务 | 1. 统计社区内残疾儿童数目与类型，统计需要轮椅、助听器等器械的残疾儿童，向上级申请器械设备供给，申请康复器械，并开展康复训练 | A（71%）－ B（29%） | 1 | A（62%）－ B（36%）－ C（4%） | 4 | B（47%）－ A（45%）－ C（8%） | 4 |
| | | 2. 邀请专业人士进行康复技术指导 | B（55%）－ A（43%）－ C（2%） | 1 | B（46%）－ C（36%）－ A（18%） | 1 | B（59%）－ C（23%）－ A（18%） | 4 |

续附表

| 服务内容 | | 服务项目 | 海宁市 服务类型及排序 | 海宁市 标准次数（众数:次/年） | 江山市 服务类型及排序 | 江山市 标准次数（众数:次/年） | 昆山市 服务类型及排序 | 昆山市 标准次数（众数:次/年） |
|---|---|---|---|---|---|---|---|---|
| 残疾儿童 教育服务 | 入学服务 | 帮助残疾儿童接受教育（例如，帮助有能力随班就读的残疾儿童就近安排学校入学，帮助不能随校就读的残疾儿童进入特殊教育学校接受教育） | B（54%）－ A（44%）－ C（2%）－ | 2 | B（76%）－ A（24%）－ | 2 | B（56%）－ A（45%）－ C（9%）－ | 3 |
| | 心理健康教育 | 开展励志教育课程，鼓励残疾儿童积极向上，热爱生活 | A（65%）－ B（30%）－ C（5%）－ | 2 | B（66%）－ A（34%）－ | 3 | B（58%）－ A（31%）－ C（11%）－ | 3 |
| 社会参与服务 | | 1. 组织开展残疾儿童和家长的社区融入互动（例如，社区融入游戏等） | A（73%）－ B（27%）－ | 2 | A（60%）－ B（33%）－ C（7%）－ | 2 | A（58%）－ B（33%）－ C（9%）－ | 3 |
| | | 2. 开展培训，使家长了解更多残疾子女养育的知识和技巧 | A（60%）－ B（40%）－ | 1 | A（43%）－ B（30%）－ C（27%）－ | 1 | B（44%）－ A（39%）－ C（17%）－ | 3 |
| 就业、安置服务 | | 1. 开展大龄残疾儿童工作技能培训 | B（56%）－ A（44%）－ | 1 | B（43%）－ C（40%）－ A（17%）－ | 1 | B（69%）－ A（20%）－ C（11%）－ | 3 |
| | | 2. 积极寻找就业机会，联系残疾人可以工作的企业、开展就业、创业帮扶，积极联系联络残疾儿童额贷款、免税等，促进大龄残疾儿童自力更生 | B（52%）－ A（48%）－ | 1 | B（43%）－ C（30%）－ A（27%）－ | 1 | B（56%）－ A（30%）－ C（14%）－ | 3 |

注：（1）"服务类型代码"：A代表四级儿童服务网络工作人员直接提供的服务；B由四级儿童服务网络聘请或协调的公安、教育、卫生、计生、妇联、残联等政府相关部门工作人员提供的服务；C代表四级儿童服务网络通过市场购买提供的服务。

（2）"标准次数栏"根据社区的实际情况进行的估计，例如每年3次，每月1次，每季度2次等。

**附表 3　部分被访者关于儿童之家服务需求原因的描述**

（1）对儿童提供医疗服务，建立健康档案；对儿童提供法律援助，帮助他们树立法律意识，运用法律武器维护自身权益；为儿童提供教育服务，尤其是留守儿童与外来务工人员子女；儿童的情绪控制、心理承受能力比不上成年人，稍遇挫折心理便承受不住，需要加强引导

（2）通过各种角色扮演活动，让孩子学会自己选择、决策、执行，让孩子们学会诚信、尊重、责任、关爱、协作、勇敢，更加具有创造力和竞争力。在游戏中培养孩子们自信、坚定、进取的精神，以及快乐、积极、团结、荣誉的价值观，塑造孩子们良好的性格，让他们健康、全面、快乐地成长。儿童在一定的游戏环境中有权根据自己的兴趣和需要，以快乐和满足为目的，自主选择，自由发展，自发交流游戏的情节、内容等，让性格内向的孩子变得活泼开朗

（3）日托服务是当社区居民遭遇紧急事情可以把正在看管的儿童临时托管到工作站；辅导服务是满足社区儿童学业需要提供的服务；公益咨询包括家庭教育、儿童心理、科学育儿咨询等

（4）现如今的父母工作繁忙，很少有时间陪伴自己的孩子，为他们提供场所，让他们留出更多时间参与到亲子活动中，增强儿童的安全意识

（5）素质教育是"创造适合每个儿童的教育"，以促进每个孩子在原有水平上都得到发展。在教育内容上，强调全面性和基础性，凡是做人所必须具备的基本素养和能力，在教育内容上都有所反映，主张把学习与幼儿生活实际紧密联系起来，使孩子做到"四个学会"，即学会认知，学会生存，学会做事，学会与人共同生活

# 第五章  儿童福利的额外成本研究

## ——农村义务教育学生营养改善计划个案比较

虞　婕　刘　曼　崔雅文 *

2010 年，国务院颁布了《中国儿童发展纲要（2011～2020 年）》将"提高中小学生《国家学生体质健康标准》达标率。控制中小学生视力不良、龋齿、超重/肥胖、营养不良发生率"。作为儿童营养和健康的主要目标之一。2011 年 11 月 23 日，国务院办公厅发布《国务院办公厅关于实施农村义务教育学生营养改善计划的意见》（国发办〔2011〕54 号）（以下简称《意见》）指出，从 2011 年秋季学期起，在集中连片特殊困难地区（以下简称连片特困地区①）启动农村（不含县城，下同）义务教育学生营养改善计划试点工作。

在此之前，随着国家政策对儿童营养和健康的重视，很多社会公益机构做了大量卓有成效的工作，帮助一些贫困地区孩子改善营养膳食状况，例如 2011 年 4 月 2 日正式启动的免费午餐项目，倡议社会捐助，帮助因家庭贫困而没有钱享受营养午餐的学生，并对一些贫困山区学校简陋的厨房条件予以改善。随着政策的逐步完善，投入的逐渐增多，农村义务教育学生的营养问题在政府和社会力量的关注下得以改善和发展。

本文将回顾国家和地方财政在农村义务教育学生营养改善方面的政策

* 虞婕：北京师范大学社会发展与公共政策学院家庭和儿童研究中心；刘曼：中国社会科学院研究生院社会工作专业硕士（MSW）教育中心在读研究生；崔雅文：北京市西部阳光农村发展基金会项目主管。

① 中共中央、国务院：《中国农村扶贫开发纲要（2011～2020 年）》，http://www.gov.cn/jrzg/ 2011-12/01/content_ 2008462. htm。

背景和财政保障情况，并通过发达地区和贫困地区两个学校执行营养改善计划的个案研究，探讨营养餐在递送过程中的额外成本的内容和解决方式，并提出政策建议。

## 一 问题的提出——额外成本有哪些？

自农村义务教育学生营养改善计划实施前和实施以来，对其实施情况的调查和评估也在持续进行。

张先莉（2013）在营养计划实施后分别对实施情况进行了调查，她认为，营养改善计划的主要问题是物价上涨导致中央财政补贴有缺口，学校无专业厨师致使菜品单一，地处偏远导致物流运输成本高，计划提供的条件和当地经济环境条件不匹配。

在供餐模式上，食堂供餐、采购成品加餐和混合供餐是三个基本的供餐模式。2012 年，中国发展基金会受全国营养办委托，开展"农村义务教育学生营养改善计划"评估项目。评估发现[①]，有 52.7% 的农村寄宿制小学选择将食堂供餐作为主要供餐形式，而 58.2% 的农村村小和教学点选择采购成品加餐。

评估同时发现，从资金使用效率来看，食堂供餐、混合供餐的能量达标率分别为 84.6%（以 3 元膳食补助为准，参照学生营养摄入标准）和 19.2%，而采购成品加餐形式全部不达标。因此食堂供餐的资金使用效率最高，采购成品的资金使用效率最低。但从成本方面来考量，食堂供餐的运行成本是最高的（3 元膳食补助衍生运行费用约 0.78 元）。此项运行经费多由县财政或生均公用经费承担。评估中发现采取食堂供餐的学校，生均公用经费支出平均每月增加 20% 左右，村小与教学点增加情况更为明显。[②]

而在一些西部贫困省份，由于资金和基础设施的缺乏，很多学校选择"蛋奶工程"（向企业采购鸡蛋和牛奶）。以甘肃省为例，甘肃省实施营养改善计划的 58 个县区，普遍在高原山区，学校没有食堂。仅陇西县实施营养

---

① http：//china. caixin. com/2013 – 05 – 20/100530287. html.

② http：//china. caixin. com/2013 – 05 – 20/100530287. html.

计划的 276 所学校中，只有 43 所学校有食堂（15.58%）。按照政策要求，农村地区没有食堂的教学点可向周边农户托餐，让学生吃上热饭菜。然而一些基层校长介绍，很少有农户愿意接手托餐。①

张先莉（2013）对宜宾市屏山县屏边彝族乡的民族中心校进行了调研，屏山县采取食堂供餐和蛋奶供餐两种模式。食堂供餐的学校每天向每位学生补充一顿营养午餐，蛋奶供餐的学校每天向每位学生提供一盒学生奶和一个鸡蛋作为课间营养加餐。在午餐计划实施过程中，实行校长负责制，执行校领导轮流陪餐制度（校领导餐费自理）。虽然学生和家长都对营养计划表示满意，但是教师（校长）陪餐制，引发了学校与教师的负担问题。中国发展基金会的评估发现，餐费由教师自理的比例为 80.3%。自行采购食材的学校中，62.5% 的教师用自己的摩托车或轿车采购，多数教师没有得到相应补贴。②

史耀疆等（2012）分析了西北 122 所农村贫困小学的小学生的营养健康问题，以及校长、老师和家长对学生营养健康知识的了解程度。建议政府在实施营养健康改善计划的过程中，需要特别注重农村贫困地区学生营养健康存在的问题，对学校提供资金支持的同时，也需要对校长、老师和家长进行营养知识培训，优化补贴资源的分配，使中央资金得到有效利用。

由此可见，在营养改善计划的执行过程中面临着一个困境：如果将生均 3 元的标准全部用于购买食材（配料），那么为生产/获得这 3 元的营养餐而必须支付的额外成本有哪些？应该由谁来负担？

## 二　农村义务教育学生营养改善计划的实施现状——基于发达地区学校和贫困地区学校的个案比较

对于发达地区来说，由于地方经济条件的优势，地方财政对营养改善计划的投入较大，专项经费及学校公用经费充足，所以学校大多采用食堂供餐。而贫困地区的学校由于地方财政无力支持，学校公用经费紧张，所

---

① http://business.sohu.com/20120526/n344146795.shtml.
② http://china.caixin.com/2013-05-20/100530287.html.

以普遍采取向公司采购加餐的形式。

不同的供餐形式决定了不同的运行和管理模式,产生了不同的额外成本。在地方财政完全能负担营养餐的直接成本和额外成本的发达地区,学校的校长不觉得有负担。浙江省宁海县 HT 小学校长坦言,其实营养餐现在面临的最大的问题不是成本无法负担,而在于食物的浪费和监管制度的缺失。而在地方财政支持力度小,贫困学生人数多,物资匮乏和交通不便利的贫困地区,营养餐的直接成本和额外成本都居高不下,食品安全监管也无法保证。甘肃省礼县 SP 小学的老师认为,营养餐使学校本来已经满负荷的工作量又雪上加霜。

## (一) 发达地区营养餐额外成本的内容

HT 小学位于浙江省宁波市宁海县,是一所完全小学。共有学生 1176人,54 名教师,22 个班级,14 名其他员工。该校是一所非寄宿制学校,有食堂,负责为在校师生提供午餐服务。包括为营养改善计划受益对象提供免费午餐。

### 1. 营养改善计划受益对象和认定标准

根据《浙江省人民政府办公厅关于实施农村义务教育学生营养改善计划的意见》①,浙江省农村义务教育学生营养改善计划享受对象为"全省农村(不含县城、下同)义务教育阶段中小学的家庭经济困难学生,包括低收入(新扶贫标准以下)家庭子女、福利机构监护的未成年人、革命烈士子女、五保供养的未成年人"。按照这个标准,HT 小学营养午餐受益儿童共有 83 人,受益对象的认定标准是镇内所有山区(学校周边 3000 米以外)和贫困乡镇的儿童。

浙江省自 2012 年开始全面实行"一日一餐"制,即各学校每周为家庭经济困难学生免费提供五餐荤素搭配、营养合理的营养餐。餐费基准标准为每生每餐 3.75 元,全学年为每生 750 元。各地可根据实际情况,增加财政补助,适当提高营养餐标准。并根据全省经济社会发展水平和财力可能,适时对基准标准进行适当调整。宁海县目前制定的受益标准为 150 元/人/月

---

① http://www.lqjy.com/contents/28/10902.html.

（平均 7.5 元/餐）。费用全部由县财政负担。

**2. 营养午餐直接成本的构成**

HT 小学不仅为享受营养餐标准的孩子提供午餐，而且为其他孩子提供午餐。其他孩子的费用为 10 元/天或 120 元/月。共有 800 个学生在校吃午饭。HT 小学采取食堂供餐方式，校长认为食堂供餐比较省钱，而公司配送的成本较高。

校长大致计算了每天午餐的食材和成本：

——粮食支出（如大米、面粉等）为 0.2 元/人/天，

——蔬菜为 0.5 元/人/天，肉禽类为 1 元/人/天

——鱼虾类 2 元/人/天，调味品 0.1 元/人/天

——蛋类 0.5 元/人/天

——奶类及奶制品 0.3 ~ 0.4 元/人/天。

需要说明的是，享受营养改善计划的孩子，每顿还有水果及一瓶旺仔牛奶。可以看出，光这些直接用于购买食材的直接成本已经高于国家财政补助的 3 元/天的标准，但还低于当地制定的 7.5 元/天的标准。地方财政完全可以负担，且尚有负担额外成本的能力。

**3. 营养午餐额外成本的内容**

额外成本方面，150 元/人/月（7.5 元/人/天）的标准不包括人员工资和其他间接支出。据校长介绍，浙江省没有取暖费用，但食堂的基础建设和人工劳务、运输和储藏、培养和培训等费用，都是由学校的公用经费来负担，平均到人估计为 8 元/人/月。

额外成本的内容具体包含（不含基础设施建设费用）

——厨师工资 4000 元/人/月

——送饭、切菜、清洗、整理等后勤人员共 5 人，1200 元/人/月

——燃料，0.1 元/天

——营养餐财务人员补助 50 元/天

HT 小学校长认为，如果学校学生数较少，其人均需要负担的额外成本就要高。以同县山村小校为例，请一位厨师兼后勤人员月工资大约为 800 元，可以负责大约 100 名师生用餐。而他们学校的学生较多，所以人均负担的额外成本较低。

#### 4. 营养午餐的管理模式

HT 小学校长提到的更多的还是食品安全和监管问题。HT 小学目前从五方面来保证营养午餐的质量：

——进货。跟供货单位定点采购，留存定点地方的营业执照，卫生许可证的复印件，每天下午主动询问供货摊位量价，要求第二天送货。校长认为定点采购的好处是可以追溯食物来源。

——留样。每天每样食品留样 48 小时。

——消毒。餐具消毒，餐厅的消毒，每季的燃具检查。

——员工定期体检。

——原料的控制。存在毒素的，不适合学生的就不购买。

HT 小学校长认为，这一套管理模式基本上没有增加额外成本，只是采取定点购买的价格比较高，老师去买的话价格便宜。但相对于可追溯来说，学校还是更愿意采用定点购买的方式。

在人员安排上，原料控制是总务处负责，厨师考虑食物的量，尚没有考虑到营养问题。每餐的食材搭配为一荤一素一汤。安全问题由校长负责，没有实行试餐制。目前在营养午餐这方面还没有统一的评估标准，所以学校没有做评估。对于人员的培训主要由学校自己组织。主要培训"五常法"、食堂管理制度培训和行为规范，以及卫生方面的培训和员工体检。校长认为，营养餐要有专人负责，要有膳管会，膳管会应由学校领导班子、总务主任、家长代表、学生代表共同组成，每周进行一次反馈，饭菜的可口程度、营养问题、安全问题等，以及学生自己对午餐是否满意。

对于上级部门的监管，校长介绍主要是以查账为主，看钱是否全部用出去。校长认为，财务工作给学校增加了工作量，账目要建两类（普通学生和营养餐学生），但在管理上没有增加工作量。现在学校给负责做账的员工每月 50 元的补助。学校现在坚持在学校内张贴每天的菜价，但是校长认为菜价的浮动比较厉害，很难监管。

在谈到目前存在的问题时，校长认为目前食堂的浪费很厉害，在 10% 左右。

### （二）贫困地区营养餐额外成本的内容

SP 小学位于甘肃省礼县。全校共 6 个班 225 名学生，在编人员 22 个（含教师）。虽然是寄宿制学校，但是校内没有宿舍，没有食堂。根据县里的统一规定，学校为全校学生提供营养早餐。受益学生标准为有学籍的，年龄在 7 岁以上的所有学生。学生公用经费为 500 元/年，取暖费国家额外补贴 3 袋煤/生。

营养早餐全县统一选择联华超市配餐。包括牛奶（学生奶，天水长城饮料有限公司）、面包（蛋黄派），据老师估算，成本不足 2 元。SP 小学雇了一个当地人，每天给学生煮鸡蛋，这个人的劳务费为 200 元/月。营养早餐一次性购买一两个月的，由于 SP 小学是中心校，所以其他教学点的早餐也运到这里，然后由教学点的人再往下运。SP 小学没有储藏设施。经常会有坏的。配餐的运输费用等由超市承担，其实是包含在中央财政提供的 3 元膳食补助内了。

管理方面，营养早餐由全县统一采购，学校留样。校长负责制，老师说虽然说有试吃，但其实也没人吃。卫生局有时会来查。SP 小学的总务主任专门负责营养餐工作，主要的工作内容就是与超市电话联系，要求配送。重中之重的任务是协助处理没有身份证号的学生享受营养餐。由于县里规定享受营养餐的都要有身份证号，有的学生因为是"黑户"（例如，超生、未交社会抚养费等，或因为其他原因没有上户口），所以没有身份证，学校就要协助处理。此外，储藏营养餐的仓库老鼠很多，管理人员的工作量很大。校长介绍说会把营养餐的情况公示，且一个学生发一份。有专人做账。

老师认为，享受营养餐按照贫困县来说，营养餐的额外成本应该由中央财政承担。因为地方财政和学校本身是无法承担的。

### （三）小结

根据发达地区和贫困地区的个案分析发现，在发达地区，由于地方财政的支持，学校普遍会选择成本略高，但资金使用率也较高的食堂供餐模式，提供一顿正餐。而在贫困地区，地方财政无力支持，政府和学校更像是完成任务一样地通过企业配餐的形式，在 3 元钱的范围内只能给学生提供早餐或课间加餐。

综合来说，物价变动引起的食材价格的变动，以及运输储藏费用，是最主要的额外成本，不同的供餐模式下的资金使用效率也有差异。而管理模式也会增加营养餐的额外成本。此外，人员培训等也是保障营养改善计划顺利进展的关键因素。

## 三 农村义务教育营养改善计划政策背景与财政保障

### （一）政策背景

#### 1. 两免一补

2005 年 12 月 23 日，《国务院关于深化农村义务教育经费保障机制改革的通知》出台，2005 年中央一号文件《关于进一步加强农村工作提高农村综合生产能力若干政策的意见》提出"两免一补"的政策。国家对农村义务教育阶段贫困家庭学生实行"两免一补"的政策，即免费提供教科书、免除杂费，并给予寄宿学生一定的生活费补助。其中，中央财政负责提供免费教科书，杂费与寄宿学生生活补助由地方财政负责。[①]

2005 年中央和地方财政对中西部地区共安排"两免一补"资金 72 亿元，其中免费教科书资金 30.4 亿元，免杂费资金 30.6 亿元，寄宿生生活补助资金近 11 亿元。

#### 2. 撤点并校

2001 年，《国务院关于基础教育改革与发展的决定》出台，提倡兴办寄宿制学校。2004 年公布的《2003 年~2007 年教育振兴行动计划》强调"以实施'农村寄宿制学校建设工程'为突破口，加强西部农村初中、小学建设"。根据教育部门公布的数字，2004~2007 年间，西部农村地区建设寄宿制学校 7651 所。

政府期望通过搞好农村留守儿童集中地区的寄宿制学校的建设，以解决外出打工人员的后顾之忧，但实际的情况是，在短短的几年时间内，虽

---

① 政府网：《解读国家两免一补政策》，http://www.gov.cn/fwxx/wy/2006-09/04/content_376933.htm，2006 年 9 月 4 日。

然各地寄宿制学校仓促建成，但很多寄宿制学校仅仅是将以前村小的孩子们集中到乡镇一级的学校进行学习，软硬件教学环境没有及时跟上，学生的住宿和营养问题反而日益严峻。

### 3. 营养改善计划

2011年11月23日，国务院办公厅发布《国务院办公厅关于实施农村义务教育学生营养改善计划的意见》（国发办〔2011〕54号）（以下简称《意见》）从2011年秋季学期起，在集中连片特殊困难地区（以下简称连片特困地区①）启动农村（不含县城，下同）义务教育学生营养改善计划试点工作。

该项政策的覆盖范围包括：六盘山区、秦巴山区、武陵山区、乌蒙山区、滇桂黔石漠化区、滇西边境山区、大兴安岭南麓山区、燕山—太行山区、吕梁山区、大别山区、罗霄山区等区域的连片特困地区农村正接受义务教育的学生。《意见》同时指出：对连片特困地区以外的地区，各地应以贫困地区、民族地区、边疆地区、革命老区等为重点。② 据推算，该计划将在680个集中连片困难县开展试点，惠及约2600万在校生。③

中央财政将所制定的服务标准：每生每天3元，为试点地区农村义务教育阶段学生提供营养膳食补助（全年按照学生在校时间200天计算），所需资金全部由中央财政承担。此外，中央财政在农村义务教育薄弱学校改造计划中专门安排食堂建设资金，对中西部地区农村学校改善就餐条件进行补助，并向国家试点地区适当倾斜。

在运行机制方面，《意见》要求试点地区和学校要在营养食谱、原料供应、供餐模式、食品安全、监管体系等方面积极探索。而在管理和监督的问题上，试点工作由省级人民政府统筹，市、县级人民政府具体组织实施。各省、自治区、直辖市要结合各地实际情况确定试点县（市）并分县（市）制订试点工作方案，报教育部、财政部备案后实施。国务院各有关部门要

---

① 中共中央、国务院：《中国农村扶贫开发纲要（2011 - 2020年）》，http：//www.gov.cn/jrzg/2011 - 12/01/content_2008462.htm。

② 国务院办公厅发布：《国务院办公厅关于实施农村义务教育学生营养改善计划的意见》，http：//vip.chinalawinfo.com/newlaw2002/slc/slc.asp？db = chl&gid = 165592。

③ 杨靖：《资助政策给力教育公平》，http：//www.moe.gov.cn/publicfiles/business/htmlfiles/moe/s5147/201202/130885.html。

发挥职能作用，加强对农村义务教育学生营养改善工作的指导和协调。包括农业部门、工商部门、质检部门、卫生部门、食品药品安全部门、教育部门等在内的相关部门，各自承担着某一环节的管理和监督。《意见》还指出，食品安全议事协调机构的办事机构要加强综合协调。

## （二）财政保障

根据 2012 年教育部财政司副司长田祖荫在中国农村留守儿童营养问题高峰论坛上进一步对《国务院办公厅关于实施农村义务教育学生营养改善计划的意见》的解释，中央财政对营养改善计划的财政保障包括 4 笔直接投入和 2 笔间接投入。

**直接投入包括：**

1. 提供营养膳食补助：即为试点地区的所有学生提供 3 元/人/天的补助标准，全年按 200 天在校时间计算，共投入 160 亿元。这也是对于营养改善计划财政保障的最直接的理解。

2. 提高"一补"标准：将补助家庭经济困难寄宿学生生活费标准提高到 4 元/人/天（小学生）和 5 元/人/天（初中生）。中央财政对中西部地区落实基本标准所需资金按照 50% 的比例给予奖励性补助；今后将根据经济社会发展水平和财力实际，对补助发放范围和标准等进行动态调整。

3. 食堂建设资金：中央财政在农村义务教育薄弱学校改造计划中专门安排食堂建设资金，对中西部地区农村学校改善就餐条件进行补助；中央财政安排的食堂建设资金向国家试点地区适当倾斜；2011 年的 100 亿元中央专项资金已经下达至各省。

4. 第四笔钱是地方试点奖补资金：对连片特困地区以外的地区，支持各地以贫困地区、民族地区、边疆地区、革命老区等为重点，因地制宜地开展营养改善试点工作；对工作开展较好并取得一定成效的省份，中央财政给予奖励性补助。

**间接投入包括：**

农村义务教育经费保障机制中的公用经费，很多学校基本是依造公用经费来补足营养改善计划中的额外成本。

**农村寄宿制学校建设和初中校舍改造工程**

而对于额外成本的保障，财政部、教育部关于印发《农村义务教育学生营养改善计划专项资金管理暂行办法》的通知①第四章"资金使用"第十五条：学校食堂（伙房）的水、电、煤、气等日常运行经费纳入学校公用经费开支。供餐增加的运营成本、学校食堂聘用人员开支等费用，由地方财政负担。

## 四 营养餐额外成本及其财政保障的国内外经验

### （一）国际经验

日本学校营养午餐的费用由三部分组成：家长支付的午餐费（51.6%）；地方政府与团体出资（39.5%）及国家政府的补助（8.9%）。除食材费用以外，包括工人劳务费、厨房设备与设施等在内的费用均由政府负担。同时，政府还为少数贫困生提供完全免费的学校午餐，所需费用由中央和地方财政各承担一半。②

美国中小学午餐在收费形式上按照家庭收入的不同情况进行分类。高收入家庭支付全部费用，低收入家庭实行减价折扣，贫困家庭孩子免费。供餐形式上以学校供餐为主，其他方式并存。

法国学校午餐的收费标准灵活多样，根据家庭收入的不同和用餐天数的不同，学生的餐费也有所差别。政府向学校提供餐饮补助，午餐收费标准也是由地方政府制定的。

印度的营养午餐由中央政府主要提供资金方面的支持，具体工作的落实则由各邦政府的相关部门承担。印度主管教育的人力资源开发部从总体上负责管理、协调，代表中央政府与各邦教育局、印度食品总公司及相关机构进行资金和粮食等方面的联系与协作。

### （二）国内实践

四川：从2013年起，四川省从省到县各级财政要在年初财政预算中单

---

① http://www.moe.gov.cn/publicfiles/business/htmlfiles/moe/s7015/201208/xxgk_141118.html.

② http://www.moe.gov.cn/publicfiles/business/htmlfiles/moe/s6466/201306/152889.html.

列学生营养改善计划专项资金，主要用于保障营养餐供应、食堂建设、人员配备、设备设施添置、人员培训、工作经费开支等方面。①

广西："马山模式"由地方政府负责修建厨房、配套水电等基础服务，"九阳希望厨房"负责提供厨房的相关厨具设备，中央政府为每一个孩子提供每天3元钱的营养餐补助款，"免费午餐"公益基金再补助每生每天1元，学生家长轮流担任厨房工作人员。

山东：平阴中小学以一所中学食堂为中心开展"联体式配餐"，由政府提供财政资金支持，以乡镇所在地食堂条件较好的中学为中心，采用配餐方式，每天中午将加工好的午餐由专车统一配送到附近小学，为没有条件的农村小学解决学生的午餐。不仅解决了附近中小学生的午餐问题，而且减少了配餐成本。

## 五　结论与建议

总体来说，营养餐的配餐形式决定其额外成本的内容。发达地区由于其雄厚的地方财力支持，学校基本是以食堂供餐为主，提供一顿正餐（通常是午餐），有米面、蔬菜、肉禽、水果和牛奶等。包括食堂建设在内的额外成本都由地方财政支付。而贫困地区则大多选择公司配餐。由于学校基础设施的缺失，以及交通、资源等方面的限制，贫困地区的学校一般只提供早餐或课间餐，以牛奶面包或鸡蛋为主。相比之下，公司配餐对学校没有硬件设施的要求，运输费用等也都包含在3元/人/天的成本内。管理上看，公司配餐也比食堂供餐要容易管理，且不会产出额外的人员费用。因此，虽然资金的使用率其实偏低，但在没有地方财力支持的贫困地区，选择公司配餐也似乎是在情理之中。

对于营养餐的额外成本，在发达地区可以由地方财政负担，而在贫困地区，可由中央财政负担。或尝试由社会力量与政府合作，负担额外成本。我们应该相信，随着营养改善计划各项制度的完善、先进经验的积累和向其他国家、公益组织的学习，这项利国利民的政策一定会造福更多的义务教育阶段学生。

---

① http://www.jyb.cn/basc/xw/201208/t20120823_ 507273. html.

## 参考文献

［1］ 张先莉：《农村义务教育学生营养改善计划实施情况调查》，《甘肃农业》2013
年第 1 期。

［2］ 史耀疆、王欢、田民正、杨斌、杨矗：《农村义务教育学生营养改善计划实施
前的现状分析和政策建议——来自西北 122 所贫困农村小学的调查》，《教育与
经济》2012 年第 1 期。

［3］ 刘新芳：《农村义务教育学生营养改善计划实施问题分析》，《教育论坛》2012
年 7 月。

［4］ 中共中央、国务院：《中国农村扶贫开发纲要（2011 ~ 2020 年）》，http：//
www. gov. cn/jrzg/2011 – 12/01/content_ 2008462. htm。

［5］ 杨洪涛、王艳明：《营养餐安全事件频发 地方政府延拨挪用补助款》，http：//
business. sohu. com/20120526/n344146795. shtml。

［6］ 政府网：《解读国家两免一补政策》，http：//www. gov. cn/fwxx/wy/2006 – 09/
04/content – 376933. htm。

［7］ 中共中央、国务院：《中国农村扶贫开发纲要（2011 ~ 2020 年）》，http：//
www. gov. cn/jrzg/2011 – 12/01/content_ 2008462. htm。

［8］ 国务院办公厅：《国务院办公厅关于实施农村义务教育学生营养改善计划的意
见》，http：//vip. chinalawinfo. com/newlaw2002/slc/slc. asp? db = chl&gid = 165592。

［9］ 杨靖：《资助政策给力教育公平》，http：//www. moe. gov. cn/publicfiles/busi-
ness/htmlfiles/moe/s5147/201202/130885. html。

［10］ 中华人民共和国财政部 中华人民共和国教育部：关于印发《农村义务教育学
生营养改善计划专项资金管理暂行办法》的通知，http：//www. moe. gov. cn/
publicfiles/business/htmlfiles/moe/s7015/201208/xxgk_ 141118. html。

［11］ 浙江省龙泉市教育局：浙江省人民政府办公厅关于实施农村义务教育学生营
养改善计划的意见，http：//www. lqjy. com/contents/28/10902. html。

［12］ 中华人民共和国教育部：国外学生营养餐怎么做？（三）——日本的中小学校营
养午餐计划，http：//www. moe. gov. cn/publicfiles/business/htmlfiles/moe/s6466/
201306/152889. html。

［13］ 中国教育新闻网：四川 2013 年各级财政预算将单列营养餐专项资金，《中国
教育报》2012 年 8 月 23 日第 1 版，http：//www. jyb. cn/basc/xw/201208/
t20120823_ 507273. html。

# 第三部分

## 制度设计和制度建设路径分析

# 第六章　当代中国儿童福利立法的
历史机遇与现实条件

## ——20世纪国际环境和英国儿童法的经验

刘令堃*

## 一　制定当代国家儿童法的国际环境

### （一）20世纪以来国际公约中的儿童权利

在20世纪的国际社会，受到近现代西方主流儿童观演变的影响，"儿童"和"儿童权利"的概念频繁出现，20世纪被誉为"儿童的世纪"。通常情况下，具有以儿童为中心的意识形态的社会都将"儿童"和"儿童利益"置于法律和行政制度建设和贯彻落实的首要地位（Allison James & Alan Prout，1997）。

20世纪上半叶，经过两次世界战争的浩劫，全球的人权事业发展顺应世界史的演进迈入新纪元。20世纪世界性儿童权益保护始于1919年国际劳工组织举办的第一次国际童工大会，会上通过了《最低年龄公约》，规定工业领域雇佣儿童的最低年龄为14岁，公约后来在72个国家获得批准。1920年和1921年国际劳工组织分别通过了《确定准许儿童在海上工作的最低年龄公约》（最低年龄14岁）和《确定准许使用未成年人为扒炭工或司炉工的最低年龄公约》（最低年龄为18岁或16岁），明确了儿童劳工权益保护

---

\* 刘令堃：北京师范大学社会发展与公共政策学院研究助理。

的实施条件。1973 年，国际劳工组织大会通过了《准予就业最低年龄公约》，旨在彻底废除童工。

20 世纪，国际社会中儿童权利的最早主张始于 1923 年的《儿童权利宪章》，该宪章由英国救助儿童会（Save the Children Fund UK）的创始人埃格兰泰恩·杰布女士（Eglantyne Jebb）拟定，成为日后联合国《儿童权利公约》的基础。1924 年，联合国的前身"国际联盟（League of Nations）"成员国一致决议通过，将该宪章作为世界上首份《儿童权利宣言》，即《日内瓦宣言》，在国际上确立了"儿童权利"的概念。该宣言规定"所有国家的男女都应承认人类负有提供儿童最好的东西之义务。同时不分种族、国籍、或信仰的差别，让所有儿童在下列各种事项中，都能获得保障，并承认这些事项为自己的义务"。（郑素华，2011）重点关注儿童经济、社会和心理的需要，强调人类社会应提供儿童正常发展所需的食物、衣物、药物等供给，使得儿童免受剥削、社会隔离等待遇。《儿童权利宣言》的要旨较多关乎儿童福利需求，开创性地将儿童权利和儿童作为权利客体的概念引入各国政府制定儿童福利政策的过程，因此其原则性规定成为联盟成员国制定国别儿童福利政策的指导性原则（贺颖清，2005）。

1945 年 6 月，《联合国宪章》在美国签署，同年 10 月联合国正式成立；1946 年 12 月，联合国国际儿童紧急救助基金会（United Nations International Children's Emergency Fund，简称 UNICEF）成立，旨在满足战后欧洲与中国儿童的紧急需求，联合国为儿童保护与发展设立的专门机构，为 20 世纪以后世界儿童权利的主张与保护奠定了坚实的组织保障和基于共识的政治基础。1948 年 12 月，联合国大会发布了《世界人权宣言》，宣言第二十五条规定："一、人人有权享受为维持他本人和家属的健康和福利所需的生活水准，包括食物、衣着、住房、医疗和必要的社会服务；在遭到失业、疾病、残废、守寡、衰老或在其他不能控制的情况下丧失谋生能力时，有权享受保障。二、母亲和儿童有权享受特别照顾和协助。一切儿童，无论婚生或非婚生，都应享受同样的社会保护。"

自 1950 年起，UNICEF 的工作内容扩展到满足全球所有发展中国家儿童和母亲的长期需求。1953 年，UNICEF 成为联合国系统的永久成员，隶属联合国系统，受联合国大会的委托，致力于实现全球各国儿童的生存、发展、受保护和参与的权利。"二战"结束后国际联盟正式宣告解散，所有财产和档案均移交联合国。1959 年，联合国经济和社会理事会的临时社会委员会起草讨论第二个儿童权利宣言，以 1924 年《日内瓦宣言》为蓝本进一步扩展了儿童权利的范围和内容，确保儿童在身体、心智、道德、精神和社会等方面的发展，承认儿童作为拥有权利的主体地位，1959 年 11 月的联合国大会通过了《儿童权利宣言》，得到了各国政府的广泛认可和传播承诺。《儿童权利宣言》明确提出并强调以"儿童的最大利益"为首要考虑原则，该原则日后成为《儿童权利公约》的主要原则之一。1956 年，联合国制定了《国外抚养费收取公约》，有助于配合同期《海牙公约》的实施。1960 年 11 月 14 日，联合国教育、科学及文化组织大会通过《取缔教育歧视公约》，回顾了《世界人权宣言》所确认的不歧视原则并宣告人人都有受教育的权利，尊重各国不同的教育制度，有义务禁止任何形式的教育歧视，促进所有人在教育上的机会和待遇平等。1966 年，联合国通过了《经济、社会、文化权利国际公约》和《公民权利和政治权利国际公约》，视儿童为人权适用范围中的一员，与成人一样，有权获得基本的权利保护。1985 年《联合国少年司法最低限度标准规则（北京规则）》和 1990 年《联合国预防少年犯罪准则（利雅得准则）》出台，是国际儿童司法保护方面的重大举措。

1979 年，为庆祝 1959 年《儿童权利宣言》正式通过 20 周年，联合国将这一年定为"世界儿童年"，组织起草《儿童权利公约》。1989 年 11 月 20 日，历时十年，《儿童权利公约》（United Nations Convention on the Rights of the Child，简称 UNCRC）在第 44 届联合国大会上获得通过。作为一种标准和约定，《儿童权利公约》是儿童保护的标准型国际法律文书，弥补了《儿童权利宣言》所欠缺的法律约束力，规定了国际社会在保护儿童权利方面普遍承担的义务。1990 年 9 月 2 日，《儿童权利公约》正式生效。2000 年 5 月，联合国通过了《儿童权利公约》的两份非强制性的任择议定书：《关于儿童卷入武装冲突问题的任择议定书》和《关于买卖儿童、儿童卖淫和儿童色情制品问题的任择议定书》，重申儿童权利保护的迫切性，努力为儿童的成长发展创造和平、安全、健康等必要条件。

不仅是联合国机构，20 世纪的其他国际机构也在致力加强对儿童权利的主张与保护，以公约的形式强化国际法效力。其中，研究和制定国际私法条约的专门性政府间国际组织"海牙国际私法会议"于 1956 年通过了《儿童抚养义务法律适用公约》，1958 年通过了《儿童抚养义务决定的承认和执行公约》，1961 年通过了《未成年人保护的管辖权和法律适用公约》，1965 年通过了《关于收养的管辖权、法律适用及判决承认的公约》，1993 年通过了《跨国收养方面保护儿童及合作公约》，2007 年通过了《关于国际追索儿童抚养费和其他形式家庭扶养的公约》。

## （二）联合国《儿童权利公约》及中国的履约情况

### 1. 联合国《儿童权利公约》（UNCRC）

联合国《儿童权利公约》是第一个明确规定保护儿童免于遭受所有形式伤害的国际人权文件，也是第一个具有法律约束力的儿童权利保护国际性约定。作为唯一同时规定了公民权利、政治权利、经济权利、社会和文化权利的国际人权条约，《儿童权利公约》的影响范围十分广泛，是迄今缔约国数目最多的人权条约，几乎囊括了所有国家，只有索马里、南苏丹和美国例外。《儿童权利公约》规定"儿童系指 18 岁以下的任何人"，奠定了国际公约中儿童概念的明确年龄标准。在权利属性方面，《儿童权利公约》既规定了儿童与成人同等适用的基本人权，包括生存权、平等权、隐私权、言论自由权、受教育权；又特别规定了符合儿童发展需求的特殊权利，包括受保护权、游戏权、优先受助权、减免刑责权等。

《儿童权利公约》规定了儿童权利的四大原则：1. 儿童最大利益原则：任何事情凡是涉及儿童的必须以儿童权利为重；2. 尊重儿童权利与尊严原则：尊重儿童的生存和发展的权利；3. 无歧视原则：不论儿童的社会文化背景、出身高低、贫富、男女、正常儿童或残疾儿童，都应该得到平等对待，不受歧视和忽视；4. 尊重儿童观点的原则：任何事情只要涉及儿童，应当听取儿童的意见。其中，"儿童最大利益原则"是最为基本且纲领性的原则，不仅在此公约中，也被其他国际公约、区域性条约和国别纲领性文件反复重申。在四大原则之下，《儿童权利公约》旨在保护儿童的四大基本权利：1. 生存权利：有权接受可达到最高标准的医疗服务；2. 受保护权利：防止儿童受到歧视、虐待及疏忽照顾，尤其是那些失去家庭的儿童和难民儿童；3. 发展权利：每位儿童都有权接受一切形式的教育，以此培育儿童的身体、心理、精神、道德及社交发展；4. 参与权利：儿童有参与社会生活的权利，并有权对影响他们的任何事情发表意见。《儿童权利公约》对普适性儿童权利广泛、具体的规定，可供缔约国将公约的具体条约内容纳入该国儿童福利法律法规和服务的立法和施政目标。

"联合国儿童权利委员会（UN Committee on the Rights of the Child）"是《儿童权利公约》的履约监督机构，根据《儿童权利公约》第四十三条设立，从缔约国提名的候选人中投票选出 18 名独立的且公认具有能力的儿童权利专家负责监察缔约国执行公约的情况，委员会成员任期四年，可连选连任。委员会的职能是检查缔约国在《儿童权利公约》框架下在各自国家履行义务的进展情况。缔约国在加入《儿童权利公约》起 2 年内向委员会提交第一次国家报告，阐述本国的儿童人权状况，此后每 5 年报告一次，由委员会反馈权威的参考意见和建议。提交报告的主体不限于政府，《儿童权利公约》第四十五条规定，"允许'其他有关机构'提交报告，包括非政府组织和儿童团体，从而更全面地了解缔约国的儿童权利现状"。

**2. 中国对联合国《儿童权利公约》的履约情况**

联合国儿童权利委员会强调，只有将《儿童权利公约》的条款纳入国别法律体系中执行，才能实现对儿童权利的切实保护。在实际执行中，各国情况不尽相同。有些国家一旦在国际层面批准通过了《儿童权利公约》，公约就自动成为该国国家法律的一部分，具有强制执行力，这种路径在成文法系的国家中很常见。《儿童权利公约》规定，如果公约条款内容与国别的立法相冲突，公约条款应占据优势。对习惯法系的国家来说，《儿童权利公约》并不能自动纳入国家法律体系，只有公约中明确阐明应被纳入国家法的条约才能具有可强制执行的权利和义务。不同的国家或在立宪，或在立法层次执行这个过程。总之，《儿童权利公约》的原则和条款被纳入到国家法的哪些方面，对儿童权利的实践及实现的有效性都至关重要。《儿童权利公约》第四条对缔约国在国内法律背景下的执行情况提出明确要求："缔约国应采取一切适当的立法、行政和其他以实现本公约所确认的权利。关于经济、社会及文化权利，缔约国应根据其现有资源所允许的最大限度并视需要在国际合作范围内采取此类措施。"《儿童权利公约》在缔约国国家层面的影响力主要受以下因素影响：1. 先前存在的人权文化；2. 公众意识和培训水平；3. 政治意愿和环境；4. 被认知的人权相关性；5. 政府内部和政府及非政府组织间的协调；6. 国家的政治构成。巩固强化对儿童的立法，已经在《儿童权利公约》缔约国中间形成了主流的履约趋势，据联合国儿童基金会在 2008 年的一项调查显示，约有 69 个缔约国加强了对儿童的立法。联合国儿童权利委员会也同时强调，履约的重要方面在于确保所有的立法包括部门法律在内，都能适应并充分满足、体现《儿童权利公约》的条约。

1990 年 8 月 29 日，中国政府在联合国《儿童权利公约》上签字；1991 年 12 月 29 日，全国人大常务委员会批准中国加入《儿童权利公约》；1992 年 3 月 2 日，中国向联合国递交了国家批准书，成为该公约第 110 个批准国；1992 年 4 月 1 日，《儿童权利公约》正式对中国生效。1995 年，中国首次向联合国递交了履约报告；2005 年递交了第二次履约报告；2010 年递交了第三次、第四次合并履约报告及《〈儿童权利公约〉关于儿童卷入武装冲突问题的任择议定书》的首次履约报告。

1992 年 2 月 16 日，中国政府参照世界儿童问题首脑会议提出的全球目标和《儿童权利公约》，下发了《国务院关于下达〈九十年代中国儿童发展规划纲要〉的通知》（国发〔1992〕9 号），响应了联合国儿童权利委员会对缔约国关于制定针对儿童和青少年的国家战略（A National Strategy for Children and Young People）的履约要求，这也是中国首个以儿童为主体、针对儿童发展制订的国家纲领性行动计划。联合国儿童权利委员会还要求关于儿童发展的国家战略优先考虑边缘儿童和处境不利儿童的发展需要，并与国家整体发展规划及财政预算相联系，保持儿童发展战略的可持续性，为此设定现实意义上可实现的阶段性目标。《九十年代中国儿童发展规划纲要》的主要内容涉及 20 世纪 90 年代我国儿童生存、保护和发展的主要目标，策略与措施，领导与检测等三个方面，在执行过程中，政府部门坚持"儿童优先"的原则，基本实现了主要目标。

2001 年 5 月，国务院发布了《中国儿童发展纲要（2001～2010 年）》，按照《中华人民共和国国民经济和社会发展第十个五年计划纲要》的总体要求，根据我国儿童发展的实际情况，继续巩固儿童发展的主题，重点提高儿童身心素质,从儿童与健康、儿童与教育、儿童与法律保护、儿童与环境四个领域,提出了 2001～2010 年的目标和策略措施,明确规定了"儿童优先"的原则,该原则也体现在《国民经济和社会发展第十一个五年规划纲要》中。总目标中特别提出,儿童健康的主要指标达到发展中国家的先进水平,要使困境儿童受到特殊保护。2010 年 5 月,中国政府向联合国秘书长提交了关于执行《儿童权利公约》及议定书的第三、四次合并报告,就执行公约的总体措施、儿童的定义、一般原则、公民权利与自由、家庭环境和替代照料、基本健康和福利、教育、娱乐和文化活动、特别保护措施、色情剥削和性侵犯等公约主要内容进行梳理。报告称,中国重视通过立法保障儿童权利,自 2002 年以来,我国先后制定或修订了多部涉及儿童权利的法律法规,逐渐形成中国儿童权利保障的法律体系。2006 年 12 月 29 日,第十届全国人大常委会第二十五次会议通过了修订的《未成年人保护法》,补充了家庭保护、学校保护、社会保护和司法保护等内容;还修订或出台了《义务教育法》《禁止使用童工的规定》《城市生活无着的流浪乞讨人员救助管理办法》《人民检察院办理未成年人刑事案件的规定》等法律法规和司法解释。2002～2009 年,中国批准了四项涉及儿童权利的国际公约:《禁止和立即行动消除最恶劣形式的童工劳动公约》(2002 年 8 月 8 日)、《跨国收养方面保护儿童及合作公约》(2005 年 4 月 27 日)、《儿童权利公约关于儿童卷入武装冲突问题的任择议定书》(2007 年 12 月 29 日)、《残疾人权利公约》(2008 年 6 月 26 日)。

2011 年 8 月 8 日,国务院印发了《中国儿童发展纲要(2011～2020 年)》。新阶段纲要的制定依照《中华人民共和国未成年人保护法》等相关法律法规,遵循联合国《儿童权利公约》的宗旨,按照国家经济社会发展的总体目标和要求,继续坚持"儿童优先"的原则和《儿童权利公约》中四大基本权利,新时期的工作重点是"缩小儿童发展的城乡区域差距"。在"儿童优先"原则中,强调在制定法律法规、政策规划和配置公共资源等方面优先考虑儿童的利益和需求。在"儿童与法律保护"的目标和策略中,明确提出推进"儿童福利"等立法进程,清理、修改、废止与保护儿童权利不相适应的法规政策,增强保护儿童相关法律法规的可操作性。目前《中国儿童发展纲要(2011～2020 年)》尚处于实施过程,各级妇儿工委负责牵头组织对纲要实施情况进行阶段性的监测和评估。

## 二 "英国 20 世纪关于儿童的最重要立法"——《1989 年儿童法》及其发展演变

英国在儿童立法方面起步较早，在近现代历史上一贯重视儿童福利和儿童权利保护的制度建设，英国近代史上较早的儿童福利立法可追溯到1767 年的《汉韦法令》（Hanway Act），由当时闻名英国社会的大慈善家乔纳斯·汉韦（Jonas Hanway）通过个人调查、呼吁权贵、推动议会立法保护儿童权利，旨在规范教区贫困儿童养育。经过几百年的法制建设，英国已经形成了非常完备的儿童立法体系，不仅立法特色鲜明，儿童权利保护的成文法也因其结构宏大、条文缜密、条约细致和极强的可操作性，成为其他国家探索儿童立法的借鉴典范。

当今，英国全称大不列颠及北爱尔兰联合王国，由英格兰、苏格兰、威尔士和北爱尔兰及一系列附属岛屿组成，简称联合王国（United Kingdom）或不列颠（Britain），通称"英国"。英格兰、苏格兰、威尔士和北爱尔兰被称"构成国（countries）"，四个构成国在行政规划、法律体系方面各有差异。苏格兰和北爱尔兰在内部的立法和行政管理方面有很大程度的自治空间；威尔士采用英格兰法律，和英格兰同属英格兰王国的宪制继承者，在国际私法中英格兰和威尔士被视为同一实体，当今英国法律中使用"英格兰和威尔士"这一词条，明文规定适用的法律实体。因此，在英国的儿童立法中，某些具体条款会明确指示适用地区的三种情况："英格兰和威尔士""苏格兰"和"北爱尔兰"，这种地区性法律规定的区别在《1989 年儿童法》中得到了充分体现。

1991 年 10 月，英国《1989 年儿童法》（The Children Act 1989）正式生效。在此之前，英国关于儿童的立法是碎片化的，不具有一致和连贯性，散见于许多法案和司法裁决中。《1989 年儿童法》使英国当代儿童法成为一部独立的、与经济社会发展水平相适应的立法，为促进儿童福利提供一个明晰一致的决策框架和法律工具，改革强化与儿童及其家庭相关的法律，以"儿童权利"取代以往立法中"父母权利"的概念，强调合作与父母责任的共享。法案用"父母责任（parental responsibility）"替换了"父母权利（parental rights）"和习惯法中"监护（custody）"的概念，议会认为父母的身份表示一种责任而非权利，"父母责任"指基于法律规定，儿童的父亲或母亲对儿童及其财产所享有的权利、责任、权力以及义务或权限等。作为当代英国最重要且被公认为最成功的儿童保护立法，该法案包括100多项条款，分成12个部分。第一部分介绍了儿童福利的最高重要性和"父母责任"的概念，第二部分聚焦于私法和第8条家庭诉讼程序中关于儿童的判令，第三部分解决了"困境儿童（Children in Need）"的问题并概述了地方政府为儿童和家庭提供服务时享有的义务和权力，第四部分和第五部分涉及儿童照料、儿童监管和儿童保护，其余的部分主要包括公法的其他方面，例如儿童福利机构、家庭寄养和儿童照管。

## （一）《1989 年儿童法》第一部分——"基本介绍"（Part I Introductory）

法案第一部分"基本介绍"包括7类内容：儿童的福利、儿童父母的责任、"父母责任"的含义、父亲"父母责任"的获得、监护人的指定、监护权的撤销和放弃、儿童福利报告制度。此外，明确设立了三项基础原则：

其一，福利原则（The Welfare Principle）：儿童的福利是在做出所有关乎儿童福利决策时最重要的考虑，当法院决定涉及与儿童抚养或儿童财产管理的问题时，必须优先考虑儿童的福利。在决定儿童最大利益时，"福利清单（The Welfare Checklist）"可以帮助法院在某些具体环境中决定儿童的最大利益，具体包括：（a）相关儿童可确定的意愿和感受（按照儿童年龄和理解能力考虑）；（b）儿童的身体、情感和教育需要；（c）环境的任何变化可能对儿童产生的影响；（d）儿童的年龄、性别、家庭出身和其他法院认为有关的特征；（e）儿童已经遭受的或有可能遭受的伤害；（f）父母和法院认为有关人员对满足儿童需要的能力；（g）根据本法，法院在处理案件的程序中所拥有的权力范围。福利清单具有良好的实践基础，为实务工作者和专家提供了一个非常实用的决策和报告写作框架。

其二，无延迟推测 (The No Delay Presumption)：为了减少各方利用故意拖延时间的法律策略①②，法案第 1 条第（2）款要求，在任何涉及儿童抚养问题的诉讼程序中，法院和实务工作者都应该尊重一个普遍原则，即无论何时，只要可能，就将绝对的优先权赋予儿童事务，任何决策的延迟都会损害儿童福利。

其三，无判令原则 (The 'No Order' Principle)：为了促进在家庭法律诉讼中父母的合作，法案第 1 条第（5）款规定：法院根据本法，在考虑是否发布一个或者数个与儿童有关的判令时，除非法院认为发布该判令比不发布任何判令更有利于对儿童的保护，否则，不得发布任何相关判令。只有能为儿童带来切实利益，法庭判令（court orders）才适宜做出。

在 1991～1997 年间，《1989 年儿童法》接受儿童法咨询委员会（The Children Act Advisory Committee）的监督指导。咨询委员会每年发布一份年度报告，组织公众讨论，提出在执法实践中遇到的突出困难；同时，年度报告也介绍良好的、具有推广价值的实践经验。《儿童法指导的最佳实践手册》（Handbook of Best Practice in Children Act Guidance），被公认为是实务工作者最重要的参考资料。

## （二）《1989 年儿童法》第二部分——"家庭诉讼程序中关于儿童的判令"（Part II Orders with Respect to Children in Family Proceedings）

法案第二部分关于家庭诉讼中涉及儿童的私法，内容是关于私法的一些判令，这些判令在第 8 条中详细阐述，被称作"第 8 条判令"，其中包括四项判令。

### 1. 居住令 (Residence Orders)

关于对与儿童共同生活人员的居住安排，适用于分居或离异的父母无法就此事达成一致的情况。一般来说，该判令旨在最大限度地避免儿童沦为父母交锋中的人质角色，强调即便夫妻关系终结，双方享有的父母责任

---

① http://www.publications.parliament.uk/pa/cm201012/cmselect/cmjust/518/51807.htm.

② http://www.leeds.ac.uk/hsphr/psychiatry/lap/children_act_part1.htm.

仍旧持续。

**2. 接触令（Contact Orders）**

要求与儿童共同生活或即将与儿童共同生活的人员，应当允许儿童探访该判令指定人员或与判令指定人员一起逗留，或要求判令指定人员与儿童间其他形式的联络。强调照料者应满足儿童与特定人员间的联系，不论是面见或其他间接的方式，但不能强迫儿童的意愿。

**3. 禁止行为令（Prohibited Steps Order）**

未经法院同意，任何人不得采取判令规定的父母在对儿童履行父母职责时可能采取的行为。该判令用于阻止将儿童带离英国和防止非英籍父母与儿童联络。

**4. 特定问题令（Specific Issue Orders）**

与儿童的父母责任的任一方面有关的，已经出现的或可能出现的特定问题的解决方法。该判令不同于"禁止行为令"，同样适用于肯定性或否定性的指导。

## （三）《1989 年儿童法》第三部分——"地方政府对儿童和家庭的支持"（Part III Local Authority Support for Children and Families）

法案第三部分内容涉及地方政府对于困境儿童的义务和权力。其中，第 17 条第（10）款认定"困境儿童"为：

（a）如果没有地方政府依照本部分提供的援助，该儿童很可能不会获得或维持，或者很可能不会有机会获得或维持合理标准的健康或发展；

（b）如果没有这些服务，该儿童的健康或者发展将很可能遭受严重损害，或者将会遭受进一步损害；

（c）该儿童属于残疾儿童。

有关困境儿童的"家庭"，包括任何对困境儿童负有父母责任的人，以及与困境儿童共同生活的任何人。

法案第 17 条第（11）款进而对"残疾儿童"和"发展"进行了界定，残疾儿童系具有盲、聋或哑、任何种类的精神障碍、由于疾病或外伤造成的严重永久性身体残疾、先天残疾以及规定的其他残疾特征的儿童。"发展"是指身体、智力、情感、社会性或行为的发展。"健康"是指身体或精神健康。因此，"困境儿童"包括了残疾儿童和地方政府照料下的儿童。

地方政府对困境儿童有两类主要职责。一是在各自本职工作的范围内，保护并提升困境儿童福利；二是通过提供一系列合适的服务来增强家庭抚养困境儿童的能力。此外，地方政府还有 11 项更深入的职责和权力，包括开发儿童服务计划、预防儿童虐待和忽视、建立家庭中心、登记残疾儿童信息、帮助困境儿童生活在原生家庭或加强儿童和其家庭的联系、尽量减少儿童介入法律诉讼程序的情况等。

### （四）《1989 年儿童法》第四、五部分——照料与监督（Part IV Care and Supervision）和儿童保护（Part V Protection of Children）

法案第四、五部分的内容是关于儿童保护和强制干预的。英国儿童保护政策和儿童保护立法受到 20 世纪 70 年代以来多起社会影响强烈的儿童虐待致死事件的影响和催生。1973 年，在英国布莱顿，时年 7 岁的女孩 Maria Colwell 遭遇饥饿和被继父殴打致死。1984 年，时年 4 岁的女孩 Jasmine Beckford 同样遭遇饥饿并遭到继父暴力殴打致死；同年，21 个月大的女婴 Tyra Henry 遭到生父的殴打和撕咬[①]。1984～1988 年，有多起儿童遭受父母故意虐待致死的恶性事件，引发强烈的社会关注和声讨，《1989 年儿童法》中的儿童保护内容也因此倍加强调，该法案通过后，卫生部于 1991 年（the Department of Health）印发了《在 1989 年儿童法之下共同工作：致力于保护儿童防止虐待的跨部门合作安排指南》（Wording together under the CA 1989：A Guide to arrangements for inter - agency cooperation for the protection of children from abuse），该指南于 1999 年更新为《共同工作：致力于保护和提升儿童福利的跨部门工作指南》（Wording together：A Guide to inter - agency working to safeguard and promote the welfare of children）。

《1989 年儿童法》第 47 条是"地方政府的调查责任"，赋予地方政府一项调查职责，即如有合理理由怀疑儿童有受到"严重伤害"的危险，地方政府必须进行问询，判断是否需要对相关儿童采取相应行动，调查取证

---

① http：//www. guardian. co. uk/society/2003/jan/27/childrensservices. childprotection.

的范围涉及一定范围内的个人和机构，包括地方卫生部门和医院信托（hospital trusts）。一旦需要采取行动，可能是基本的咨询服务或强制干预（compulsory intervention）。

法案第 31 条规定："伤害"是指虐待或对健康或发展的损害，"虐待"包括性虐待和其他非肉体方式的虐待。为了判断儿童受伤害的严重程度，需要检查儿童的健康或发展情况，其健康或发展情况应与在合理期望下同类儿童的情况进行比较。至于"严重伤害"，法案中并没有明确的界定，最终要依靠专业性的判断。

在强制干预方面，法案中有 5 项相关的法院判令：照料令（Care Orders）、监督令（Supervision Orders）、临时照料命令（Interim Care Orders）、儿童评估令（Child Assessment Orders）和儿童紧急保护令（Emergency Protection Order）。

照料令的目的是将首要的父母责任转移到地方政府，儿童父母并不因此失去父母责任，但是儿童父母履行权利和责任的能力在一定程度上受到限制，以防父母的某些行为与该判令的规定不符。一旦判令生效，相关儿童就成为被政府照料的儿童（looked after child）。该判令的适用条件是：（1）儿童正在遭受或可能遭受严重伤害；（2）伤害或可能发生的伤害来自如果不发布判令该儿童受到的或可能受到的待遇不符合合理预期中父母应给予的照料；（3）父母无法控制儿童。每个被政府照料的儿童都应有个性化的照料方案，并定期接受监督和评估。

监督令由法院发布，适用情况是怀疑儿童正在遭遇伤害或可能遭遇伤害。该判令的实施效果是将儿童置于地方政府的监督之下，不同于刑事诉讼中的监督令，亦不同于教育监督令；实施效力弱于照料令。监督令会对儿童生活的方方面面提出一些具体要求，比如儿童应该居住在哪里，儿童应该参与哪些活动，儿童应该与谁见面，以及儿童与监督员适当的联系等。同时，还要求提交儿童的生理和心理体检材料，根据体检结果，还会要求儿童进行相应的治疗。该判令执行期为 1 年，最多可申请延长至 3 年。如果在执行期内儿童年满 18 岁，判令自动失效。

临时照料命令的发布条件是法院中止了照料令或监督令，或者在家庭诉讼过程中发生了需要强制干预的情况。该判令与照料令具有同样的法律效力，一旦判令发布，首要的父母责任也会转移到地方政府。判令执行期最长为 8 周，如果继续申请该判令，可获得最长 4 周的执行期。

儿童评估令的发布必须经过法院听证，只能由地方政府或英国全国防止虐待儿童学会（National Society for the Prevention of Cruelty to Children）提出要求。该判令的紧急程度低于儿童紧急保护令，且明确声明判令正式生效的具体日期，在时效上不超过 7 天。该判令的目的在于对相关儿童实施细致评估，以期全面详尽地掌握相关儿童的个人基本情况。

儿童紧急保护令的执行可单独由地方法官决定，不需要举行听证，无须儿童父母在场。适用的紧急场合包括授权将儿童从照料者旁边转移到其他合适的住宿场所，或禁止将儿童转移出当前的生活场所。该判令必须符合欧洲人权条约（the European Convention on Human Rights）第 8 条的规定，旨在确保私人和家庭生活权利得到保护。该判令发布的理由包括存在严重伤害的危险；依据第 47 条就该儿童提出调查，并且由于被授权接触该儿童的人遭到无理的拒绝，无法进行调查，并且申请者有合理理由相信存在紧急情况，有必要联系该儿童。任何人都可以向法院申请该判令。判令执行期最长可持续 8 天，如果儿童面临严重伤害的危险或需要参与法院听证，社会服务部门或英国全国防止虐待儿童学会（National Society for the Prevention of Cruelty to Children）可以申请延期。

## （五）《1989 年儿童法》附录

《1989 年儿童法》除正文以外，包括 9 个内容明晰详尽的附录，作为法案正文的操作性补充，不同序号的附录分别对应具体的法案正文条款，全面涵盖了儿童福利和儿童保护的重要内容。内容涉及"儿童的经济供给""地方政府对儿童和家庭的援助""监督令""社区收容所的管理和经营""志愿性收容所和志愿组织""已注册儿童收容所""寄养儿童数目的限制""私人寄养的儿童"和"儿童照看者和幼儿日托"。尽管附录对法案的实施提出了更加具体的指导要求，但是在内容上，还是为执行者预留了较充分的因地制宜的空间。尤其在某些标准方面，只是提出指导性、原则性要求，如对儿童的经济供给，法案及附录都没有发布一个全国统一的执行标准，但这种表面上的"无标准"，实质上隐含着"儿童福利至上"这一核心原则，即可实现的最高标准。此外，法案正文和附录中经常可见对其他英国法律和国际条约的参照执行，可见儿童福利法案并不孤立，应与其他涉及儿童权利的国内法案和作为缔约国签署的国际条约呼应、一致。

### （六）《1989 年儿童法》的发展演变

《1989 年儿童法》执行以来，历经两次重大修正，分别是《2002 年收养和儿童法》（Adoption and Children Act 2002）和《2004 年儿童法》（The Children Act 2004）。《2002 年收养和儿童法》对《1989 年儿童法》的主要修正是：

（1）自动赋予同亲生母亲一起为新生儿登记的未婚父亲以父母责任；

（2）允许继父通过签订父母责任协议的方式承担父母责任；

（3）如果收养人从机构收养了儿童，从收养安置的开始便赋予收养人父母责任；

（4）当儿童的亲生父母正式同意儿童接受地方政府的安置或被收养，或地方政府被授予了安置令（儿童亲生父母没有自动同意收养），地方政府和志愿收养机构便享有父母责任。

《2004 年儿童法》颁布的缘起是英国一起最受关注的儿童被虐待事件 The Victoria Climbie Inquiry（2003）及其后续的 Laming Report。2000 年 2 月 25 日，时年 8 岁的非洲小女孩 Victoria Climbie 在英国的姑姑家生活了 1 年半后被虐待致死，死时发现身上有 128 处伤痕。Victoria Climbie 的姑姑和姑父极尽残暴之能事，用自行车链条抽打、用塑料袋捆绑、用开水烫伤等残害手段持续施暴。案件震惊了英国社会，凶犯被法院判处囚禁，服务受害人的社会服务部门因为漠视儿童虐待被勒令停业检查，英国政府宣布对 Victoria 死亡的调查将全部公开，Lord Laming 作为调查此事件的总负责人。在经过广泛调查取证后，Lord Laming 发现 Victoria 致死的根源不简单是个人履职的失责，而是整个制度的失败，多部门在联合工作方面对儿童关注严重不足，尤其是社工、教师、卫生医疗部门和警察间沟通不畅[①]。Laming Report 公布后，英国政府对此做出回应，发布了绿皮书《每个儿童都重要（2003）》（Every Child Matters 2003）及 "儿童的五项产出"（ "five out-

---

① http://victoriaclimbie.hud.ac.uk/background.html.

comes" for children）。在得到社会各界对绿皮书的反馈后，修订版的"Every Child Matters – Next Steps"于 2004 年正式出版，最终定版为"Every Child Matters – Change for Children"。"Every Child Matters"中提出新的儿童战略成为《2004 年儿童法》的立法框架。新战略和立法强调更明晰的儿童服务问责，促进多部门合作，以及对全方位儿童保护的进一步强调。《2004 年儿童法》基于以往儿童福利立法的新特点主要有以下 5 方面：

（1）儿童事务委员（The Children's Commissioner）

法案要求儿童事务委员必须经任命产生，担任在国家层面为儿童发声（voice for children）的职责，保障儿童的权利得以实现，增强政府和公众对儿童观点的意识。

（2）建立综合的儿童服务（Establishing Integrated Children's Services）

无论在英国中央政府层级还是地方政府层级，都有多个相关部门各自具有涉及儿童及其家庭的工作职责。为了提高行政和服务效率，各级部门之间确有必要联合开展工作。

（3）地方儿童保护理事会（Local Safeguarding Children Boards）

地方政府必须建立地方儿童保护理事会（Local Safeguarding Children Boards）来取代不具有法律效力的地方儿童保护委员会（Area Child Protection Committees）。地方儿童保护理事会的宗旨是协调代表理事会的致力于保护促进儿童福利的各个机构。

（4）地区联合检查（Joint Area Reviews）

地区联合检查的目的在于整体评估儿童服务的水平，提升儿童和青年人的福祉。

（5）信息数据库（Information Databases）

Laming Report 建议建立全国所有 16 岁以下儿童的数据库，旨在确保儿童不会被有虐待行为的父母藏匿。此外，通过记录与儿童相关的有效信息，可以支持并促进儿童工作专家和从业者的交流。

# 三　中国儿童福利元年后的立法时代

2010 年，被中国儿童福利业界称为"中国儿童福利元年"。北京师范大学尚晓援教授指出，"2010 年我们称之为中国儿童福利元年。2010 年 11 月出台的《国务院办公厅关于加强孤儿保障工作的意见》，是中国政府第一次直接通过现金补贴的形式为福利机构内外的孤儿提供制度性保障，标志着中国在儿童福利政策方面的重大突破"。(财新网，2011.6.4)[1] 以往的中国儿童福利供给形式以实物和服务居多，对儿童的直接现金补贴没有上升到制度层面。西方儿童福利制度中对儿童和家庭的现金给付较为普遍，给付项目也类型多样，可谓西方儿童福利制度的基础。2013 年 2 月，中国国家统计局公布《2012 年国民经济和社会发展统计公报》，公报显示 2012 年中国国内生产总值（GDP）为 519322 亿元，人均 GDP 为 38354 元，约合 6100 美元。相比 2010 年中国人均 GDP 为 4382 美元，中国儿童福利元年以来的国家经济发展成果为儿童福利的现金给付提供了可持续的经济保障。

国家儿童福利制度化建设的最高指向应该是由国家立法机构制定综合性的儿童福利法。通过立法来保护儿童权利、保障并提升儿童福利，也是成本效益较好国家的施政举措。

## （一）中国儿童福利制度供给的责任主体

当代中国补缺型的儿童福利制度强调家庭的责任主体地位，受到传统文化的影响，儿童的成长发展被认为是家庭内部事务（核心家庭或扩展家庭）即家务事，国家力量较少介入，干预程度不高。儿童及其家庭对国家在儿童福利方面应承担的作用亦不明晰，缺乏明确的福利诉求。在全国范围的孤儿津贴出台以前，中国补缺型儿童福利制度覆盖的对象基本局限于由国家福利机构监护抚养的孤儿群体，是狭义的儿童福利制度。

当前中国儿童福利制度尚处于由补缺型向适度普惠型过渡的阶段，随着 2010 年出台《国务院办公厅关于加强孤儿保障工作的意见》这一里程碑的出现，从中央到地方已经形成了儿童福利制度创新的气候，地方政府纷纷探索本地特色的儿童福利制度，民政部在政策上也鼓励具备一定制度基础的地方政府进行适度"普惠型"儿童福利制度先行、先试的试点，如江苏昆山、浙江海宁、河南洛宁、广东深圳。适度"普惠型"儿童福利制度

---

[1]  http://china.caixin.com/2011 - 06 - 04/100266341.html.

是指"逐步建立覆盖全体儿童的普惠福利制度"，首先将儿童分成四个层次：孤儿、困境儿童、困境家庭儿童、普通儿童；在此基础上进行分类：孤儿分为社会散居孤儿和福利机构养育孤儿，困境儿童分为残疾儿童、重病儿童和流浪儿童，困境家庭儿童分为父母重度残疾或重病的儿童、父母长期服刑在押或强制戒毒的儿童、父母一方死亡另一方因其他情况无法履行抚养义务和监护职责的儿童、贫困家庭的儿童①。民政部门对普惠型儿童福利制度中儿童类型的划分，表示政府部门已将"家庭"视为政策对象分类的一个重要因素，由此可见，政府有明确意愿并且主动承担了儿童福利制度供给的责任主体，对儿童所在家庭给予扶助。在儿童福利制度中，虽然目前我国还没有专门给付儿童家庭的专项津贴，但家庭津贴或父母津贴作为发达福利制度中的典型措施，对我国政府部门研究、借鉴津贴给付类型、标准和渠道，具有重要意义。在明确国家是儿童福利制度供给的责任主体的前提下，国家不仅要承担失去家庭和父母监护的儿童的监护权，还应对家庭中的儿童权利进行必要的监督和保护，巩固家庭养育儿童的能力并使之达到符合儿童健康成长的标准，确保家庭中的儿童权利亦在国家政策的视野之内。

## （二）中国儿童福利制度的法律基础

当前，我国儿童福利领域尚无专门的儿童福利立法，涉及儿童福利的法律体系分为以下四个层次。

（1）国家立法机关颁布。全国人大及其常委会颁布实施的涉及儿童福利的立法，法律效力最高、强制性最强、适用性最广。其中，包括专门针对儿童的立法，如《未成年人保护法》《预防未成年人犯罪法》等，以及综合性立法含有涉及儿童的条款，如《宪法》《刑法》《民法通则》《婚姻法》《劳动法》等。

（2）国务院颁布。国务院颁布实施关于儿童福利的行政法规、规定、条例、规范、纲要、意见、办法等法律文件，包括专门针对儿童的《禁止使用童工规定》《关于加强孤儿保障工作的意见》《中国儿童发展纲要》等，

---

① http：//www. mca. gov. cn/article/zwgk/mzyw/201307/20130700486068. shtml.

以及综合性法规中涉及儿童的条款，如《艾滋病防治条例》《残疾人教育条例》等。

（3）国务院下属职能部门颁发。国务院下属职能部门制定颁发的规章、规定、意见、办法、暂行办法、实施细则等。此类法律文件内容覆盖全面，涉及儿童基本生活、养育、医疗、康复、教育、就业、住房等，具有较强的针对性和可操作性。也多见由某一部门牵头，联合其他多个部门一起下发文件的情况，如 2006 年民政部牵头，15 个部委共同签署了《关于加强孤儿救助工作的意见》。

（4）国家签署、批准、加入的国际公约和国际宣言。由我国政府或全国人大签署，如《儿童权利公约》《儿童生存、保护和发展世界宣言》《经济、社会和文化权利公约》，批准国际劳工组织关于《准予就业最低年龄公约》，关于批准《跨国收养方面保护儿童及合作公约》的决定等。

虽然我国儿童福利法律体系已显雏形，但在实际执行中，仍暴露出一些问题和不足。《未成年人保护法》在目前我国儿童福利类法律中位阶最高，但可操作性不强，责任主体规定不明确，保障内容不全面、不具体，未能完全适应中国儿童保护和儿童福利制度建设的需要。在我国的行政体系中，多个政府部门分别承担不同领域的儿童工作职能，儿童事务管理牵涉多个部门，条块化特征显著。儿童福利事务归口部门内部的行政法规、办法等法律文件零散有余，缺乏整合。多部门联合下发的文件涉及多个责任主体，缺乏对主要责任主体的问责机制，对履责不力的部门无从追究，容易造成行政效率低下和责任主体间相互扯皮推诿。此外，我国陆续签署、批准了若干重要的国际公约和宣言，虽然对国际组织例行报告履约情况，但没有将国际公约中规定的普适性条约充分纳入国内法律框架，并使之具有可操作性。

## （三）出台以儿童权利为基础的儿童福利法

中国人权的发展受到国际人权发展的带动和影响，1992 年中国政府签署通过了联合国《儿童权利公约》，既是对国际儿童权利约定的认可，同时也对中国儿童权利的保护做出郑重的履约承诺。中国签署《儿童权利公约》20 余年，不鲜见国家机关、国际组织和本土 NGO 的宣传倡导，但中国儿童权利的真正含义仍然莫衷一是，中国儿童权利观仍是模糊概念。中国儿童权利涉及普适性的宪法权利、公民权利，以及专门适用于儿童的《未成年人保护法》《预防未成年人犯罪法》，联合国《儿童权利公约》等国内法律和国际公约中的约定。儿童权利的约定散见于不同位阶的法律、法规，如不加以整合，儿童及其家庭（父母或其他主要监护人）难以充分行使及主张儿童权利，国家也很难对儿童权利的执行情况进行有效的监督和保护。18岁以下的儿童处于成人前的发展阶段，根据中国《民法通则》的规定，未满18周岁的未成年人不是具有完全民事行为能力人。（16周岁以上不满18周岁的公民，以自己的劳动收入为主要生活来源的，视为完全民事行为能力人。）鉴于儿童的发展特征及其微弱的政治声音，国家视其为社会弱势群体，在法律、政策、社会服务等方面都倾向于保护儿童权利。儿童权利保护责任的履行来自家庭和国家，家庭中的父母（或其他主要监护人）是实施儿童权利保护的第一直接责任人，当家庭在儿童权利保护方面失能或对儿童权利造成侵害时，国家政府和司法机关要为失去家庭保护的儿童编制兜底作用的安全网。

近年来，媒体频频曝光的儿童权利被侵害事件，唤起了全社会对儿童权利保护的意识，推动中国儿童福利立法的集体呼声在一次次的儿童伤害恶性事件后越发高涨。推行以儿童权利为基础的儿童福利立法势在必行，切实将《儿童权利公约》条款纳入儿童福利立法框架，在宏观上，借鉴总结发达国家的儿童福利立法经验，重视儿童权利，以儿童最大利益为着眼点，提高立法层次和法律约束力；在微观上，从儿童视角出发，倾听儿童声音，重视条文细节和可操作性，明确在保护儿童的生存权、受保护权、发展权和参与权等儿童基本权利方面的国家责任并建立问责机制。填补中国儿童福利立法的空白，让中国儿童不输在起跑线上。

**参考文献**

［1］成海军、陈晓丽：《中国儿童福利法治建设及其不足》，《青少年保护》2011年第4期。

［2］贺颖清：《福利与权利——挪威儿童福利的法律保障》，中国人民公安大学出版社，2005。

［3］联合国大会：《儿童权利公约》，1989。

［4］联合国大会：《世界人权宣言》，1948。

［5］刘继同：《中国儿童福利立法与政策框架设计的主要问题、结构性特征》，《中国青年研究》2010 年第 3 期。

［6］吕晓燕：《从汉韦法令看近代英国的儿童福利立法》，《学习与实践》2011 年第 10 期。

［7］民政部：《全面启动试点工作，全力推进政策创制——民政部召开全国适度普惠型儿童福利制度建设试点工作推进会》，2013 年 7 月 13 日，http：//www. mca. gov. cn/article/zwgk/mzyw/201307/20130700486068. shtml.

［8］郑素华：《现代儿童观的建构轨迹：20 世纪以来国际公约的视野》，《青年探索》2011 年第 6 期。

［9］中华人民共和国外交部：《中华人民共和国关于〈儿童权利公约〉执行情况的第三、四次合并报告》，http：//www. fmprc. gov. cn/chn//gxh/zlb/tyfg/t738182. htm。

［10］中山大学法学实验教学中心：《英国 1989 年儿童法》，http：//jpkc. ne. sysu. edu. cn/xsss/lse/article. asp？id＝2557&title＝2557。

［11］财新网：《专家称国家应取代家庭主导儿童福利投入》，2011 年 6 月 4 日，http：//china. caixin. com/2011－06－04/100266341. html.

［12］James, A. and Prout, A. , *Constructing and Reconstructing Childhood* RoutledgeFalmer, 1997.

［13］"Justice Committee – Sixth Report：Operation of the Family Courts", http：//www. publications. parliament. uk/pa/cm201012/cmselect/cmjust/518/51807. htm.

［14］The National Archives, "Children Act 1989", http：//www. legislation. gov. uk/ukpga/1989/41/contents.

［15］Lundy, L. , Kilkelly, U. , Byrne, B. and Kang, J. , "The UN Convention on the Rights of the Child：a study of legal implementation in 12 countries", http：//www. unicef. org. uk/Documents/Publications/UNICEFUK_ 2012CRCimplentationreport. pdf.

［16］Leeds Institute of Health Sciences, "The Legal Awareness Project", http：//www. leeds. ac. uk/hsphr/psychiatry/lap/children_ act. htm.

［17］University of Huddersfield, "Victoria Climbié Inquiry Data Corpus Online", http：//victoriaclimbie. hud. ac. uk/background. html.

# 第七章 发达地区儿童福利的制度设计<sup>*</sup>

## ——北京市的个案研究

万婷婷 尚晓援 虞 婕 等<sup>**</sup>

## 一 导言

本研究以北京市的儿童福利制度为主要对象，通过考察现行制度的设计框架和实施状况，了解北京市儿童福利制度存在的主要问题和面临的挑战，为北京市民政局提供政策建议，促进北京市儿童福利制度的改革，达到更好地对儿童提供福利服务的目的。

### （一）基本概念

#### 1. 儿童福利

儿童福利是一般性儿童福利制度的一个部分。研究儿童福利制度，首先需要考虑儿童福利状态。最简单地讲，"儿童福利"可以定义为：当影响儿童正常生存和发展的社会问题得到控制，各种需要得到满足，儿童成长和发展的机会最大化时，儿童正常存在的一种情况或状态。

———————————

\* 经北京市民政局同意，本文部分发表受其委托课题《北京市儿童福利制度建设研究》的内容。

\*\* 万婷婷：北京市民政局政策研究室；尚晓援：北京师范大学社会发展与公共政策学院教授；虞婕：北京师范大学社会发展与公共政策学院家庭和儿童研究中心。其他参与课题的成员包括：王小林、姚建平、李晶、李哲、王倩茹、崔雅文、李一、薛舒萌、谈子敏、杨曦、张馥、王晓旭、梁琦、王子彧、王素霞。感谢杨宝山在课题研究的整个过程中给予的全面建议和支持。

### 2. 儿童福利制度

儿童福利制度指为促进儿童福利状态，疗救社会病态的慈善活动或者政府行为。包括五个方面，即儿童福利制度的目标体系、儿童福利的对象、儿童福利的项目、儿童福利的资金和服务的提供者、提供儿童福利的原则。

## （二）分析框架、理论假设和研究方法

### 1. 分析框架：多维度福利

本研究利用儿童权利的框架确定儿童需要的内涵，混合福利理论的框架，确定儿童福利供给者的分析范围。这两者之间的关系如表 7－1 所示。

表 7－1 儿童福利供给责任的分析（经费）

| 供给者＼儿童需要 | 主要供给者 | | | |
|---|---|---|---|---|
| | 国家 | 市场（雇主和单位福利等） | 家庭和亲属网络 | 公民社会组织及其他 |
| 基本生活需要 | 社保、五保、低保、农村特困救助，孤儿基本生活保障等 | 单位的困难救助，遗属救助 | 家庭支持 | 各种民间救助 |
| 替代性养护需要 | 国有福利院农村养老院流浪儿童救助中心 | 单位幼儿园社会工作服务 | 亲属寄养社会工作服务 | 非政府儿童福利机构社会工作服务 |
| 教育需求 | 公立学校学杂费减免住宿补贴 | 单位中小学雇主提供的教育补贴子女就业项目等打工子弟学校 | 家庭提供 | 希望工程春蕾计划等儿童教育的慈善项目 |
| 医疗和社会工作服务需求 | 医保、新农合、社会工作服务 | 职工家属的医疗保险儿童大病保险等 | 家庭提供 | 民间捐赠、资助的医疗项目医院社会工作服务 |
| 受保护的需求 | 法庭 | 单位干预或调解 | 家庭提供 | 各种救助组织 |

上述分析框架中，儿童需要是根据儿童权利的规定确定的。供给者分析是根据混合福利理论确定的。但是，从中国的实际情况出发，儿童福利的四个主要供给者中，以单位福利为主的市场供给者正在迅速地衰落；随着中国公民社会的迅速发展，公民社会组织的供给在儿童福利的供给中日

益发挥更大的作用；本文的分析中，国家在儿童福利供给方面的作用是分析的核心。

**2. 理论假设、研究方法**

基于上述分析框架，对儿童福利制度的研究基于这样的理论假设：在以经济发展和提高经济效益为主要政策目标的改革中，在儿童福利供给的不同方面，国家作用的变化方向不同，出现了从普惠或传统模式两极向补缺模式转变的迹象。这个转变在某些方面有积极的意义，在某些方面导致了对困境儿童群体保护不足，以及儿童发展机会的不平等。因此，在模式选择上，儿童福利制度和社会福利的其他方面不同，在价值目标确定之后，根据中国是发展中国家的实际情况，民政部提出了"适度普惠"的儿童福利模式。我们提出，适应中国现阶段发展实际的适度普惠的模式应该是：在儿童福利制度的五个方面中，为了实现社会平等的价值目标，需要重新强调国家在儿童福利供给中的主导作用：在基本生活救助和替代性养护方面，国家应该充分承担起补救责任，建立国家和家庭/社会之间互补的、适合中国特点的补缺模式的儿童福利制度。在保护、教育、医疗和社会参与方面，儿童福利则应该先行一步，把普惠作为理想模式，建立全覆盖的儿童福利制度，国家承担起对所有儿童提供基本教育和卫生服务的责任。

# 二　北京市儿童福利的概况

## （一）北京市儿童福利制度的背景分析

在经济发展和社会转型同时高速度发生的时候，建设和经济发展水平相适应的社会福利制度，是建设和谐社会、保障经济可持续发展、提高全体公民福祉的一个重要方面。在这个过程中，为了民族的未来和提升国家在全球范围内的竞争力，儿童福利制度的建设应该先行一步。

这样做的主要根据是：第一，从经济形势看，中国儿童福利制度建设的背景条件持续改善：2011 年，中国的人均 GDP 达到 5450 美元。其中，北京、上海和天津等市分别为 12447 美元、12784 美元和 13392 美元，达到发达国家的水平。第二，从人口形势看，在 2013 年，中国的人口抚养比跌到谷底，随即进入上升的通道。随着人口抚养比的上升，中国经济和社会的可持续性发展的瓶颈将是人力资源。社会政策需要对此未雨绸缪，儿童福利制度的建设，是最重要的一步，是整个社会对未来的人力资本投资，是为了民族的未来和提升国家在全球范围的竞争力的重要战略措施，必须先行。第三，儿童福利制度建设的各方面条件已经具备，除了经济实力之外，政府和非政府部门的共识，多年来学术界在儿童福利制度方面的经验积累等，都是儿童福利制度建设的重要条件。

经济的持续增长，为儿童福利制度建设提供了坚实的基础，同时也提出了进一步的挑战。但是目前，中国社会福利的供给，大部分是依靠地方财政的力量，经济发展不平衡，导致各地儿童福利发展的不平衡。按照购买力平价计算的人均GDP，北京市已经超过2万美元。北京市经济发展在中国的前沿地位，使得在儿童福利制度的发展方面，完全可以大力发展，成为全国的表率。

## （二）北京市儿童福利制度的现状

为了切实保护儿童权益，北京市的立法、司法、政府各有关部门以及社会团体都建立了相应的机制，以监督和促进儿童福利事业的健康发展，实施儿童福利事业建设。北京市有关儿童福利的议事协调机构是妇女儿童工作委员会。但是，北京市尚没有专门负责儿童福利的行政主管机构，这种情况非常不利于儿童福利事业的发展。但是由于经济发展基础，其儿童福利水平也位于全国前列。

### 1. 北京市儿童福利水平位于全国前列

从一些实证资料来看，北京市在儿童福利规划中制定了在全国范围内领先的指标，在残疾儿童保障、孤儿保障方面，北京市在政策覆盖面和具体的补贴额度上都在国内各地区中居于领先地位。另外，北京市在贯彻落实国家政策，出台相应的地方性政策之外，还进行了一些政策创新，比如在大龄孤儿安置方面，出台政策为大龄孤儿提供补贴和工作方面的支持，对国内其他地区的政策制定也有很大的启发性；在儿童医疗方面，北京市出台了关于新生儿先天性疾病免费筛查和0~6岁儿童免费健康体检政策，为儿童提供预防性医疗服务，并且在医疗保险中为一些试点病种实施按病种付费，体现了对医保制度改革的探索和对儿童健康问题的关注，也体现了儿童福利的覆盖范围从困境儿童逐渐扩大到所有儿童的过程。

**2. 北京市儿童福利政策的不足**

目前，指导北京市相关部门具体实施儿童福利项目的政策文件还以地方性政策为主，相对而言具有不稳定性，并且一些政策尚处于初期探索阶段，有待根据情况进一步完善。

覆盖范围上，北京市儿童福利政策的覆盖范围在全国处于领先水平，但在儿童医疗、儿童教育方面，需要进一步扩大受益群体的范围。对于外来务工人员子女的教育政策实施上也遇到了问题，需要将政策明确化，考虑各方意见，切实协调本地资源和外来人口的关系。医疗方面，现在疾病筛查和免费体检范围还局限在 0 ~ 6 岁儿童，医疗保障按病种付费制度也在探索阶段，需要根据财政预算和现实情况，进一步完善这些政策。

在提高儿童福利方面财政支出，为儿童提供更高额度津贴的同时，在儿童福利方面提供的具体服务也需要完善。残疾儿童康复方面，北京市为残疾儿童提供了康复补助，但在具体康复服务的实施、对残疾儿童的心理干预、融合教育方面还有需要完善之处。除了提供经济方面的康复补助外，还应关注配套服务的建设，扶持政府或非政府相应机构的发展，为残疾儿童提供切实可及的服务。

另外，儿童保护方面，还存在重要的政策缺口。针对受到虐待、忽视和暴力侵害的儿童，尚无有效的保护政策。在服务的提供方面，应该鼓励社会组织的参与，提供多元化、更全面地满足受众需求的服务。

# 三 北京市儿童福利制度的基本类型

## （一）儿童福利的补缺模式：基本生活保障

### 1. 北京市基本生活保障制度

在基本生活保障方面，国家提供的福利项目主要有社会保险和社会救助。与国民基本生活保障相关的社会保险项目主要覆盖城市职工人群，其中，针对女性职工的生育保险和工伤保险中关于遗属补助的项目与儿童的生活保障相关。社会救助项目中，专门针对儿童的基本生活保障项目主要是孤儿基本生活保障制度。对贫困儿童和家庭的基本生活保障，主要体现在一般的社会救助项目中。在城市中，主要为最低生活保障制度，在农村，主要为低保救助、五保救助和特困救助。救助对象主要是贫困儿童。除此之外，城乡非正式的儿童福利主要为家庭和扩展家庭对需要帮助的儿童提供的支持。

### 2. "负" 儿童福利：社会抚养费的征收

社会抚养费是国家对违反规定生育第二个子女的夫妻或者非婚生育子女的公民，征收的惩罚性费用。在缴纳了社会抚养费之后，家庭本身可以用于儿童福利的可支配资源大大减少。家庭中的儿童福祉受到负面的影响。国家征收的费用，纳入财政收入，没有证据表明，这些费用被用来改善和提高儿童福利水平。因此，这项征收，在性质上，属于"负"面的儿童福利。在世界上，这类"负"儿童福利，为中国所仅见。

## （二）儿童养育：家庭养育和替代性养护

北京市的儿童，主要由家庭养育，在孤儿和被遗弃儿童方面，作为特殊的弱势群体，国家对由国家监护的孤儿，除了负有保障基本生活的责任之外，还负有提供替代性养护的责任。在北京市，政府监护的儿童，首选的方式是安排家庭领养，把这些儿童永久性地安置在家庭环境中。无法安排家庭领养的，以机构内照料为主。在20世纪末和21世纪初，引入了家庭寄养、小家庭养育等模式。因此，亲属寄养，政府安排的家庭领养、家庭寄养和机构内养护等，成为北京市对孤儿提供替代性养护的主要方式。

### 1. 家庭养育

儿童养育是家庭的责任，在社会的代际传承中，新的一代从上一代获得养育儿童的经验、知识和技能。但是，当社会处于高速发展和变化的时候，代际传承提供的知识和经验可能不足。在这个背景下，国家在儿童养育中发挥重要的作用，通过正式的渠道，提供科学的养育知识，弥补家庭代际传承的不足，是非常必要的。

**2. 替代性养护**

（1）北京市属福利院的养护分析

北京市民政部门采取多种方式，对孤儿和被遗弃儿童提供养护服务。理论上，领养——为儿童做出永久性的家庭安置，是首选方式。在实践中，传统的机构内养护仍然是主导模式。除此之外，大兴区还建立了儿童庇护和家庭寄养相结合的儿童养护模式，走出了一条新路。有很多儿童被寄养在家庭中，获得了家庭的庇护和照料。

（2）北京市第二儿童福利院基本情况简介及养育方式

北京市第二儿童福利院（以下简称二儿福）始建于1999年，现位于北京市顺义区，主管单位为北京市民政局。二儿福现拥有全职工作人员63名，兼职工作人员50名左右。目前，二儿福收养的儿童主要为年满6周岁且无重大疾病或残疾的孤儿。一般情况下，未满6周岁的孤儿会先在北京市儿童福利院生活，并接受生活照料和康复教育，当北京市儿童福利院的孩子长到6周岁时，福利院会有专门的专家队伍评估他们的身体和智力状况，那些智力达到可接受教育的水平而且有一定的独立生活能力的孩子会被转交到二儿福，这就是二儿福中孩子的主要来源，并且接受从寄养家庭中送回的可以接受教育的儿童。因此，二儿福在孤残儿童教育方面发挥着重要作用，也发挥着福利院儿童走向社会安置的衔接作用。

在儿童养育方式建设中，北京市第二儿童福利院主要发挥对儿童教育的功能，其养育方式主要为院内集中养育。对不同年龄和不同残疾程度的儿童提供不同的教育选择。

（3）儿童庇护和家庭寄养——大兴区的替代性养护

在孤儿和被遗弃儿童的养护方面，北京市民政部门创造了农村社区家庭寄养模式，有400多名儿童生活在大兴区礼贤镇，很多孩子在这里重新获得了家庭的温暖，这一模式为全国树立了榜样。

大兴的实践是：民政部门不设机构养护，而是在大兴区礼贤镇建立家庭寄养指导中心协调家庭寄养工作。中心为事业单位，获得国家的财政拨款，有事业编制。所有在大兴区发现的被遗弃儿童，都由寄养指导中心提供短期庇护，在接受体检和评估之后，直接安排到寄养家庭。这是国际上通行的做法，在国内尚属仅见。北京市民政部门在探索国有儿童福利机构的功能转变和儿童养护新模式方面，又走出了一条新路。

## （三）混合福利制度——教育福利

教育是儿童福利最重要的方面之一，在很多国家，教育是国家按照普惠原则最早承担起的福利责任。"所谓教育福利，是指以促进和保障教育权利公平为目标，通过各种途径为扶持和发展教育事业所做出的努力，从而达到提高国民素质、推动个人和社会全面发展的整体效用。"

### 1. 北京市教育福利现状

2010 年，北京的教育财政支出为 450.2 亿元，比 2009 年增加了 23.1%，占政府全部财政支出的 11.1%，占全市 GDP 的 3.2%。

根据全国第六次人口普查的结果，与 2000 年相比，北京市常住人口的文化素质明显提高，平均受教育年限由 2000 年的 10 年提高到 2010 年的 11.5 年，新增劳动力平均受教育年限达到 14 年。每 10 万人中具有大学文化程度的由 16839 人上升为 31499 人；具有高中文化程度的由 23165 人下降为 21220 人；具有初中文化程度的由 34380 人下降为 31396 人；具有小学文化程度的由 16963 人下降为 9956 人。

全市文盲人口（15 岁及以上不识字的人）为 33.3 万人，文盲率（常住人口中 15 岁及以上不识字的人口所占比重）为 1.7%。与 2000 年相比，文盲人口减少 24.5 万人，文盲率下降 2.6 个百分点。

### 2. 北京市教育福利存在的问题及建议

（1）流动儿童教育存在的问题

有学者对全国 31 个省福利现状进行研究，通过综合四项主要指标（财政投入、校舍建设、物资供应、师资力量）进行对比，发现北京市的儿童教育福利水平位列全国领先水平，仅次于上海市。但目前北京市教育领域最亟待解决的是流动儿童的教育问题。

尽管政府出台政策要求公立学校为义务教育阶段的流动儿童免收借读费和学杂费，但实际的情况是各种其他名目的收费仍然存在，结果造成流动儿童家庭仍难以承受公立学校的费用。由于公立学校的种种"隐性门槛"，即使家庭周边有公立学校，不少流动儿童还是会选择成本较低的民办打工子弟小学就读。前几年的调查发现，在流动儿童家长为子女选择就读学校时，以就近上学为择校的主要因素，其次才是学校的教学质量；而在流动儿童的转学原因中，33.9% 的学生因为距离的原因而转学，25.7% 的学生转学是考虑教学质量。另有对北京市 471 户流动人口家庭调查发现，流动儿童入学率仅为 71%，而即使入学的流动儿童，也面临着频繁换校的困境。

与面向农民工子女的"非法幼儿园"类似，一些小成本的民办学校因为无法办齐"三证"（社会力量办学许可证、民办非企业法人登记证、收费许可证），因而无法在教育部门注册，面临随时被取缔的可能。据长期关注打工子弟学校发展的公益律师田坤说，当前北京还有 100 多所不符合办学标准的打工子弟学校。对待这些学校，不同区县采取了不同的监管政策，但陆续关停、分流学生，乃是一致的政策方向。

近两年来，因为北京市城乡一体化建设的需要，很多这样的未注册学校被关停，理由是没有办学许可证、房产证，校舍为违法建筑，存有安全隐患。例如，2011 年 8 月初北京就有近 30 所学校被关停，涉及学生 14000 余人。而这些学生如果能提供齐"五证"可申请进入公立学校就读。（"五证"指的是：家长或监护人持本人在京暂住证，在京实际住所居住证明，在京务工就业证明，户口所在地乡镇政府出具的在当地没有监护条件的证明，全家户口簿等证明、证件）但仍有很多流动儿童因无法出示齐"五证"而受到公办学校拒绝。

近年来，北京市户籍的学龄儿童正在减少，而非北京市户籍学龄儿童大量增加。尽管政府出台了一系列相关政策，但执行的效果还非常有限。扩建的公办学校和新增的学位还需要时间才可惠及，但孩子的教育是经不起等待的。公办学校对于流动儿童的准入制度也过于烦琐，且仍有儿童因经济条件困难而无法上学。

（2）改善流动儿童教育福利的建议

首先，在公办学校尚无法完全解决流动儿童的教育需求之时，政府应扶持打工子女学校，帮助改善其师资力量和教学环境。可通过减免税收、设立专项基金为其拨款，来减少其财务压力，通过更好的工资待遇吸引高素质的教师。对教师的任教资格也应有明确的规范。

其次，对于流动儿童入读公办学校，应适当放宽要求"五证"入读限制。例如，流动儿童只要能够提在京家长的身份证、在京居住证明和在京家长的工作证明，公办学校就应接收。而且政府应进一步明确公办学校收费的具体规定，对于公办学校变相收取的各项不合理费用应明文禁止，并明确设置每学期收费的上限等。

最后，应当设立具体的标准，规定家庭收入水平在何范围算是有经济困难的流动儿童，并且为其提供助学金和生活补助，确实落实"两免一补"的优惠政策。

### （四）普惠制福利一：儿童的健康与医疗服务

#### 1. 北京市儿童医疗保障制度概况

根据《北京市"十二五"时期儿童发展规划》，北京市在现有的儿童大病医疗保险制度的基础上，以"保障儿童生存、健康、发展的权利及获得平等的卫生保健服务，进一步完善儿童保健服务体系，提高儿童的健康水平"为总目标，从"提高出生人口素质""加强儿童保健工作""提高儿童健康水平"三个方面为主要目标，保证北京市儿童的健康权利。

目前，北京市儿童医疗保障体系并不是一个单独的体系，而是合并在城镇居民基本医疗保障体系中。以基本医疗保险为基础，以医疗互助、商业医疗保险及特困医疗救助等为补充的、多层次的保障体系。

#### 2. 北京市儿童健康保障体系设计

通过三年医改，北京市基本实现了儿童医疗健康的全覆盖。但仍应看到的是，制度缺陷仍然存在，儿童健康保障覆盖范围小，保障程度不够，针对性的儿童健康保障政策的精准性与有效性有待提高等问题也亟待解决。北京市儿童健康保障制度的设计，除了对已有的医疗保险制度的进一步推动，还要针对现有的制度缺陷，有策略、有重点地进行制度或服务的补充。

（1）完善针对困境儿童和非京籍长期居住儿童的医疗健康保障制度

完善制度，使包括亲属抚养孤儿、事实无人照料儿童（散居）、贫困儿童（城市低保家庭和农村五保户家庭儿童）、流动儿童（外来打工者子女）、农村儿童和残疾儿童等困境儿童以及非京籍长期居住儿童都能够使用基本医疗保险和其他基本公共医疗服务，并激励其父母或抚养人关注儿童的健康状况，帮助他们承担育儿的成本。

制度设计中，可以针对困境儿童家庭和非京籍长期居住儿童家庭进行以健康为重点的奖励，包括家长参加医疗保险的情况，医疗保险对儿童的覆盖范围及持续程度，儿童及其抚养人可以获得与年龄相应的预防保健，健康干预评估，年度体检，与家庭收入状况相符的补充性保险等。

（2）深化医疗救助制度

建立重残儿童出生登记制度。对于如特困家庭儿童、疑难重病儿童和长期患病儿童要建立统一的数据跟踪库，进行长期的制度性救助。此外，对于超出医保部分应给予政府补助。可考虑利用政府购买方式鼓励民间机构为需要救助的儿童家庭提供服务。例如，帮助他们申请政府补贴，援助项目和其他相关的服务信息。使得救助渠道通畅透明，政府回归监督的角色。

（3）建立儿童医疗康复津贴

在国家一级，政府正在考虑，对试点区域的重残儿童提供医疗康复津贴，具体内容为对残疾等级为国家残疾标准2级以上的儿童按月发放津贴，帮助改善儿童的医疗康复条件和营养水平，额度为孤儿基本生活费额度的100%，同时外加每人每月30元的营养费用。同时，建立大病儿童医疗康复津贴。对患有白血病、先天性心脏病、恶性肿瘤、艾滋病、脑瘫的儿童按月发放津贴，帮助改善儿童的医疗康复和营养水平，额度为孤儿基本生活费额度的100%，同时外加每人每月30元的营养费用。北京市可按照本市的财政状况，制定相应的标准。

## （五）普惠制福利二：儿童保护

### 1. 我国儿童虐待的基本情况、制度概况

（1）我国儿童虐待的基本情况

儿童虐待现象在我国一直存在，但是由于历史及文化传统和缺乏发现渠道而一直没有浮现于公众视野。近年来，随着儿童生活环境中面对的风险增大，社会对儿童的关注度提高及媒体的多方报道，越来越多的儿童被虐待和忽视的案件被公开，其严峻的现实情况为我们敲响了警钟。

目前，我国儿童被虐待的几个主要特点包括：家庭暴力现象普遍存在，未成年人遭受性侵现象持续出现，儿童受忽视现象逐渐被关注，儿童受忽视现象主要出现在留守儿童和流动儿童群体，虽然近年来该群体逐渐受到

了政府、社会及学界的广泛关注，但是有关这部分群体的保护制度仍然尚未建立，我们仍需要付出很大的努力，才能为他们建立一个安全、健康的成长环境。

（2）北京市儿童保护的制度概况

儿童保护制度有广义和狭义之分。在讨论儿童保护制度时，一般使用狭义的概念。狭义的儿童保护是一个有特定法律含义的概念，它是指国家通过一系列的制度安排，包括社会救助、法庭命令、法律诉讼、社会服务和替代性养护等措施，对受到和可能受到暴力、忽视、遗弃虐待和其他形式伤害的儿童提供一系列救助、保护和服务的措施，使儿童能够在安全的环境中成长。2010年《关于进一步加强孤儿保障工作的意见》的出台，标志着我国制度性孤儿福利的建立，我国儿童福利向前迈出了大大的一步。但是国家对于儿童保护领域仍缺乏必要的关注，缺乏对于儿童保护问题的深刻认识及缺乏系统的儿童保护的制度安排。

在儿童保护的相关法律政策方面，《未成年人保护法》虽然对于儿童保护的各方面做了一些规定，但是条文总体来说比较笼统，缺乏操作性。北京市在儿童保护的制度建设方面，在全国处于领先地位。特别是《北京市未成年人保护条例》（以下简称《条例》）的推出，凸显了北京市对儿童保护的重视。

该《条例》对遭受家庭暴力伤害的儿童庇护制度做了规定。《条例》规定，政府应设立未成年人紧急救助机构，对因为遭受虐待或者其他家庭问题需要帮助的未成年人提供救助。《条例》在儿童保护的专门规定中，首次提出了建立针对儿童的庇护制度。但是，我们还是要看到该《条例》还仅仅只是对建立儿童庇护制度提供相关的政策建议，并没有提出相应的具体操作措施。

## 2. 北京市儿童保护制度设计

目前，北京市的儿童保护的重点，还在于孤残儿童的养护和生活救助、流浪儿童保护等方面，对于儿童被虐待和伤害的关注还较欠缺，儿童保护领域的制度和政策设计还处于开始阶段，因此，全面和完善的制度和政策设计就显得尤为重要。除此之外，明确儿童保护的责任主体及各部门分工，制定明确的儿童保护实施程序同样亟待得到落实。

### （六）困境儿童福利：流浪未成年人救助保护

**1. 北京市流浪未成年人救助保护制度综述**

本文采用的流浪儿童的定义为：年龄在 18 周岁以下离开家庭，脱离监护人的保护，流浪街头连续超过 24 小时，基本生活失去保障的未成年人。北京市未成年人救助保护中心不仅对流浪未成年人进行救助保护，也对服刑人员子女提供救助保护。

目前，流浪未成年人救助保护机构提供的服务包括：受助未成年人的生活、教育、管理、返乡和安置。组织适合未成年人需要的活动，通过文化知识教育、职业技能培训等帮助未成年人获得谋生技能，为回归社会、独立生活做好准备；与教育、公安和司法行政等部门一道对有不良行为的流浪未成年人进行法制教育、行为矫治和心理辅导。

**2. 北京市流浪儿童救助现状——北京市未成年人救助保护机构个案研究**

北京市未成年人救助保护中心是为北京市流浪未成年人提供救助和保护的主要机构。中心成立于 2003 年 10 月，自成立以来救助流浪未成年人总数超过 5700 人次，包括接受重复救助的流浪未成年人，平均每年 633 人次、每日 1.7 人次。

从服务对象上看，未成年人救助保护中心的服务对象不是所有的流浪未成年人。仅为发现于北京市的 3～18 岁的身体基本健康、智力基本正常，正在城市流浪乞讨且身边无监护人的流浪未成年人。如果儿童年龄小于 3 岁应进入儿童福利院，超过 18 岁者由城市救助管理站进行救助。救助中心自成立 9 年来，接收儿童的范围在逐步发展，由原来集中于城市中的流浪乞讨儿童扩展到在城市中被拐卖的儿童（包括涉嫌被拐卖的儿童的临时庇护）以及城市中无人照管的服刑人员的子女。

救助中心的人员编制中管理编制 25 人、社会工 15 人、保安 6 人，人员数量与质量能够维持中心的日常运行。但是，根据调查，由于机构本身的特殊性，中心内常常出现结构性人手短缺。其一，救助中心常常会有护送儿童返家的任务，因此在中心内人员的人数并不稳定，有可能出现短期内人员紧缺；其二，专业工作人员的缺乏。与儿童进行直接接触对于职业训练与职业素质有着较高的要求，这是基于儿童群体的特殊性。儿童相比于成年人，生理、心理都未成熟，内心相对脆弱易受到伤害，尤其是流浪未成年人，由于在外流浪的经历使得他们都受到过一定程度的心理创伤，离开监护人与常规的教育环境，又使得他们往往缺乏社会生活中的基本常识与技能。因此，救助中心的工作人员对儿童进行帮助时便需要专业的知识与培训，但是基于中心的编制体制所限制，人数的增加与培训并非易事。

中心的救助方式主要采取保护性救助，即主动对街头流浪儿童进行找寻，并且对他们提供保护服务。其救助信息来源渠道主要有两种：其一是联合公安城管等部门对城市中的流浪未成年人进行探查与发现；其二是通过街道群众的报警求助电话来找寻与救助流浪与未成年人。

流浪未成年人救助中心虽然只是中转性的救助机构，但是考虑到其中的未成年人所停留时间长短的不确定性，为了避免可能发生的长期滞留导致未成年人脱离社会，以及考虑到其中大部分未成年人为学龄儿童，救助中心开设了文化学习、心理辅导、技能培训等项目。

救助中心的经费由政府提供，能够保障未成年人临时性生活费用，基本的医疗费用。中心的生活设施、基础教育设施也相对完善，除此之外，中心面临一些制度性问题。这些问题不解决，中心对流浪未成年人的权利保障是有欠缺的。

### 3. 建立全面的儿童保护制度

流浪未成年人的问题，本质上都产生于中国缺乏全面的儿童福利和保护制度。现有的流浪未成年人救助保护制度，从设计上看，是针对少数流浪未成年人的困境提供帮助。但是，这些儿童是冰山浮现在水面上的一角。中国有大量的受到忽视和虐待的儿童，没有得到救助和保护。没有全面的儿童保护和福利制度，中心无法对需要帮助的儿童提供所有满足他们成长需要的救助和保护。

如果我们从前一章探讨的可能性考虑，在北京市建立全国第一个全面的儿童保护制度，对现有的未成年人救助保护中心进行功能改造，并以改造过的中心为核心，为首都所有受到虐待和忽视的儿童提供保护，现有的流浪儿童救助保护中心将获得广大的新的发展空间。

### （七）残疾儿童福利

#### 1. 北京市残疾儿童福利政策综述

北京市的残疾儿童福利政策属于"嵌入式"的制度安排。在康复与教育方面，服务规定具体，明确到位。基本生活保障方面，明确规定，16 岁以下的儿童，家庭负担抚养责任。只有贫困家庭，得到低保支持。除此之外，残疾儿童家庭可以享受的福利甚少，尚未建立对残疾儿童家庭及其照顾者的津贴制度。但是，根据调查，北京市对残疾儿童家庭的支持未来几年可能会大幅度增加。

#### 2. 北京市残疾儿童福利制度建议

为了对残疾儿童提供照料、治疗和康复，家庭承担了主要的负担，必须有额外的人力和物力的支出，提供残疾儿童基本生活津贴，形成覆盖残疾儿童生命周期的给付体系；由于残疾儿童主要依靠家庭提供照料服务，增大了家庭的负担。因此，在政策制定方面，应加强对残疾儿童，特别是大龄儿童的安置托养和就业扶助；残疾儿童有特殊的教育需求，在教育政策方面，应加大教育支持，发展特殊教育，改善随班就读条件；针对我国目前残疾儿童庞大的规模，在残疾儿童服务方面还缺乏专业的服务人才，建立专业残疾儿童服务队伍，加强专业化残疾儿童服务队伍的力度，成为改善和提高残疾儿童的生存状况成为关键环节。除此之外，政府应倡导社会各界提供对残疾儿童及其家庭的支持，传播残疾相关知识，探索社区服务模式，形成社会各界与残疾儿童及其家庭的良好互动氛围，建立健全残疾儿童福利服务体系。

## 四　北京市儿童福利制度的设计

儿童福利制度的发展，离不开国家宏观福利制度的大框架。党的"十八大"确定了今后的发展目标，是到 2021 年全面建成小康社会。小康社会的社会福利的内涵是以人为本、全面协调可持续发展，构建社会主义和谐社会、着力保障和改善民生等。宏观背景对儿童福利制度的发展有深刻的影响。为了实现这个目标，实行儿童优先的发展战略，具有非常重要的战略意义。经过将近 30 年的发展，虽然在有些方面尚为空白，有些方面尚未定型，但是基础已经奠定，大的结构已经存在，新的儿童福利制度的雏形已经显现，这个新的儿童福利制度，应该是小康社会福利的重要组成部分。

理想的儿童福利模式，应该是包括政府充分承担起补救责任，同时，在儿童的发展方面，国家根据普惠原则，承担起提供福利的主要的和一线的责任。

在上述基本原则确定之后，北京市儿童福利的制度设计，包括四个大的方面：第一，建立多支柱的儿童福利筹资体系；第二，建立有效的儿童福利管理体系和递送制度。第三，提供覆盖全体儿童，保障儿童全面健康发展的服务项目；第四，建立专业化的儿童福利工作队伍和贴近社区的儿童福利服务机构。

## （一）建立多支柱的儿童福利筹资体系

儿童福利主要由家庭提供，家庭承担了儿童福利所需资金的绝大部分。除了家长的支出，儿童福利的家庭外筹资方式主要包括三种，即财政方式、社会捐赠和社会保险缴费。其中财政方式又可以分为财政拨款、税收优惠和福利彩票公益金。在今后的很长时间，这样多支柱的筹款方式，仍然是北京市儿童福利的主要筹资体系。

## （二）建立有效的儿童福利管理和提供制度

加强儿童福利工作的组织建设，最重要的是建立权威性的儿童福利主管机构和有效的福利提供制度。这是儿童福利制度建设中最关键的一步。对民政部门来说，也有必须可为的理由。

北京市儿童福利工作的管理分散于民政局、卫生局、教育局及妇联等众多部门或人民团体中。不同的部门均从自身系统对儿童福利问题进行考量，而没有一个部门可以进行全面综合的管理和制定政策并执行。因此，加强目前的儿童福利行政管理机构，建设一个专门的、行政级别上能够统管儿童福利行政管理事务的机构格外重要。

另外，在儿童福利主管机构的领导下，根据民政部提出的制度设计，建立"城乡四级一体化儿童福利服务体系"。同时，进行现有儿童福利院的功能性改造，使其具有庇护、安置、监督和支持孤儿监护人，向社区辐射服务等新的功能。扩大现有的流浪儿童救助管理中心的功能，使其具有综合性儿童保护的功能，这两个机构一起成为城市中的儿童保护的核心机构。通过建立强制性的儿童被虐待和忽视的报告制度、儿童热线等，除了街头的流浪乞讨儿童之外，其他受到虐待、忽视和遗弃的儿童，走失儿童等，都可以在儿童保护中心得到临时性庇护、教育医疗服务和安置服务。

### （三）北京市儿童福利的项目设计

北京市的儿童福利制度缺口比较大，包括两个方面：覆盖面缺口和服务面缺口。项目设计中考虑到这些缺口。

北京市的儿童福利服务，根据儿童的户籍状况，分为提供给户籍儿童的福利服务，和所有在京生活的儿童都可以享受的服务。就北京市儿童福利制度的现状看，针对户籍儿童的福利项目比较多，制度缺口比较少。非户籍儿童可以享受的福利非常有限，存在大的制度缺口。从制度发展的角度看，首先完善提供给户籍儿童的福利服务，再逐渐扩大覆盖面，使所有的儿童都能享受到政府提供的儿童福利，是比较可行的制度建设途径。

从儿童福利的服务面缺口看，主要表现在下列方面：第一，在儿童保护的服务方面，基本的服务制度尚未建立。存在空白。缺少对受到虐待和忽视的儿童的有效的保护制度（如儿童热线服务，有效的、强制的儿童被虐待的报告制度和儿童被虐待案件的处理制度）；第二，在儿童的养育和照料方面，对特殊类型的困境儿童（特别是重残儿童）的养育者提供支持的制度尚未建立；第三，在儿童经济保障方面，困境儿童的生活津贴制度尚待完善。第四，在儿童的社会参与方面，公益性的儿童游乐设施和图书馆的供给尚待完善。在这些方面，既需要考虑国家的经费支持，也需要考虑建立和完善有效的服务递送制度。

### （四）建立专业化的儿童福利工作队伍和贴近社区的儿童福利服务机构

儿童福利项目的实施有赖于专业化的工作队伍和贴近社区的服务机构。儿童福利的专业化要求非常高。需要有专业化的服务队伍。专业化是所有儿童福利项目发展的共同方向，同时，因为儿童在家庭和社区中成长，需要有贴近社区的服务机构，为儿童提供服务。

一方面，建立儿童福利专业化的服务队伍，是民政部门儿童福利事业发展的当务之急。现在，教育部门提出，在所有的公立学校，设置为残疾儿童随班就读提供支持的专业人员。卫生部门，也把卫生保健服务直接向社区拓展，并有专业人员的配置。

另一方面，在儿童福利主管机构的领导下，根据民政部提出的制度设计，在"城乡四级一体化儿童福利服务体系"的底层，支持一大批贴近社区的、专业化的儿童福利服务机构。从性质上说，除政府办的组织之外，应该还有一大批非政府、非营利的民间组织。这些组织应该得到政府的授权、支持和监督。政府向民间组织购买服务，为儿童提供福利，是国际上成熟的做法。

## 参考文献

［1］ 奥尔森：《集体行动的逻辑》，上海三联书店、上海人民出版社，1995，第 191～193 页。

［2］ 陈佳贵：《中国社会保障发展报告（1997～2001）》，社会科学出版社，2001，第 282 页。

［3］ 陈良瑾主编《中国社会工作百科全书》，中国社会出版社，1994。

［4］ 陈欣：《税费改革后农村五保工作告急》，《乡镇论坛》2005 年第 12 期，第 29 页。

［5］ 大同市社会福利院：《抚孤助残半世纪：纪念大同市社会福利院建院五十周年专集"1949～1999"》，大同市社会福利院主编《家庭寄养是儿童保护的有效方式》，非正式出版物，2001。

［6］ 多吉才让：《新时期中国社会保障制度改革的理论与实践》，中央党校出版社，1995。

［7］ 贡森、王列军、余宇：《农村五保供养的体制性问题和对策》，《江苏社会科学》2004 年第 3 期，第 231～236 页。

［8］ 国家统计局：《中国统计年鉴》，中国统计出版社，1996。

［9］ 国家统计局：《中国统计年鉴》，中国统计出版社，2004。

［10］ 国家统计局：《中国统计年鉴》，中国统计出版社，1998。

［11］ 国家统计局：《中国统计年鉴》，中国统计出版社，2000。

［12］ 国家统计局：《中国统计年鉴》，中国统计出版社，2001。

［13］ 国家统计局：《2004 年国民经济和社会发展统计公报》，2005。

［14］ 云南省统计局：《云南省 2004 年国民经济和社会发展统计公报》，2005。

［15］ 盈江县统计局：《2004 年盈江县国民经济运行简析》，《盈江统计》2005 年第 1 期。

［16］ 河北省社科院社会学所、河北省民政局联合课题组：《从社会办儿童福利机构的现状看完善其政策的紧迫性》，在第一届全国社会福利理论与政策研讨会上提交的论文，2000。

［17］ 河南省民政厅：《艾滋病致孤人员生活救助文件资料汇编》，2004。

［18］ 教育部：《2003～2007 年教育振兴行动学习辅导读本》，教育科学出版社，2004。

［19］ 李春玲、王大鸣：《中国处境困难儿童状况分析报告》，《青年研究》1998 年第 5～7 期。

［20］ 李海燕、尚晓援、程建鹏：《北京市孤残儿童被遗弃的原因分析》，《北京社会科学》2004 年第 4 期，第 82～89 页。

［21］ 李彦林：《上海市孤残儿童家庭寄养工作的回顾》，上海市民政局《2000 年孤残儿童照料家庭寄养研讨会》，2000。

［22］ 利辛县民政局：《安徽省利辛县艾滋孤儿暨艾滋单亲家庭儿童情况调查表》，2005。

［23］ 利辛县统计局：《利辛统计年鉴 2004》，2004。

［24］ 联合国艾滋病规划署、联合国儿童基金会：《关怀艾滋病孤儿——来自东南部非洲的经验》，2008。

［25］ 联合国艾滋病规划署、联合国儿童基金会、东亚和太平洋区域办公室：《抉择——青年与艾滋病》，2008。

［26］ 刘翠霄：《各国残疾人权益保障比较研究》，中国社会科学出版社，1994，第 211 页。

［27］ 刘继同：《中国流浪儿童救助保护与儿童福利服务管理暂行办法》论纲，未发表，2004。

［28］ 刘继同：《郑州市流浪儿童保护中心的个案研究》，《青年研究》2000 年第 1 期，第 30～39 页.

［29］ 刘继同：《中国青少年研究典范的战略转变与儿童福利政策框架的战略思考》，《青少年犯罪问题》2006 年第 1 期，第 4～11 页。

［30］ 陆士桢、吴鲁平、卢德平：《中国城市青少年弱势群体现状与社会保护政策》，

社会科学文献出版社，2004。

[31] 陆士桢、任为、常晶晶：《儿童社会工作》，社会科学文献出版社，2003。

[32] 马洪路主编《中国残疾人社会福利》，中国社会出版社，2002，第118页。

[33] 民政部：《儿童福利院管理暂行办法》，1999。

[34] 民政部法规办公室：《民政工作文件汇编》，中国民主与法制出版社，1999。

[35] 民政部计财司编：《民政历史资料汇编》，内部出版，1993。

[36] 民政部计财司编：《中国民政统计年鉴》，中国统计出版社，1997。

[37] 民政部计财司编：《中国民政统计年鉴》，中国统计出版社，1998。

[38] 民政部计财司编：《中国民政统计年鉴》，中国统计出版社，2000。

[39] 民政部计财司编：《中国民政统计年鉴》，中国统计出版社，1994。

[40] 民政部社会福利何社会事务司、联合国儿童基金会儿童基金会：《艾滋孤儿救助安置政策研发项目——形势分析和国内外政策、实践初步汇总报告》，2004。

[41] 民政部社会福利何社会事务司、联合国儿童基金会儿童基金会：《艾滋孤儿救助安置政策研发项目——总报告》，2004。

[42] 民政部社会福利何社会事务司、联合国儿童基金会儿童基金会：《受艾滋病打击儿童关怀框架》，2004。

[43] 民政部社会福利何社会事务司、联合国儿童基金会儿童基金会：《艾滋孤儿救助安置政策研发项目——实地调研报告》，2004。

[44] 民政部社会福利和社会事务司：《流浪儿童救助保护合作项目工作情况综述》，未发表文件，2004。

[45] 民政部社会福利和社会事务司、英国救助儿童会：《流浪儿童工作资源手册》，民政部社会福利和社会事务司与英国救助儿童会合作项目资料汇编，2002。

[46] 民政部社会福利和社会事务司救助站管理处、英国救助儿童会、北大专家联合调查组：《关于粤、桂、滇三省（区）流浪儿童救助工作的调查报告》，未发表工作报告，2004。

[47] 民政部社会福利与社会事务司：《社会福利社会办文件汇编》，内部出版，2000。

[48] 民政部政策研究办公室：《民政工作文件汇编》第一卷、第二卷，内部出版，1984。

[49] 南昌市社会福利院（雷大旭主笔）：《南昌市社会福利院院志：1680～1986》，内部印刷，1989。

[50] 桑贾伊·普拉丹：《公共支出的基本方法》，中国财政经济出版社，2000。

[51] 尚晓援、伍晓明、董彭滔：《"黎明之家"的生存发展之路》，《NPO 纵横》2006 年 9 月第 5 期，第 25～28 页。

[52] 尚晓援、李振刚：《儿童的抚育成本——安徽省阜南县农村儿童抚育成本研究》，《青年研究》2005 年第 9 期，第 1～10 页。

[53] 尚晓援、吴文贤：《对中国流浪儿童教育问题的探讨》，《青少年犯罪问题》2006 年第 1 期，第 34～37 页。

[54] 尚晓援、伍晓明、杨洋：《南昌市儿童保护制度的演变》，《青年研究》2004 年第 11 期，第 28～37 页。

[55] 尚晓援、李海燕、伍晓明：《中国孤残儿童保护模式分析》，《社会福利》2003 年第 10 期，第 38～41 页。

[56] 尚晓援、伍晓明、万婷婷：《从传统到现代：从大同经验看中国孤残儿童福利的制度选择》，《青年研究》2004 年第 7 期，第 9～18 页。

[57] 尚晓援、伍晓明、李海燕：《社会政策、社会性别和中国的儿童遗弃问题》，《青年研究》2005 年第 4 期，第 1～5 页。

[58] 尚晓援：《政府—社会—公民：中国家庭寄养政策与实践的演变》，阎青春、王素英、尚晓援《社会福利与弱势群体》，中国社会科学出版社，2002，第 52～80 页。

[59] 施德容：《完善孤残儿童照料体系，加强家庭寄养工作》，《新民晚报》2000 年第 7 版

[60] 赵静特：《布拖县艾滋病致孤人员基本现状和存在的问题及解决措施方法》，http://www.yizuren.com/plus/view.php? aid = 3441，2006 年 4 月 17 日。

[61] 苏力、葛云松、张守文、高丙中：《规制与发展：第三部门的法律环境》，浙江人民出版社，1999。

[62] 佟丽华：《未成年人法学》，中国民主法制出版社，2001。

[63] 王崇兴：《美国拒绝批准〈儿童权利公约〉原因探析》，《青少年犯罪问题》第 1 期，第 69～72 页。

[64] 王景英主编《农村初中学生辍学问题研究》，东北师范大学出版社，2003，第 5 页。

[65] 王久安、张世峰、张齐安：《关于流浪儿童救助保护情况的调查报告》，《民政论坛》1999 年第 4 期。

[66] 王雪梅：《儿童权利论：一个初步的比较研究》，社会科学文献出版社，2005。

[67] 王子今、刘悦斌、常宗虎：《中国社会福利史》，中国社会出版社，2002。

［68］伍晓明：《吾道一以贯之：重读孔子》，北京大学出版社，2003。

［69］姚建龙：《少年刑法与刑法变革》，中国公安大学出版社，2005。

［70］叶广俊主编《儿童少年卫生学》，（第五版）人民卫生出版社，2000。

［71］英国救助儿童会：《联合国〈儿童权利公约〉参与式培训手册》，2002。

［72］英国救助儿童会：《儿童保护之机构政策：保护儿童防止虐待》，内部资料，2003。

［73］张德耀：《进入家庭，融入社会》，在第一届全国社会福利理论与政策研讨会上提交的论文，2000。

［74］张凡：《转型阶段儿童福利事业发展的探索》，2000。

［75］张齐安：《首家开放式流浪儿童救助机构在昆明初见成效》，民政部社会福利和社会事务司提供，2003。

［76］张秀花：《家庭寄养：一条充满情与爱的路》，靳保利编《抚孤助残半世纪：纪念大同市社会福利院建院五十周年专集 1949～1999》，非正式出版物，1999，第181～191页。

［77］郑秉文、史寒冰：《试论东亚地区福利国家的‘国家中心主义’特征》，《中国社会科学院研究生院学报》2002年第2期，第19～28页。

［78］郑功成：《中国社会保障制度变迁与评估》，中国人民大学出版社，2002。

［79］周弘：《社会福利制度的理论框架》，《中国人口科学》2001年第4期，第1～9页。

［80］朱延力：《儿童护理学》，人民卫生出版社，1998。

［81］张玉林：《中国教育不平等状况蓝皮书》，2006年11月7日下载。

［82］中国青少年研究中心：《调查报告：民间儿童救助组织调查报告》，http：// blog. sina. com. cn/s/blog_ 4ab34fd10100a0yx. html。

［83］中国科技促进发展研究中心、春蕾计划社会效益评估课题组：《春蕾计划社会效益评估报告》，http：//www. nrcstd. org. cn/FCKeditor/userimages/web_ shfzb － 20051206045423. pdf，2006年11月7日。

［84］教育部：《2006年第10次新闻发布会散发材料之三——2005年"两免一补"工作成效显著》，http：//202. 205. 177. 12/edoas/website18/info19382. htm，2006年11月8日。

［85］民政部：《流浪儿童救助保护工作简况》，http：//www. mca. gov. cn/artical/content/ WJG_ YWJS/200443185205. html，2006年4月11日。

［86］民政部：《全国流浪儿童救助保护工作研讨会在京召开》，http：//www. mca. gov. cn/

news/content/recent/20053790129. html，2006 年 4 月 11 日。

［87］西安晚报：《法律空白下的流浪儿童救助》，www. xawb. com 2006 - 5 - 8。

［88］《中国妇女的状况》，http：//www. china. org. cn/ch - book/funvzhuangkuang/
woman8. htm，2006 年 11 月 8 日。

［89］《中国的儿童状况》：http：//law. chinalawinfo. com/newlaw2002/SLC/SLC. asp？
Db = bwhi&Gid = 150994963，2006 年 11 月 7 日。

［90］民政部：《民政部救助管理机构基本规范》《流浪未成年人救助保护机构基本
规范》，中华国际出版社，2006。

［91］中国政府 2005《关于审议中国执行〈儿童权利公约〉情况第二次报告有关补
充问题的答复材料》，http：//www. ohchr. org/english/bodies/crc/docs/Advance-
Versions/CRC. C. RESP. 89（I）_ C. pdf，2006 年 11 月 7 日。

［92］北京市人民代表大会：北京市人民代表大会简介，http：//www. bjrd. gov. cn/
bjrd/，最后访问日期：2012 年 10 月 14 日。

［93］北京市政协：政协简介，http：//www. bjzx. gov. cn/html/zxjj/zxjj. htm，最后访
问日期：2012 年 10 月 14 日。

［94］千龙网：北京市妇女儿童工作委员会简介，http：//beijing. qianlong. com/
3825/2007/02/12/2922@ 3673776. htm，最后访问日期：2012 年 10 月 14 日。

［95］北京市人力资源和社会保障局：北京市人力资源和社会保障局简介，http：//
www. bjld. gov. cn/xxgk/jggk/201001/t20100121_ 19021. html，最后访问日期：
2012 年 10 月 14 日。

［96］北京市民政局：北京市民政局主要职能，http：//www. bjmzj. gov. cn/templet/
mzj/ShowArticle. jsp？ id = 100593，最后访问日期：2012 年 10 月 14 日。

［97］北京市人民政府办公厅：关于印发北京市卫生局主要职责内设机构和人员编
制规定的通知，2009 年 9 月 21 日，http：//zhengwu. beijing. gov. cn/gzdt/
gggs/t1085804. htm。

［98］北京市教委：北京市教委机构与职能，http：//www. bjedu. gov. cn/publish/por-
tal0/tab109/，最后访问日期：2012 年 10 月 14 日。

［99］共青团北京市委员会：团市委主要职责，http：//www. bjyouth. gov. cn/zzjg/in-
dex. shtml，最后访问日期：2012 年 10 月 14 日。

［100］北京市妇女联合会：妇联简介，http：//www. bjwomen. gov. cn/a/zoujinfulian/
fulianjianjie/，最后访问日期：2012 年 10 月 14 日。

［101］尚晓援：《中国弱势儿童群体保护制度》，社会科学文献出版社，2008。

［102］吴传清：《香港社会保障制度浅析》，《港澳经济》1997 年第 11 期。

［103］张平淡：《香港社会福利管理制度瞥探》，《东南亚纵横》2009 第 1 期。

［104］《中华人民共和国未成年人保护法》，1991，http：//www. moe. edu. cn/edoas/website18/info5903. htm。

［105］《中华人民共和国国家教育委员会令第 17 号社会力量办学印章管理暂行规定》，1991，http：//www. moe. edu. cn/edoas/website18/info6653. htm。

［106］《禁止使用童工规定》，1996，http：//www. moe. edu. cn/edoas/website18/info1427. htm。

［107］《流动儿童少年就学暂行办法》，1998，http：//www. moe. edu. cn/edoas/website18/info5952. htm。

［108］《中华人民共和国预防未成年人犯罪法》，1999，http：//www. moe. edu. cn/edoas/website18/info5905. htm。

［109］《中华人民共和国义务教育法实施细则》，2001，http：//www. moe. edu. cn/edoas/website18/info3912. htm。

［110］《中华人民共和国民办教育促进法》，2002，http：//www. moe. edu. cn/edoas/website18/info1433. htm。

［111］《国务院办公厅关于完善农村义务教育管理体制的通知》，2002，http：//www. agri. gov. cn/zcfg/nyfg/t20060123_ 541054. htm。

［112］《中央农村工作会议部署 2004 年农业和农村工作》，2003，http：//www. agri. gov. cn/zcfg/nyfg/t20060123_ 541736. htm。

［113］《国办要求做好农民进城务工就业管理和服务工作》，2003，http：//www. agri. gov. cn/zcfg/nyfg/t20060123_ 541183. htm。

［114］《关于进一步做好进城务工就业农民子女义务教育工作意见的通知》，2003，http：//www. cnan. gov. cn/cnan/zcfg/zhfg/jiaoyu/t20031010_ 1955. phtml。

［115］北京市政府：北京市"十二五"时期儿童发展规划，2011 年 8 月，http：//zhengwu. beijing. gov. cn/ghxx/sewgh/t1191747. htm。

［116］北京市残联、北京市教委、北京市财政局、北京市卫生局：《北京市残疾儿童少年康复补助办法》，2011 年 4 月 18 日，http：//cl. bjfsh. gov. cn/zxpd/zyzz/2011/201102/c7850/content. html。

［117］北京市人民政府办公厅：《关于进一步加强本市孤儿保障工作的意见》，2011 年 3 月 21 日，http：//www. beijing. gov. cn/szbjxxt/zwgs/t1166965. htm。

［118］北京市民政局、北京市财政局：《关于发放孤儿基本生活费有关事项的通

知》，2011 年 4 月 25 日，http：//www. 110. com/fagui/law_ 380425. html。

[119] 北京市卫生局：《关于印发〈北京市儿童早期综合发展工作方案〉的通知》，2011 年 10 月 14 日，http：//code. fabao365. com/law_ 571827. html。

[120] 北京市卫生局、北京市财政局：《北京市免费为新生儿进行先天性疾病筛查工作的实施意见（试行）》，2009 年 6 月 1 日，http：//zhengwu. beijing. gov. cn/zwzt/xzc/200906xzc/xx/t1052525. htm。

[121] 北京市卫生局、北京市人力资源和社会保障局、北京市民政局、北京市财政局：《关于对学生儿童患白血病、先天性心脏病试点病种实行按病种付费有关问题的通知》，2011 年 4 月 13 日，http：//www. beijing. gov. cn/szbjxxt/zwgs/t1166480. htm。

[122] 民政部：《家庭寄养管理暂行办法》，2003 年 10 月 27 日，http：//www. law - lib. com/law/law_ view. asp？ id = 81387。

[123] 北京市人民政府残疾人工作委员会、北京市发展和改革委员会：《2011 北京市“十二五”时期残疾人事业发展规划》，北京市规划文件。

[124] 北京市政府：《北京市“十二五”时期儿童发展规划》，2011 年 8 月 12 日，http：//www. beijing. gov. cn/szbjxxt/zwgs/t1191873. htm。

[125] 孙炳耀、常宗虎：《香港社会福利及启示》，民政论坛专题论述。

[126] 蓝庆新：《香港社会福利制度研究及启示》，《亚太经济》2006 年第 2 期。

[127] 《香港的社会福利和流浪儿童救助机构流浪儿童救助工作系列考察报告之二》，《社会福利》2002 年第 9 期。

[128] 张广芳：《香港社会福利保障制度》，《人口研究》1997 年 5 月。

[129] 李礼、李毅鹏：《香港谁保障制度及启示》，《湖北省社会主义学院学报》2003 年 5 月。

[130] 香港特别行政区政府社会福利署：《青少年服务》，http：//www. swd. gov. hk/tc/index/site_ pubsvc/page_ young/。

[131] 香港特别行政区政府社会福利署：《家庭及儿童福利服务》，http：//www. swd. gov. hk/tc/index/site_ pubsvc/page_ family/。

[132] 香港特别行政区政府社会福利署：《相关条例》，http：//www. swd. gov. hk/tc/index/site_ relatedleg/。

[133] 香港社会福利署：《社会福利服务统计数字一览》，2011，http：//www. swd. gov. hk/tc/index/site_ pubpress/page_ publicatio/。

[134] Asbjorn Eide, *Economic and Social Rights*, Janusz Symonides, ed. *Human Rights*:

*Concept and Standards*, England: Ashgate Publishing Limited, 2000, p. 154.

[135] Bao – Er "China's Neo – Traditional Rights of the Child – Towards a Philosophy of Chinese Child Promises" Doctor of Philosophy in Law Thesis – University of Sydney, 2005.

[136] Brown, P. H. & Park, A., "Education and poverty in rural China", *Economics of Education Review*, Vol. 21, 2002, pp. 523 – 541.

[137] Liu, X. and Mills, A., "Financing Reforms of Public Health Services in China: Lessons for other Nations", *Social Science and Medicine*, Vol. 54, 2002, pp. 1691 – 1698.

[138] Mishra, Ramesh, *The Welfare state in capitalist society: policies of retrenchmentand maintenance in Europe, North America and Australia New York*; London: Harvester Wheatsheaf, 1990.

[139] Mishra, Ramesh, *Society and social policy: theoretical perspectives on welfare*, London: Macmillan, 1981.

[140] MishraRamesh, *The Welfare State in crisis: social thought and social change* Brighton: Wheatsheaf Books, 1984.

[141] Planning and Evaluation Department, Japan International Cooperation Agency (PED, JICA), *Country Profile on Disabilities, People's Republic of China.* 2002.

[142] Freymond Nancy and Gary Cameron, 'Understanding International Comparisons of Child Protection, Family Service, and Community Systems of Child and Family Welfare' in Freymond Nancy and Gary Cameron (eds.), *Towards Positive Systems of Child and Family Welfare: International Comparisons of Child Protection, Family Service, and Community Caring Systems* University of Toronto Press Toronto Buffalo London, 2006.

[143] Freymond Nancy and Gary Cameron (eds.), *Towards Positive Systems of Child and Family Welfare: International Comparisons of Child Protection, Family Service, and Community Caring Systems*, University of Toronto Press Toronto Buffalo London, 2006.

[144] GoodmanRoger, *Children of the Japanese State: The Changing Role of Child Protection Institutions in Contemporary Japan*, Oxford: Oxford University Press, 2000.

[145] China Research Centre on Ageing (CRCA), *Proceedings of the Conference on the Support System for China's Elderly*, 1994.

[146] RoseRichard and ShiratoriRei, *The Welfare State East and West*, New York: Oxford University Press, 1986.

[147] Wong, L. *Marginalisation and Social Welfare in China*, London: Routledge, 1998.

［148］ Shang Xiaoyuan, "Moving towards a Multi – level and Multi – pillar System: Changes in Institutional Care in Two Chinese Cities", *Journal of Social Policy*, Vol. 30, No. 2, 2001a, pp. 259 – 281.

［149］ Shang Xiaoyuan. *Institutional and Other Forms of A lternative Care: Local Cases and Practice in China: a report for UNICEF and MCA*, Beijing: Beijing Normal University, 2001.

［150］ Shang XiaoyuanLooking for a Better Way to Care for Children: Cooperation between the State and Civil Society in China, Social Service Review, Vol. 76, No. 2, 2002, pp. 203 – 208.

［151］ ShangXiaoyuan, "Protecting Children under Financial Constraints: the Case of Datong", *Journal of Social Policy*, Vol. 32, No. 4, 2003, pp. 549 – 570.

［152］ Titmuss, Richard Morris, *Commitment to welfare*. introd. by B. Abel – Smith. ［2nd ed. ］London, G. Allen & Unwin, 1976.

［153］ Wilensky, Harold L. and Lebeaux, Charles N. 1965 Industrial Society and Social Welfare, New York: the Free Press.

［154］ WilenskyHarold L. , *The 'New Corporatism', Centralisation And The Welfare State London.* Sage Publications, 1976.

［155］ WilenskyHarold L. , *The Welfare State And Equality: Structural And Ideological Roots Of Public Expenditures* Berkeley: University of California Press, 1972.

# 第八章　建立全面有效的儿童保护制度：基本要素和路径分析

近几年，一些与家庭有关的儿童悲剧案件引起社会的广泛关注，以2012年底和2013年初发生的一系列悲剧为例，两三个月里，伤亡悲剧频出：毕节五男孩闷死垃圾桶事件[①]、兰考火灾造成七名弃婴和孤儿死亡事件[②]、贵州麻江五男孩因为失去监护而意外死亡案[③]、长春两个月大婴儿因被父母独自留置车中而遭犯罪分子毒手身亡的事件[④]……一系列悲剧的连续发生，尽管情节、原因各有不同，但最终都指向一项中国最为短板的制度：儿童福利制度。[⑤] 笔者一直深度参与民政部牵头的《儿童福利条例》（草案）的起草工作：笔者所在的单位受民政部委托起草了《儿童福利条例》（草案初稿），笔者也是起草组的核心成员之一；初稿移送后，笔者仍代表中心深入参与该条例在民政部阶段的起草和论证工作。接下来，笔者将结

---

[*] 王文娟：北京青少年法律援助与研究中心副主任。

[①] 宋识径：《毕节死亡儿童家长被指未尽监护责任依法追责难》，《新京报》，人民网转载，ht-tp：//legal. people. com. cn/n/2012/1129/c42510－19740801. html，2013年4月。

[②] 范传贵：《一个人"能"为什么政府不能》，《法制日报》，新华网转载，http：//news. xinhuanet. com/gongyi/2013－01/08/c_124201994. htm。

[③] 白皓：《麻江悲剧折射中国儿童福利制度缺陷》，《中国青年报》，中青在线网，http：//zqb. cyol. com/html/2013－02/25/nw. D110000zgqnb_20130225_2－03. htm。

[④] 《长春304案盗车嫌犯投案》，http：//roll. sohu. com/20130306/n367903900. shtml。

[⑤] 佟丽华、张文娟：《中国未成年人保护面临的挑战及应对建议》，《行政管理改革》，2011年第5期，网络链接中国改革论坛，http：//www. chinareform. org. cn/society/manage/Practice/201105/t20110517_109619. htm，人民网转载，http：//theory. people. com. cn/GB/49154/49156/14661607. html。

合自己的司法实务经历、实证研究及参与立法进程的一些心得体会，跟大家一起分析探讨对中国儿童福利制度构建的几点思考。

要谈儿童福利制度构建，我们一般会想到这样几个问题：什么是儿童福利？为什么中国儿童福利制度需要顶层设计？儿童福利制度的框架是什么？需要重点解决什么问题？儿童福利制度与监护制度有何关系？

## 一 对儿童福利的界定之争

北师大中国公益研究院副院长高华俊老师在今年4月下旬召开的"《儿童福利制度》框架论证会"上提到，目前制约儿童福利制度构建的一个重要因素是，对儿童福利的理解，尚未形成包括专家学者和决策者在内的精英共识。[①] 笔者对此有同感。能否对儿童福利的界定形成科学共识，不仅影响到儿童福利制度设计的科学性，而且会对儿童福利立法的进程产生直接影响。因此，亟须各方加强研究和交流。

对于儿童福利，目前这种"精英"分歧主要表现在以下三个方面：

### （一）对儿童福利单独立法尚存疑虑

在推动儿童福利立法的过程中，有不少人问，为什么一定要为儿童福利单独立法？如果需要为儿童福利立法，是不是也要制定老年人福利法等？笔者认为，让全体人民以福利的形式享受改革的成果，是经济社会发展的必然目标。当然，其实现进程可能会分阶段、分群体、分事项逐步达到一个理想的目标。笔者认为，如果做不到全民，至少应从孩子开始。为什么？记得在一次全国性会议上，一位来自上海民政局的相关负责人说，重视儿童福利还需要理由吗？答案是不言而喻的。笔者也这样认为，但在此仍需强调几点。

"当我们怀中拥有孩子时，未来就在我们手中。"[②] 不重视孩子，就等于自断后路，或者说自我阉割可持续发展能力。我们要充分意识到儿童成长过程的不可逆性，这也是为什么诺贝尔文学奖获得者、智利诗人米斯特拉尔说，

---

① 2013年4月24日，高华俊在"《儿童福利条例》框架论证会"上的发言。
② Barbra Steisand 在1993年克林顿总统就职仪式上的发言。

"对儿童我们不能说明天，她的名字叫今天。"一个社会要在可实现的范围内，将其资源首先用来保障孩子的生存发展，不论怎么强调这一点，都不过分。

从成本收益分析上也是划算的。大量实践表明，问题家庭得不到干预，制造了问题孩子；问题孩子得不到干预，产生了犯罪少年。一些国外的实证研究已经证明，对于社会来说，对孩子的福利性投入要比其犯罪后惩罚他的投入低得多。如有实证研究表明，在美国纽约，"供一个孩子上学，一年的成本是 11282 美元，但是，监禁一个少年一年的成本是 170820 美元，后者是前者的 15 倍"①，这还没有考虑将一个孩子培养成有贡献公民给社会带来的无法估量的附加值。

最后再强调的一点理由是，孩子涉及千家万户，孩子的悲剧事件也最能触动社会的敏感神经，在当前贪腐严重的社会背景下，儿童福利保障工作不力导致的悲剧，极容易增加社会的不稳定因素。尤其是当决策者的儿童保护意识落后于民众意识时，这种社会不稳定风险系数将进一步增加。

## （二）纠缠于儿童福利与儿童保护的关系

关于儿童福利界定的分歧还来自对儿童保护与儿童福利关系的争论。儿童保护和儿童福利的关系在中国的立法和高层政策中是否有清晰的逻辑关系呢？就笔者的研究，答案是否定的。

中国制定了《未成年人保护法》，该法因其覆盖领域的广泛性，被称为未成年人保护领域的"小宪法"，该法从未成年人保护的实施主体角度将未成年人保护分为家庭保护、学校保护、社会保护和司法保护。而我们通常理解的儿童福利的内容，则主要分布在该法的家庭保护和社会保护中。也就是说，从《未成年人保护法》的角度，儿童福利是小概念，儿童保护是大概念。

但是，如果从国务院《儿童发展纲要（2011 ~ 2020）》（以下简称《纲要》）的界定来看，我们又不能得出这样的结论。《纲要》从儿童的需求分了五部分：儿童与健康、儿童与教育、儿童与福利、儿童与环境、儿童与法律保护，从中我们可看出，福利与保护又是并列的。笔者也试图从《我

---

① 张文娟：《中美少年司法制度探索比较研究》，法律出版社，2010，第 308 页。

国国民经济和社会发展"十二五"规划纲要》中去寻求答案，遗憾的是，尚没能找到一个清晰的政策框架来理解儿童福利与儿童保护的关系。

就儿童福利与儿童保护的关系，笔者也与国外学者进行了交流，曾专门求教过美国律协儿童法中心戴维森主任，他从20世纪70年代就开始专职从事儿童福利推动工作，他是美国儿童福利的见证者和推动者。关于儿童福利和儿童保护在美国的理解，他是这样答复的：

"儿童福利是一个描述政府介入家庭生活的整个领域的术语，包括儿童虐待、儿童忽视、监护失能或遗弃。它包括儿童保护服务这一更具体的领域，后者主要是有关对儿童虐待或忽视报告的受理、调查及必要时起诉父母的机制。儿童福利也包括对寄养家庭或类家庭安置机构的认证及监督，还包括对美国在州政府或地方政府临时监护下的40万寄养儿童的快速长久安置工作。"① 他还补充提到，"在美国，普通公民在听到儿童福利这个词时，不会与医疗保险、家庭补助或学校系统等事项相联系，他们会想到，政府机构调查儿童虐待或忽视案件，并到法院去起诉父母，撤销监护资格"②。

概而言之，儿童福利作为一个待发展的领域，已有的法律和政策框架还未认真思考过其定位，国外的理解也是根据本国国情和发展阶段来诠释的，是一个发展的概念。因此，笔者认为，自设条框来限定制度探寻的努力是作茧自缚的表现，也是对孩子不负责任的表现。

## （三）将儿童福利狭隘限定在社会保障的框架内

还需要注意的是，儿童福利与儿童保护关系争论背后隐藏着一种堪忧

① "Child Welfare is a term used to describe the entire field of government intervention into the lives of families, due to child abuse, child neglect, parental incapacity, or abandonment. It includes, as one part "Child Protective Services" (CPS) that responds to reports of child abuse and neglect, and then investigates those, and takes court action if needed. It also includes the licensing and supervision of foster homes or group placements for those children, and the work done to better achieve speedy legal permanency for the over 400000 American children in state or local foster care." Email from Howard Davison, Director of ABA Center on Children and Law, Feb. 18, 2012.

② In the U.S., the term Child Welfare is not used in connection with health insurance, family subsidy (government cash assistance to poor families), or the school system. When folks in the U.S. hear the term Child Welfare, they will think of the government agency that investigates child abuse and neglect, provides foster care, helps foster children get adopted, works with relatives to place abused or neglected children with them, and goes to court to terminate parental rights when necessary.

的逻辑，那就是儿童福利单纯理解为资源型福利，如很多人在讨论儿童福利时，会放在社会保障的框架体系内考虑。

《宪法》第 14 条第 4 款规定"建立健全同经济发展水平相适应的社会保障制度"。2004 年国务院新闻办发布的《中国的社会保障状况和政策》，将社会保障体系进行了分解解读："中国的社会保障体系包括社会保险、社会福利、优抚安置、社会救助和住房保障等。"一般学者或政策制定者的规范分析是，社会福利是社会保障的一部分，儿童福利是社会福利的一部分，并以此来界定儿童福利是资源型的。这种观点在实践中也比较盛行，如我们将弃婴和流浪未成年人用不同的保障模式，一个纳入儿童福利，一个纳入社会救助，由民政部不同的司、处管理。

这种将儿童福利资源化定位的理解，会带来两种后果：一是将儿童福利需求单一化，投入了大量资源，但儿童的福利现状得不到明显改善；二是将不同儿童福利需求资源化，误导决策者对儿童福利需求和投入的理解，导致决策者因为顾虑预算而影响了他们推动儿童福利的积极性。

但儿童福利是否单纯是资源型的呢？显然不是。以弃婴为例，这是我国目前最没有争议的儿童福利领域。我们知道，对弃婴，国家要承担的福利责任，是无法单纯靠投入巨大资源建硬件设施来实现的，孩子的权利需求是能否尽早回归家庭，回归家庭在资源投入上显然更节约，更重要的是，使儿童的权利得到了最好的实现。再以流浪未成年人为例，中央政府投入巨大资金在城市建硬件设施，但是，未成年人反复流浪问题没有得到实质缓解，问题的根源也在于权利视角的缺乏。

综上所述，儿童的特性决定了儿童福利不单纯是普通社会福利，而是集合了物质保障和权利保护双重需求的一种特殊福利，在现有社会保障的框架内理解儿童福利是狭隘的，纠缠于儿童福利与儿童保护的关系也是没有意义的。

## 二　儿童福利制度顶层设计必要性分析

近年来，政府在儿童福利方面的投入在不断加大，如 2010 年《关于加强孤儿保障工作的意见》将儿童福利保障的对象范围延伸到部分社会散居孤儿，并确立了最低养育标准。但遗憾的是，我们的儿童福利制度主要靠不同部门针对不同事项的政策来推进的，缺乏顶层设计，具体表现在两个层面。在概念上，儿童福利的探索发展，甚至都缺乏统一的名称来概括和引导，俗话说，师出有名，没有名，各种努力散乱无序。在具体实践中，更是问题层出，如理念落后、制度框架模糊不清；机构设置、职能界定被部门利益牵引，导致实践操作扯皮、推诿现象严重；分散的资源缺乏整合机制，使用效率低下。

## （一）靠对"孤儿"的多变解释来牵引儿童福利发展已难以为继

正如前面所分析，我们儿童福利保障的对象最初指儿童福利院的孩子，而儿童福利院的孩子则主要是弃婴。这些孩子之所以成为儿童福利无争议的群体，是因为根据《民法通则》第16条所规定的前位顺序的监护人无法找到，政府实在无法不承担责任。近几年来，随着经济的崛起和儿童保护理念的增强，我们国家的儿童福利保障范围和水平开始逐步扩大，但一直不用儿童福利这个词，而用"孤儿救助"或用"孤儿保障"，依托对"孤儿"的界定来总结和规划儿童福利制度的发展。

何为孤儿呢？在中国的法律里面，只有两个法律提到了"孤儿"，一是《收养法》（1998修订）；一是《未成年人保护法》（2006修订）。《收养法》（1998修订）有五处提到了"孤儿"概念，分别在第4条①、第5条②、第8条第2款③、第13条④和第17条第1款⑤。《未成年人保护法》（2006修订）

---

① 第四条 下列不满十四周岁的未成年人可以被收养：
（一）丧失父母的孤儿；
（二）查找不到生父母的弃婴和儿童；
（三）生父母有特殊困难无力抚养的子女。
② 第五条 下列公民、组织可以作送养人：
（一）孤儿的监护人；
（二）社会福利机构；
（三）有特殊困难无力抚养子女的生父母。
③ 第八条 收养人只能收养一名子女。
收养孤儿、残疾儿童或者社会福利机构抚养的查找不到生父母的弃婴和儿童，可以不受收养人无子女和收养一名的限制。
④ 第十三条 监护人送养未成年孤儿的，须征得有抚养义务的人同意。有抚养义务的人不同意送养、监护人不愿意继续履行监护职责的，应当依照《中华人民共和国民法通则》的规定变更监护人。
⑤ 第十七条 孤儿或者生父母无力抚养的子女，可以由生父母的亲属、朋友抚养。

在第43条第2款规定中也提到了孤儿，该款原文为："对孤儿、无法查明其父母或者其他监护人的以及其他生活无着的未成年人，由民政部门设立的儿童福利机构收留抚养。"这两部法律都提到了"孤儿"，但是，都没有对"孤儿"进行清晰界定。

现有政策中的界定，在年龄和监护状态上对孤儿认定不一。

民政部1989年5月5日《民政事业统计主要指标解释》（已被2000年11月10日的《关于废止部分民政规章及规范性文件的通知》所废止）里提到，"孤儿是指18周岁以下的未成年人"。这里的孤儿仅界定了年龄，没有界定监护状态，年龄上是规定中最高的，即包括18周岁及以下的公民①。

1992年8月11日民政部《关于在办理收养登记中严格区分孤儿与查找不到生父母的弃婴的通知》中规定："我国《收养法》中所称的孤儿是指其父母死亡或人民法院宣告其父母死亡的不满14周岁的未成年人。"这里的孤儿年龄上限于不满14周岁，监护状态上限于父母死亡或人民法院宣告死亡。

2001年3月1日民政部实施的《儿童社会福利机构基本规范》中规定："2.1儿童指14周岁及以下的人口。""2.8规定孤儿是指丧失父母的儿童。"结合起来理解，孤儿是指丧失父母的14周岁及以下的未成年人。这里的孤儿界定在年龄上与1992年相比包括了14周岁，监护状态上，用了相对抽象的一个概念即"丧失父母"一词。

2006年3月29日民政部等十五家单位发布的《关于加强孤儿救助工作的意见》（以下简称《意见》）规定："全国现有失去父母和事实上无人抚养的未成年人（以下简称孤儿）……"《意见》还列举了六类孤儿的安置形式，甚至包括了流浪的未成年人和父母服刑的未成年人。这里的孤儿不仅仅限于国家监护的孤儿，从《意见》里列的六类安置形式来看，孤儿还包括处于监护状态待定、监护不称职、暂时失去监护的未成年人。也就是说，这里的"孤儿"成了一个综合性描述概念，这个概念包括所有需要政府救助和服务的未成年人的群体的概念。但我们还要同时注意，这里与"孤儿"

---

① 当然也可能是因为其政策语言不规范所致，如不明白"以下"是包括本数的，但也可能就是这样进行年龄界定的。我们不能单纯扣"未成年人"这个概念，因为《未成年人保护法》是1992年才实施的。

配套的是"救助"一词。

2010 年国务院办公厅《关于加强孤儿保障工作的意见》的规定："孤儿是指失去父母、查找不到生父母的未满 18 周岁的未成年人，由地方县级以上民政部门依据有关规定和条件认定。"这里的孤儿年龄上限于不满 18 周岁，在监护状态上包括：失去父母的未成年人和查找不到生父母的未成年人。实际上，在监护状态上的意见也不是很清晰，"失去父母"如何理解？"查找不到生父母"如何理解？当然，该意见用了授权执行的模式，即由县级以上民政部门来认定。据笔者的了解，在具体实践中各地差别非常大。

总结而言，现有儿童福利的先期探索都依托"孤儿"这个概念，而孤儿的概念的宽窄界定又取决于政府承担责任的大小，作为"救助"对象时，范围就广些，作为"保障"对象时，范围就窄些。在越来越重视法治建设的背景下，这种依托"孤儿"概念总结引导儿童福利发展的做法，已经日显滑稽和难以为继，长此以往，也不利于儿童福利制度框架的设计。

## （二）缺乏目标指导导致制度设计无的放矢

笔者认为，中国儿童福利制度缺乏目标指导，这导致我们很多儿童福利政策和实践，在逻辑上是本末倒置的，往往关注事件表面，头疼医头，脚疼医脚，不但有限的资源不能形成合力，甚至有关儿童福利的制度设计、机构设置还是资源配置，均表现出分割、后置、脱节和错位的特点。

所谓分割，是指我们现在对困境儿童的关注，不是从儿童的权利需求出发，去设定部门职责和资源配置，而是从部门利益或迁就于现有的部门格局。如在民政部内部，将弃婴纳入儿童福利，将流浪儿童纳入救助体系，而且在民政内部由不同司、处管理，原本可有机设计的儿童福利制度被部门利益分割。为什么未成年人反复流浪问题得不到有效应对？根源就在这儿。① 流浪未成年人由社会事务司的城市生活无着人员救助管理处管理，其

---

① 罗旭：《专家谈 5 男孩取暖致死：中国流浪儿童救助舍本逐末》，人民网，http://society.peo-ple.com.cn/n/2012/1120/c1008 - 19640573.html。

重心和资源投入必然在城市的救助，所以，大量的经费都用于此。实际上，预防的关键在家庭这一源头，这恰恰是儿童福利的重点。[1] 目前的流浪未成年人保护已意识到家庭的因素，正试点延伸服务探索，而这更说明将流浪儿童问题纳入儿童福利制度框架的必要性。这种分割还体现在儿童安置上，福利院和流浪未成年人保护机构都接纳了不同的困境儿童类型，如打拐解救的、被遗弃的，目前的安置分类主要是依据年龄来进行，非常不科学。

这种后置表现在我们长期忽视因果关系分析。以弃婴为例，我们国家明确规定未成年人特殊、优先保护，但我国的未成年人医疗保障制度远逊于成人医疗保障制度，导致一些家庭陷入抚养困境，这也是很多遗弃行为发生的主要原因。我们都知道，福利机构中大多数弃婴都是患病或残疾的孩子。虽然贫困不是遗弃孩子的理由，但有些父母遗弃重病孩子，是因为他们砸锅卖铁后已经无法维持孩子的救治，遗弃成为延续孩子生命的希望。[2] 也就是说，我们本可以通过早期医疗保障让很多孩子留到父母身边，却非要等到孩子被遗弃后才给予医疗救助，结果既不能节省成本，还将很多孩子置于危险的境地，毕竟一些被遗弃的孩子，因为不能被及时发现而过早结束了生命。对流浪未成年人家庭的缺乏源头干预也是如此，如果有更多服务和资源投入家庭，很多孩子不会走上流浪之路。

这种目标不清晰导致的脱节，笔者在这里主要指行政干预与司法干预的脱节。对很多遭受家庭暴力或事实上无人抚养的孩子，行政干预与司法干预不能有效对接，导致对恶性监护侵权案件的一切干预虚化。最典型的就是《未成年人保护法》第53条关于监护资格撤销的落实。现有的《未成年人保护法》第53条，在起诉主体上采用了模糊处理，用了"有关人员或有关单位"的概念，这是非常不负责任的设计。监护资格是父母相对于其他社会主体非常重要的权利，随便授予普通公民和单位提起资格撤销诉讼是立法不严谨的表现；而且从可操作性来看，在很多国家，监护资格撤销

---

① 张文娟：《为了孩子不再流浪》，《瞭望》2011年第39期，总第1439期，第50~51页。

② 新华网黑龙江频道2006年04月20日王建威记者以"拿什么来拯救你，我的孩子？"为题的报道，转载于新华网，链接http://news.xinhuanet.com/focus/2006-04/20/content_4434705.htm。引自张文娟《细若游丝的年幼生命，需要专门的健康"救生圈"—建立我国未成年人医疗保障制度研究》，佟丽华主编《未成年人法学》（社会卷），法律出版社，2007，第79~127页。

的程序、证明标准几乎达到准刑事司法程序的要求，这是普通公民、单位难以启动的司法程序。更重要的是，撤销之前需要对家庭进行服务性干预，撤销之后孩子的安置也非常关键，这也不是普通公民、单位有权威和能力协调的。① 这种行政干预与司法干预脱节的设计，归根结底，还是政府刻意回避责任态度在立法上的投射。

这种目标不清晰导致的错位，是不能清晰区分政府职责履行与社会服务提供的关系。在儿童福利中，政府的职责到底是什么？社会组织的角色是什么？政府天津无肛女婴事件②中的爱心尴尬就缘于此，面对父母的不负责任，民间组织无法去干预父母，但是，政府却不肯出来干预。袁厉害的悲剧也在一定程度上暴露出政府对职责履行与服务提供界定不清晰的问题。政府的责任本是制定无缝衔接的弃婴发现机制和进入国家监护的机制，并创造多元化的弃婴安置机制，这是政府应该做的。但是，长期以来，政府恰恰把这方面问题忽视了，造成大量弃婴被社会力量事实抚养。不出事时，睁一只眼闭一只眼；出了事，运动式检查，找孩子、"抢孩子"，不可能解决问题。与此同时，大量事实存在的承担弃婴、孤儿、流浪儿收留保护的民间机构却面临着福利机制融入障碍，这不仅使他们的爱心本身遭遇尴尬，还面临艰难生存甚至被取缔等风险；更让那些他们保护的孩子遭遇尴尬，没有户籍，无法被收养，安全无保障等。

因此，笔者认为，继续沿用这种无目标、思维混乱的"头疼医头、脚疼医脚"的做法，将无法避免悲剧的累加，很可能会导致更大的悲剧发生，中国亟须要进行目标清晰的儿童福利制度顶层设计。

## 三 中国儿童福利制度框架论证

我们已经分析，顶层设计的关键是确立目标，搭建框架。但因为对儿童福利的理解见仁见智，这导致对儿童福利立法框架的争论也很激烈。民

---

① William Bowen：《美国预防与处理儿童家庭不当对待法律制度综述》，张文娟译，载佟丽华主编《未成年人法学（家庭保护卷）》，法律出版社，2007，第277页。
② 《天津"无肛女婴"小希望的希望》，http://www.yaolan.com/news/201003011036861.shtml。

政部在推动制定《儿童福利条例》过程中，也一直非常重视框架问题，还专门召开框架论证会。

就框架搭建，大家可能会提出进一步的问题，如影响中国儿童福利制度框架设计的因素有哪些，中国的儿童福利制度框架又该如何设计呢？笔者建议，中国儿童福利制度的框架既不能单纯迁就中国的社会保障体系，也不能一味借鉴西方的模式，而是应基于本土迫切需求，并以国际上普遍接受的理念和原则作为指导，来设计我们的儿童福利立法框架。

## （一）中国儿童福利制度框架设计应参考的两个主要因素

### 1. 以儿童的现实需求作为制度设计的出发点

儿童的现实需求，一方面是指让所有儿童享受改革成果的社会大福利为出发点；更为重要的是，要解决重点儿童群体面临的影响其生存、发展的重点问题。

笔者认为，监护出了问题的儿童，是最困境的儿童。因为监护是一种生命保障，没有了监护，就如同无根之草；监护是最神圣的信任，是孩子对父母的信任，是国家对监护人的信任，监护伤害，触碰的是人类灵魂深处的安全本能；监护更是一种法律上的身份，其安排不当，将让普通的公民慈善无法帮到可怜的孩子，屏蔽掉社会和政府对父母肆无忌惮行为的任何有效监督。而对监护困境儿童，这是普通资源型福利无法予以应对的，须以儿童福利制度来准确回应和系统解决。

笔者总结我国目前的监护困境主要有以下五类：监护缺失、监护失能、监护待定、监护缺位、监护侵权。监护缺失，或者法律孤儿，也即从法律上被认定失去双方父母的儿童。监护失能，包括自身不能与因社会福利支持不够导致失去全部或部分监护能力。自身失能，如父母因为重大疾病[1]、服刑[2]等而导致失去部分或全部监护能力；社会福利支持不足导致的失能，

---

[1]　李光伟：《新闻联播关注仁怀"小镓豪"》，《贵州日报》，2012 年 12 月 24 日，http：//epaper.zyol.gz.cn/zywb/html/2012 - 12/24/content_103872.htm。

[2]　太阳村的那些孩子。

如因为医疗保障、托幼服务等社会福利或公共服务供给不足，而导致一些家庭部分或全部失去监护能力[1]。监护待定，是指因为各种法律事实的出现，导致其监护状态不确定，如身份不明的流浪儿童、打拐解救后找不到生父母的儿童[2]、未查明身份的弃婴等。监护缺位是指名义上有监护人，事实上无人抚养，如将孩子甩给其他亲友，不看、不问、不付费；虽没有遗弃，但不尽抚育职责等。监护侵权，如各种虐待[3]、遗弃等行为[4]。评价我们儿童福利制度构建的科学性，就要看其对这五类问题解决得好不好。

**2. 以国际社会普遍接受的准则作为制度构建指导**

笔者认为，尽管《联合国儿童权利公约》（以下简称《公约》）没有用儿童福利这个词来描述，但《公约》第18～20条为我们勾勒了非常清晰的儿童福利制度框架。总结《公约》第18条[5]就是缔约国要确立父母双方以儿童最大利益原则为指导养育他们孩子的制度，并且要通过公共服务、资源投入等协助父母履行他们的责任；总结《公约》第19条[6]规定，就是缔

---

[1] 《两岁男童被用铁链拴在街边其父称"怕丢了"》，《新京报》2010年2月1日报道，凤凰网转载，http://news.ifeng.com/photo/society/201002/0202_1400_1533676.shtml。

[2] 张文娟：《打拐解救儿童身安何处》，《瞭望周刊》2011年第27期，总第1427期，第46～47页。

[3] 《宝山一4岁女童非正常死亡施暴父亲被刑拘》，《新民晚报》，2013年4月4日报道，http://hot.online.sh.cn/content/2013-04/04/content_5957456.htm。

[4] 张雪梅：《未成年人遭受家庭暴力案件调查分析与研究报告》，http://www.chinachild.org/b/yj/4227.html。

[5] 第十八条

1. 缔约国应尽其最大努力，确保父母双方对儿童的养育和发展负有共同责任的原则得到确认。父母或视具体情况而定的法定监护人对儿童的养育和发展负有首要责任。儿童的最大利益将是他们主要关心的事。

2. 为保证和促进本公约所列举的权利，缔约国应在父母和法定监护人履行其抚养儿童的责任方面给予适当协助，并应确保发展育儿机构、设施和服务。

3. 缔约国应采取一切适当措施确保就业父母的子女有权享受他们有资格得到的托儿服务和设施。

[6] 第十九条

1. 缔约国应采取一切适当的立法、行政、社会和教育措施，保护儿童在受父母、法定监护人或其他任何负责照管儿童的人的照料时，不致受到任何形式的身心摧残、伤害或凌辱，忽视或照料不周，虐待或剥削，包括性侵犯。

2. 这类保护性措施应酌情包括采取有效程序以建立社会方案，向儿童和负责照管儿童的人提供必要的支助，采取其他预防形式，查明、报告、查询、调查、处理和追究前述的虐待儿童事件，以及在适当时进行司法干预。

约国得采取一切立法、行政、社会、教育等措施确保孩子在被监护、照顾时不受到这些人的各种伤害，并建立一个发现、调查、处理和对孩子的安置程序。第 20 条①主要是安置条款，也就是对那些暂时、永久脱离家庭环境的孩子，政府要特别保护，并予以妥善安置，而且家庭类安置要作为优先考虑方案。

总结第 18～20 条规定，儿童福利制度构建的基础是就儿童养育在家庭和政府之间确立责任界限，即父母要对儿童养育承担首要责任，但政府要在立法、行政、服务等方面支持父母更好地养育儿童；在父母不称职或严重侵害儿童合法权益时，政府应该及时提供干预服务，并将儿童进行妥善安置。换言之，就是要解决好监护支持、监护监督和儿童安置这三个中心问题，并清晰界定政府和家庭的责任。

## （二）中国儿童福利制度的框架

笔者认为，我们目前儿童福利制度构建的最大挑战是政府责任不明晰，当然也就导致家庭责任不清晰。结合公约的制度设计指导和我们的现实需求，建议我们的儿童福利制度应包括三部分：监护支持制度、监护监督制度和儿童安置制度，并建议重点从政府责任角度界定该框架。

### 1. 监护支持制度

监护支持是为了不出现无奈的父母。监护支持制度的搭建，要重点考虑以下几个问题：

一是哪些是家庭的基本需要且只能由政府搭建的公共服务平台。有些服务是单个家庭无法实现的或者其实现难度太大的，如医疗保险、教育、家庭教育指导、托幼服务、不良行为矫治等，这就要求政府调研城市和农村家庭在养育子女方面面临的需求，并审查评估现有服务供给的不足，以完善这样的服务平台。所谓政府搭建服务平台，并不一定由政府自己来提

---

① 1. 暂时或永久脱离家庭环境的儿童，或为其最大利益不得在这种环境中继续生活的儿童，应有权得到国家的特别保护和协助。

2. 缔约国应按照本国法律确保此类儿童得到其他方式的照顾。

3. 这种照顾除其他外，包括寄养、伊斯兰法的"卡法拉"（监护）、收养或者必要时安置在适当的育儿机构中。在考虑解决办法时，应适当注意有必要使儿童的培养教育具有连续性和注意儿童的族裔、宗教、文化和语言背景。

供这项服务，而是可以由其设立服务标准、监管机制、资源支持等方式搭建服务平台，通过市场和社会两套机制来提供，以让家庭能够根据自己的经济状况获得需要的服务。

二是意识到监护支持的福利产品多元化问题。要意识到，监护支持福利产品不单纯是资源投入问题，服务的支持同样重要。同时还要意识到，这种福利产品在提供模式上不能一刀切，而是要以投入少、效果好为目标，探索多元化、个性化的服务方案。比如有的家庭经济状况非常好，不需要养育补贴，但是，可能需要高质量的家庭教育指导服务，这就需要政府重视家庭教育指导，并支持研发。有的家庭，可能医疗保险的保费都交不起，对这些家庭资源型福利中就需要有定向补贴，让他们的孩子能够纳入医疗保险。而有的家庭，可能只是缺乏进入医疗保险的渠道，如有些流动家庭。

三是要充分重视监护支持与监护监督的机制联系。一个基本共识是，监护支持是监护监督的重要前提之一；同样重要的共识也要确立，那就是所有的监护支持型福利，都不能只界定为一种给予型福利，而是要在福利产品的开发上充分考虑福利产品能否服务于儿童的最大利益①。如给贫困家庭的养育补贴或给残障儿童的家庭养育补贴，不能只是给了就不管了，还要充分考虑，这些补贴能否用于孩子的最大利益实现，而这就是与监督机制对接必须要考虑的内容。

**2. 监护监督制度**

监护监督是为了不出现嚣张的父母。监护监督就是要尽早发现儿童的监护困境，如帮政府第一时间发现弃婴，第一时间发现流浪未成年人，第一时间发现被家庭虐待的孩子，从而政府可以早期干预，悲剧发生率将会大大降低，具体可包括三方面的制度：

一是高风险家庭的动态监测机制，需要的制度构成包括：高风险家庭的界定，对高风险家庭动态监测机制的设定，谁来监测，发现风险后如何应对，如何与行政干预和司法干预进行对接等。

---

① 如现在实行的免费午餐补贴，给学校怕学校贪了，给父母怕父母不用孩子身上，这种顾虑反映的是同一个问题，即所有给孩子的福利，如果单纯给予，不设计有效的监督机制，良好的愿望很容易被复杂的现实所扭曲。

二是对于一般性侵犯孩子权益的家庭的普通干预机制。政府通过什么机制发现这些侵害权益的行为？发现后由哪个部门介入？如何介入？涉及多个部门的，如何避免推诿扯皮？对于家长如何处理？处理方案谁来决定？服务谁来提供？孩子如何安置等？

三是对于恶性案件，建立起司法干预机制。监护人侵害孩子权益到什么程度需要司法干预？谁来筛查？谁来启动程序？什么情形下可以撤销监护资格？在撤销之前是否有考察期？撤销了孩子如何安置？孩子与被撤销监护资格的父母还有什么样的法律关系等？

**3. 儿童安置制度**

支持和监督都是依托家庭来开展的，孩子一旦失去家庭，如因流浪离开了家庭，因为遭受家庭暴力需要带离家庭环境，打拐解救后暂查找不到生父母，因为被遗弃尚处于查找生父母的阶段，已失去父母，父母被撤销监护资格等，他们都需要重新安置。这也正如我们前面所分析的，儿童福利与普通社会福利显著不同之一是，孩子的困境很多时候无法单纯通过资源给予而解决，尤其监护类困境，他们往往需要重新的养育或监护安置。

对于这种重新安置，制度构建时应至少遵循三个基本原则：一是以儿童最大利益作为指导原则，聆听儿童的意见；二是以家庭安置作为主要安置方式，只有万不得已才选择机构安置；三是要尽快结束监护待定状态，让孩子进入长期安置。

对于儿童安置，要区分职责与服务。政府的职责是要建立这样的重新安置机制，让不同监护困境的孩子能够进入重新安置渠道；至于具体养育服务的提供，可以由亲属或其他家庭，可以由民办机构提供。一些相关服务，如收养、寄养家庭评估，儿童的法庭代理、儿童的社工服务等，可以通过扶持多元化的社会组织来提供。

## 四 中国儿童福利制度要重点解决的几个问题

在理清了框架后，我们再具体分析一下，中国儿童福利制度需要重点解决的几个问题。归纳起来，笔者认为以下四大问题要继续解决：机构设置问题、监督机制可操作性问题、机制对接与资源整合问题、社会力量的参与机制构建问题等。

## （一）机构设置

儿童福利制度的顶层设计目标能够实现，还取决于机构设置和科学性及跨部门协作机制的运行。

2013年发布的《国务院机构改革和职能转变方案》提到，目前的行政机制运行的主要问题是："职能越位、缺位问题依然突出，不该管的管得过多，一些该管的又没有管好；职责交叉、权责脱节、争权诿责现象依然较多，行政效能不够高；机构设置不够合理，一些领域机构重叠、人浮于事问题依然存在……"这一点在儿童福利领域也有体现。民政部是对儿童福利资源配置及儿童福利机制运行非常有影响的一个部，但从涉及儿童福利的职能设置看，机构设置不合理现象比较突出，如流浪未成年人和孤儿分在两个司的两个处，即社会福利和慈善促进司的儿童福利处主要负责孤儿的福利工作；社会事务司生活无着人员救助管理处主要负责流浪未成年人保护工作；甚至农村未成年人、收养立法政策还被其他司、处管理。这将严重影响其承担儿童福利主要职能的能力。针对上述机构设置的明显局限，专家学者的讨论和建议有很多。就笔者多年的研究来看，当前比较可行的方案，首先是民政部内部进行机构整合，将有关流浪未成年人、农村未成年人、儿童福利中的未成年人等的资源、安置措施、政策建议等职能合并成一个司局级或副部级单位，如儿童福利局。

我们的部委设置带有计划经济的特点，管理特点浓厚，社会需求回应弱，这导致儿童福利制度的有序运行需要不同部委之间的职能协调。对于这种职能协调，一方面可以通过改善立法技术，通过精细化的制度设计，明确各部门职责、时限来实现，但笔者预计，我们短时间内立法技术和公共参与程度达不到这个层级。退而求其次，可考虑机构协调模式，即可参考国务院妇女儿童工作委员会、国务院残疾人工作委员会、各省的未成年人保护委员会等协调机制模式设立。具体协调平台有两种可选择：其一直接成立儿童福利委员会，常设办公室设在笔者建议成立的儿童福利局，以让其便利协调其他部委参与儿童福利工作；其二是在妇女儿童工作委员会下设立儿童福利分委员会，常设办公室仍然设在我们建议成立的儿童福利局。后者在现有机制下更能理顺儿童福利委员会与其他委员会的关系，但也可能使妇女儿童工作委员会协调力度偏弱的特点影响到这个分委员会的协调力度。比较而言，笔者认为两种机构协调模式各有利弊，但都可试，可根据具体的决策偏好讨论而定。

### （二）监督机制的可操作性

虽然大多数父母，会给孩子无私的爱，但任何社会都会出现一些不称职的父母，如因为酗酒、吸毒、沉溺于赌博等行为，将孩子置于危险之中；有暴力倾向，对孩子实施伤害行为，甚至是严重虐待；夫妻双方赌气、打架，将孩子作为泄愤的工具，或者谁都不管孩子；一方死亡、服刑、患重大疾病，另一方下落不明，逃避自己对孩子的责任……虽然《未成年人保护法》第53条[①]有相关监督父母的规定，但因为该条设计过于简单，缺乏可操作性，以致实践中几乎被搁置。

正如在框架部分所建议的，未来的儿童福利制度中监督机制应包括以下几部分：针对高风险家庭的动态监测机制，对儿童监护困境危险的发现举报机制，举报后的调查处理机制，还包括对儿童的临时安置和长期安置制度。

具体而言，对于那些监护人可能吸毒、酗酒、沉迷于赌博、有精神疾病、患有其他重大疾病、服刑等家庭，依托社区资源，建立对这些高风险家庭的动态监测机制，并配以有针对性的干预服务，以第一时间发现儿童的监护困境，避免悲剧发生。同时，还应建立强制举报机制，为特定职业设定强制举报义务，同时通过社会动员和普法宣传，提高民众对困境儿童的敏感意识，并积极举报，以建立针对监护困境儿童的无缝发现机制。还要建立对举报的受理和调查机制，让公民的儿童保护意识和责任，与政府的行政干预机制对接，通过调查和处理，及时让处于危险或已经受到伤害

---

① 《未成年人保护法》第53条规定："父母或者其他监护人不履行监护职责或者侵害被监护的未成年人的合法权益，经教育不改的，人民法院可以根据有关人员或者有关单位的申请，撤销其监护人的资格，依法另行指定监护人。被撤销监护资格的父母应当依法继续负担抚养费用。"

的孩子得到保护。还要有一个对监护困境儿童的安置机制，如哪些儿童需要紧急庇护，哪些需要临时监护，哪些需要长久安置，以及安置在什么场所。

## （三）机制对接与资源整合

应该说，我们目前有一些福利资源和福利措施，如免费义务教育、低保、散居孤儿补贴、免费疫苗接种、家庭教育指导、残障儿养育补贴，但目前存在的问题是，要么政府的责任不明确，使其资源的供给不能满足必要需求；要么是没有以家庭为依托、以儿童最大利益为中心配置资源，使资源配置效率低下；更为明显的不足是，它没有与监督机制对接，导致儿童与资源的对接过度依赖监护人的意识。

举个简单例子来说明，免费义务教育，可以理解为很重要的福利资源；从权利角度看，保障孩子接受义务教育的权利，既是政府的责任，也是监护人的责任。但是，一个孩子义务教育阶段辍学了，谁会承担责任呢？实践中，往往是没有人承担责任，政府不承担，监护人也不用承担。笔者在美国专门观察过这个问题[1]，它们有一个无缝衔接机制来让此实现。一个孩子在义务教育阶段不上学了，或者是因为家长不让上；也或者是家长管不了孩子。在美国，如果孩子不上学了，家长不主动给学校打电话说明原因，学校就会报告给儿童福利局，政府就会上门对家长采取措施。如果家长主动给学校或政府打电话，说自己管不了孩子，那政府会配置专业人员和资源来帮助家长。这样政府和家长的责任就非常清晰，这种福利资源就可以真正用于困境儿童的成长。

因此，笔者建议，我们未来儿童福利制度构建中，除了要扩充儿童福利资源，或提高儿童福利标准外，更重要的是，让已有的、散落的、无责任意识、无落实机制的资源，变成儿童福利制度的有机组成部分，与政府责任和对监护人的监督机制有机对接。这应该成为未来儿童福利制度构建中始终贯穿的一个理念。

---

[1] 张文娟：《中国儿童保护律师美国访问见闻录——纽约曼哈顿家事法院》，中国青少年维权网，http://www.chinachild.org/b/yj/196.html。

### （四）社会力量的参与机制

2013 年《国务院机构改革和职能转变方案》明确提到："推进职能转移，着力解决政府与市场、政府与社会的关系问题，充分发挥市场在资源配置中的基础性作用，更好发挥社会力量在管理社会事务中的作用。"从"兰考事件"中我们也看到，现有的儿童福利探索中，还主要是政府的单体探索，对社会力量如何介入儿童福利事业缺乏机制性思考，这导致政府没做、不适合做或做不好的事，民间无法正当性参与。我们说的儿童福利制度需要大量的服务，如对高风险家庭的动态监测服务，亲子关系调解服务，寄养家庭的培训服务，收养家庭的评估服务，儿童福利案件中的律师服务，对某些儿童的行为矫治、心理康复服务，对父母的戒酒、戒毒、疾病治疗服务，对儿童的机构养育服务等，这些服务单靠政府是实现不了的，也不是最好的路径。

政府的责任，是要理顺机制，确立服务准入和评估标准；至于具体服务，可以由社会组织提供。这种分工也符合市场经济和社会建设的特点。以对弃婴的安置为例，政府的优势和责任，是明确弃婴的发现机制，确立报案后的调查机制，被发现弃婴的紧急医疗救治机制，查找生父母司法程序结束之前的临时安置机制，以及确认为其弃婴后的收养机制。医疗救治服务、孩子的临时养育服务和收养评估服务的提供，不是非得由政府来直接提供。但我们目前的实践中，往往是相反的，政府的关注重点主要还停留在怎么养孩子[①]，该政府确立的机制没有确立，结果导致要么遗弃后因不能被及时发现而死亡，要么很多进入不了政府的福利机构，而民间想养却缺乏正当性的参与机制，在这种背景下，出了事，大家必然拷问政府，"兰考事件"非常典型。

希望未来的儿童福制度构建中，设立开放透明的儿童福利服务民间组织准入制度，要尽可能扩大民间组织参与的儿童福利服务范围，要制定具体可操作的儿童福利服务标准和评估制度，要建立机制化的政府购买服务模式，要为儿童福利领域需求量最大的两类专业人才：儿童社工和儿童律师制定人才培养计划和建立人才激励机制。

---

① 现在很多福利院还在不断扩展床位。

## 五　深刻认识监护制度设计对儿童福利制度构建的影响

正如我们前面所分析的，儿童福利制度实际上要在家庭和国家之间理清保障儿童健康成长的权利义务边界，因此，监护制度是影响儿童福利制度设计的基础制度。关于监护制度，目前讨论的比较多，但大多没有超越佟丽华律师在 2001 年出版的《未成年人法学》后经 2007 年修订的《未成年人法学》（家庭保护卷）分析的框架范围。

总结现有研究，现有监护制度的弊端分析主要包括以下几个方面：一是基于计划经济时代背景，已经严重脱离现实，如为父母所在单位、居委会、村委会设定监护义务现实中不可操作，直接规定机构承担监护人也不符合儿童回归家庭的理念；二是这个制度在政府之前为太多社会主体设定了义务，将本应该由政府承担的责任，通过立法形式强加给社会主体或组织，不符合《儿童权利公约》的理念和原则，也不符合市场经济和社会建设的时代背景；三是对监护职责及违反监护职责责任承担的规定，跟普通的民事责任及责任承担规定没有区别，缺乏基本的儿童视角，缺乏对政府职责的基本设定；四是这个制度对监护资格撤销规定过于笼统，也缺乏成熟设计。

针对参与立法和政策制定过程的一些讨论或争论，笔者想在上述弊端分析的基础上，就监护制度引申讨论以下三方面的内容，这也是目前的学术研究和政策制定中没有讨论或讨论不足的，而其对儿童福利制度设计又是具有深刻影响的内容。

### （一）监护人应是资格主体而不是权利主体

我们有众多的研究，都提的是"监护权"，如"监护权转移""监护权行使""监护权剥夺"等。关于监护人是权利主体还是资格主体，研究和实践中用语和法律理解上都很混乱。

可能有些人会主张从当年的立法本意去探寻，对此，笔者认为意义不大。原因很简单，当年的立法者可能根本就没有认真思考这个问题。这不是无端的指责，而是从现有《民法通则》《民事诉讼法》《刑法》等基本法条款中分析出来的。这些基本法都是在未成年人法学研究极不发达的背景下制定的，缺乏儿童视角，以至于出现了很多让人无法理解的立法条款，如《刑法》将虐待罪规定为自诉案件，除非致死、致残，一个 2 岁的孩子，被父母虐待，他有何能力去起诉他的父母构成犯罪，这在立法技术上就是笑话。《民事诉讼法》法定代理人制度的设计也存在类似问题，孩子想起诉他的父母侵犯他的权利，连立案都不可能，因为《民事诉讼法》就没有考虑到监护人可能侵害被监护人权益的现象发生，这导致司法实践中，很多案件连立案都不能，因为法定代理人不签字。《民法通则》第 18 条关于违反监护职责法律责任承担的设定上，根本就没有考虑到未成年人的身份特殊性及其跟父母的特殊关系，只是参考普通民事责任泛泛而谈。基于上述分析，笔者认为，我们对监护人是权利主体还是资格主体的探讨，不必过于受制于当年立法本意的探寻。

笔者认为，从立法目的和条款本身去分析更可行。显然，《民法通则》对于监护人更多的是界定了其职责，这就意味着，监护人不仅是权利主体，更主要的是义务主体和责任主体。从保护儿童最大利益原则出发，将监护人界定为资格主体而不是权利主体，更具有立法和现实意义。

笔者从在线《辞海》里查询，资格是经历、身份、地位等；或应具备的条件、身份等。这两层意义正好可以完整阐释监护人作为一种资格主体的双层意义。监护人相对于其他非监护人来说，是一种身份或权利主体，其资格的行使受到法律的保护；但是，相对被监护人和社会来说，要想取得这种资格，也需要具备特定身份和条件，这是对监护人本身提出的要求。资格的这种双重属性更符合监护制度的设立目的，而权利主体的界定只是触及了监护人身份要求的一个方面。

从现实需求看，将监护人认定为一种资格主体，意义重大。作为资格主体，监护人应该接受培训和指导，具备监护人的基本能力，这为家庭教育指导的开展提供了充足的正当性和必要性基础。最近发生的一些悲剧性案例，让我们更加意识到，监护人接受基本培训应作为一种资格要求之一。如长春"3·04 事件①"中，那对父母有基本的监护人常识，两个月大的婴

---

① 百度百科中关于"3·04 事件"有详细介绍，http：//baike.baidu.com/view/10213951.htm? subLemmaId＝10373643&fromenter＝%B3%A4%B4%BA304%CA%C2%BC%FE。

儿就不会遭此毒手；还有那个为让三个月大的外孙睡觉而让孩子吸毒的外婆及熟视无睹的妈妈①，如果她们接受基本的培训，都不会做出这种让人发指的事。监护人作为资格主体，还意味着，其行为应接受监督和评估；严重违反监护职责的，这种资格可以被撤销，这些都为我们探讨儿童福利制度中的监护、监督理顺了立法框架。而我们传统立法中之所以将监护、监督轻描淡写，恐怕与我们立法中严重缺乏儿童视角，过分看重监护人作为权利主体的一面有直接关系。

### （二）以监护困境儿童类型为基础探寻监护制度完善

我们可以从规范分析上，得出现有监护制度规定的众多弊端，但以笔者多年参与实务和决策制定讨论的经历，认为单纯规范分析，还是不能设计出一个实际可行的制度。在从事司法实务时及跟执法和司法部门的人交流时，笔者发现，大家指出的共同难题是，立法缺乏可操作性，或者对现实把握不够，导致其具体执行面临很多障碍。在这种背景下，法的执行过度依赖人，如果遇上有责任感的执法官员，可能会想些办法，让其得到善意执行；要是遇到不负责任的，成了责任规避的"法宝"。

因此，笔者建议，分析现有监护制度，还要从现有监护困境儿童类型出发，为未来监护制度的完善提供可行性思路。正如我们第四部分所介绍的，笔者将现实中的监护困境儿童分为五类：监护缺失、监护失能、监护待定、监护缺位、监护侵权。这五类在实践中表现出监护制度执行的各种各样的障碍。

监护缺失，之所以没有用"孤儿"的概念，就是因为我们前面提到的原因，孤儿在法律上没有清晰的界定，而是被政策因时因势而随意界定。《民法通则》在监护顺序后移时，提到了父母死亡这样一个条件，这也是2010年后儿童福利资金保障的孤儿范围。即便按照父母死亡来理解，目前监护中也有复杂的问题。如果一方死亡，另一方下落不明，如何界定孩子的身份？如何改变他们事实上无人监护的现实？根据现有的《民法通则》

---

① 金州在线：《外婆给3个月大外孙吸毒只为让他乖乖睡觉》，http://www.qxnzx.com/article‐115916.html，2013年4月28日登陆。

规定，祖父母、外祖父母、兄姐要承担法定监护（除非没有监护能力），他们做监护人跟父母的监护人资格在权利义务上是否完全一样？他们是否需要接受监护能力的评估？政府是否应该为他们提供养育补助？

监护失能，《民法通则》第16条提到了监护资格后移的一个条件是父母失去监护能力，"失去监护能力"如何界定？失去监护能力是否又区分很多情形，如永久性失能、部分失能、暂时失能以及因为社会配套服务不够而导致的失能？这不同的失能，对监护资格的继续或丧失会有什么影响？这种对监护资格的影响性评估中，又该如何平衡父母的权利和孩子的最大利益？政府在其中该扮演什么样的角色？

监护待定，如暂时查找不到生父母的打拐解救的孩子，尚未完成司法程序确定其身份的涉嫌被遗弃的婴儿和儿童，暂时不能确定身份和家庭的流浪儿童，甚至包括监护资格中止的儿童，在他们的身份被最终确定之前，都是一种监护待定的状态。对于监护待定的情况，目前面临的最大障碍是缺乏精细的司法配套程序，以确认监护待定状态的结束时间。国际上有一个基本的理念，就是要尽快结束儿童的监护待定状态，为其尽早创造长期安置的机会。但我们的司法实践中，要么是没有程序，要么是有程序但对监护状态的改变采取含糊的态度，如弃婴。对弃婴，我们目前缺乏分离程序，即没有分监护待定和国家监护两个程序，这导致不能很好地确定弃婴何时正式进入国家监护，为后续的安置埋下了隐患。① 而对于打拐解救查找不到生父母的儿童，我们目前根本就没有具体程序来结束这种监护待定状

---

① 每次给全国福利院院长培训时，院长们都在提这个法律问题，提到公安机关有时连弃婴捡拾证明都不出，就直接把孩子送到院里；有时出了弃婴捡拾证明，但还附上父母的详细地址，福利院都不知道这个孩子是不是弃婴。遗弃是一种犯罪行为，公安机关应该立案侦查，但长期没有落实这一点，目前只有2003年11月1日大同市人民政府发布实施的《大同市弃婴弃儿权益保障办法》细化了弃婴的司法查找程序及与国家监护的对接程序。该办法第七条规定："公安部门在接到弃婴弃儿报案后，应积极组织力量侦破，查找其生父母。确系查找不到生父母的可确定为弃婴弃儿，移送社会福利机构抚养。公安部门移送弃婴弃儿，应出示有效证件，并提供立案侦查报告。立案侦查报告的内容应当包括拾捡人、被拾捡人基本情况、拾捡时间、地点、侦查经过、结果。公安部门未提供立案侦查报告的，民政部门或社会福利机构有权拒绝接收。"第八条规定："对暂时无法确认为弃婴弃儿的，公安部门应持相关证明材料，委托社会福利机构进行代养。在代养期内，公安部门应积极进行侦查。超过60日仍未查找到其生父母的，社会福利机构可视为弃婴弃儿，并办理接收手续。在侦破期间代养弃婴弃儿的费用由财政部门予以保障。"

态，导致一些被解救的孩子长期处于监护待定状态，不能被送养，只能在福利机构内生活，而福利机构也面临着很多困惑，不知道跟这个孩子形成何种关系。① 对于监护待定状态，我们的监护制度是否应该有回应？如何分类建立监护状态确定程序？

监护缺位，也即那些名义上有父母却不履行监护职责的情形。如有的父母外出打工，把孩子甩给祖父母，既不支付费用，也长期与孩子不联系；有的父母离婚赌气，谁都不要孩子；一方死亡，另一方改嫁，不要孩子……这些孩子名义上有父母，实际上父母已经不再承担监护职责。对于这种情形，《民法通则》没有提供实际的干预措施，而实践中，它却大量存在，导致很多孩子处于失爱、失管、失家状态。按照遗弃追究，警察不立案；孩子自己起诉其履行监护职责，多数时候连案都立不上，即便立上案胜诉了，也没有执法或司法机关帮助孩子去执行；起诉撤销监护资格，因为没有人愿意承担监护职责，导致没有人愿意起诉。对这些孩子的困境，监护制度如何回应？或者如何完善以让这些父母成为称职的父母？

监护侵权，即监护人严重侵害孩子权益的情形，正如前面所介绍，除非打死打残，孩子只能自诉，所以，导致实践中父母越来越嚣张，从媒体报道的儿童遭受家庭暴力的案件来看，近乎一半被活活打死，平均一周一个孩子被打死②，这还只是部分媒体的部分报道。如何发现监护人侵权的情形？监护人侵权到底包括哪些情形？什么情形下政府可以进行必要干预？政府的干预可包括哪些类型，如服务干预、行政干预和司法干预？何种情形对应何种干预？司法干预的程序如何设计，如谁起诉？谁评估？谁跟进服务？谁对孩子提供临时庇护？谁对孩子进行重新安置如果父母的监护资格被撤销？

可能有人会提出，这些问题都是执法和司法的问题，跟制度的设计相关性不大。即便我们假设制度设计在原则方面没有问题，但是，制度设计

---

① 《中国反对拐卖人口行动计划（2013～2020年）》提到："制定查找不到亲生父母的被拐卖儿童安置政策和办法，推动其回归家庭，促进其健康成长。"但目前一直还没有迈出这一步。

② 张雪梅：《未成年人遭受家庭暴力案件调查分析与研究报告》，青少年维权网，http://www.chinachild.org/b/yj/4227.html。据张雪梅收集的数据，从2008年1月到2012年6月的54个月内有222个孩子被打死，这样计算下来，平均一周一个孩子被父母打死。

者也要意识到，制度执行离不开其所依托的社会环境，如果其依赖运行的社会环境是一个不尊重法律并尽量规避法律的环境，那制度设计就必须精细，以防止其被普遍性践踏。

## （三）监护制度的原则设计

笔者之所以说"假设制度设计在原则方面没有问题"，是因为我们的监护制度在原则设计方面已经有了问题，不仅仅是因为时代背景的变化，也与儿童养育的国家责任理念也不一致。

《民法通则》主要通过第 16 条、第 18 条来规定未成年人的监护制度。第 16 条①主要确立监护主体资格及监护顺序，笔者根据个人研究习惯将其总结为以下四类监护，依次为：父母监护、特定亲属法定监护、亲友意定监护、特定组织监护和国家监护。第 18 条②，则主要规定了监护职责，及监护职责履行不当可能承担的责任。

笔者认为，1986 年《民法通则》在监护制度设定上存在的原则性问题是，缺乏基本的现代儿童福利视角，导致没有清晰理清政府与家庭在养育儿童方面的权利和义务边界。因此，笔者建议，未来《民法通则》修改时，应确立以下监护制度的构建原则：第一是确定父母双方对儿童的养育和发展承担首要责任，将责任落实到每个父亲和母亲，而不是笼统说父母。第

---

① 第十六条　未成年人的父母是未成年人的监护人。
　　未成年人的父母已经死亡或者没有监护能力的，由下列人员中有监护能力的人担任监护人：
　　（一）祖父母、外祖父母；
　　（二）兄、姐；
　　（三）关系密切的其他亲属、朋友愿意承担监护责任，经未成年人的父、母的所在单位或者未成年人住所地的居民委员会、村民委员会同意的。
　　对担任监护人有争议的，由未成年人的父、母的所在单位或者未成年人住所地的居民委员会、村民委员会在近亲属中指定。对指定不服提起诉讼的，由人民法院裁决。
　　没有第一款、第二款规定的监护人的，由未成年人的父、母的所在单位或者未成年人住所地的居民委员会、村民委员会或者民政部门担任监护人。
② 第十八条　监护人应当履行监护职责，保护被监护人的人身、财产及其他合法权益，除为被监护人的利益外，不得处理被监护人的财产。
　　监护人依法履行监护的权利，受法律保护。
　　监护人不履行监护职责或者侵害被监护人的合法权益的，应当承担责任；给被监护人造成财产损失的，应当赔偿损失。人民法院可以根据有关人员或者有关单位的申请，撤销监护人的资格。

二是规定父母作为监护人的职责，也可以仍然沿用现有的教育、管理、保护职责的大框架，同时赋予父母一些权利，如设置宵禁等。第三是明确政府对父母养育未成年人的协助责任，以帮助父母更好地履行监护职责，这里面既包括普通的公共服务，如义务教育、学前服务、托幼服务、家庭养育补贴等，也包括父母服刑、患重大疾病等暂时失去监护能力时，需要政府为其提供的委托监护服务。第四是明确父母死亡、丧失监护能力、被撤销监护资格情形下，政府对这些儿童的重新安置责任，并规定其祖父母、外祖父母、成年兄姐或其他血缘亲属可作为优先安置范围，安置标准以监护能力评估和儿童最大利益原则作为指导。第五是明确政府为因为流浪、被遗弃、打拐解救等监护状态待定的儿童提供临时安置责任，并明确监护状态确认的程序和时限，以帮助这些孩子得到长久安置。第六是明确政府对父母履行监护职责的监督责任及认为父母履行监护职责不当时可采用的干预措施。第七是细化撤销监护资格的情形，并通过授权立法形式，让《民事诉讼法》细化撤销监护资格的程序。

尽管大家有各种各样的困惑和争论，但是，令人欣慰的是，关注儿童福利的决策者、研究者越来越多。结合民政部推动制定《儿童福利条例（草案）》的大背景，儿童福利的研究和倡导进入了难得的历史机遇期。虽然说，任何立法的过程都必然伴随着争论和复杂的利益博弈，但笔者希望，这种争论能始终从儿童最大利益实现出发；利益博弈中，参与决策的人，眼光能放长远些，不要过于局限于部门和个人的眼前利益。希望通过我们的努力，中国的困境孩子过上有尊严的生活！

# 第四部分

## 示范区/试点服务的建设及政策效益

# 第九章　五省十二县探索基本儿童福利服务体系取得初步经验<sup>*</sup>

徐　珊　　许文青<sup>**</sup>

## 一　导言及研究背景

　　改革开放以来，中国经济取得了较快发展，2010 年，中国人均 GDP 超过 4000 美元，进入中等发展水平阶段。但由于城乡之间、地区之间发展不平衡，以及社会建设的相对滞后等原因，中国还有数以千万计的贫困和困境儿童①，每年还会有新的儿童因家庭变故等原因而陷入困境，与此同时，完善的儿童福利制度尚未在中国形成②。儿童权利的实现状况仍不够理想，特殊群体尤为突出③。一些研究表明，贫困中的儿童不论是在接受和完成小学教育方面，还是在能力发展方面都受到制约④⑤。在全国范围内，每年都

---

　　* 基金项目：中国政府与联合国儿童基金会合作的艾滋病项目儿童福利子项目（YJ705 - 52.2）。

** 徐珊：北京师范大学中国公益研究院儿童福利研究中心项目官员；许文青：研究员。

① 张时飞、唐钧：《中国的贫困儿童：概念与规模》，《河海大学学报》（哲学社会科学版）2009 年第 11 卷第 4 期，第 42 ~ 45 页。

② 王慧先：《中国儿童福利行政研究》，中国政法大学硕士学位论文，2010 年 3 月，中国知网，http://kreader.cnki.net/Kreader/CatalogViewPage.aspx? dbCode = CMFD&filename = 2010159893.nh&tablename = CMFD2011&compose = &first = 1&uid = 。

③ 中国青少年研究中心课题组：《中国未成年人权益状况报告》，《中国青年研究》2008 年第 11 期，第 21 ~ 31 页。

④ 刘泽云、胡文斌：《贫困农村地区小学教育普及情况分析——以云南省为例》，《北京大学教育评论》2012 年 10 月第 3 期。

⑤ 罗仁福、张林秀、刘承芳等：《贫困农村儿童的能力发展状况及其影响因素》，《学前教育研究》2010 年第 4 期。

有 1000 多万儿童受到故意或无意的伤害①。

根据在 2010 年 8 月在河南、山西、云南、四川、新疆 5 省（区、市）12 个县的 120 个村对近 8 万名儿童的普查中发现，近 3% 的儿童吃不饱饭，13% 的 7~15 岁儿童和 69% 的残疾学龄儿童未能就学，5% 的儿童没有户口，2% 的儿童因为父母去世、被关押或其他原因而得不到家庭照顾。在利用社会公共服务方面，当地的地方经济发展和交通相对滞后，基层公共服务支持力度有限，服务部门距家庭也相对较远。再者，当地方言或民族语言与县级及以上绝大多数服务提供者所使用的通用语言有巨大差距，加上无法负担的交通、时间、人力成本和一些传统观念制约，人们对现有公共福利的利用能力十分有限。

为了加强社会建设、创新社会管理，让儿童特别是处于困境的儿童能共享改革开放的硕果，民政部携手联合国儿童基金会、北京师范大学中国公益研究院及多所大学，在河南、山西、云南、四川和新疆 5 省（区、市）的 12 个县 120 个村启动了"中国儿童福利示范项目（2010~2015）"，探索并示范适度普惠型的儿童福利制度。

2012 年 10~12 月，项目专家开始对项目的实施情况进行中期调研，完成了《中国儿童福利示范项目中期评估报告》②，报告显示，到中期调研时，项目村 75976 名儿童，都得到了儿童福利主任的随访和福利需求监测，他们的信息也都显示在了县民政局的数据库中，成为推动政府为他们提供社会保障和服务协调的基石。到中期评估时，项目村没有户籍的儿童的比例从基线的 5% 下降到 2%；当时全部 3128 名孤儿都能按时领到生活救助金并得到儿童福利主任的日常照看；项目期间 3027 名贫困儿童获得了低保；学龄儿童辍学率从 5.3% 下降到 1.8%，残疾儿童就学率从 59.4% 提高到 84.5%，16 岁前出去打工的比例从 4% 下降到 2%，18 岁以前结婚的比例从 3% 下降到 1.2%。还有数百名大龄辍学儿童得到了技术培训机会，上百名考上大学的困境少年获得资助进入大学；还有 1 万多名儿童加入了新农合，

① 张岚、戴馨、胡晓云：《儿童伤害的类型、危险因素及预防措施公共卫生与预防医学》，2011，第 69~72 页。
② 武福祥、卜一田、高华俊、黄晓燕、童小军、范斌、花菊香、张长伟、高玉荣、徐珊、李洁、张柳：按引用要求格式。

2万多名儿童加入了大病医保，儿童新农合参保率从83.8%提高到98.5%，部分患大病儿童得到了一定的医疗补助，受艾滋病影响儿童得到了服药依从性监督和随访；所有残疾儿童家庭都获得了轮椅等助行设备，并带孩子出门到村寨中和儿童之家与其他儿童玩耍。山西、云南、四川和新疆数千名困境儿童家庭得到了政府补贴进行了危房修缮；受到亲戚欺凌的困境儿童被发现，并得到保护和家庭援助。

在取得成就的过程中，经验和教训也不断。借本文分享经验和教训，以为其他地方开展儿童福利工作甚至儿童福利制度建设提供参考。

## 二　研究过程及方法

2012年10~12月，利用自行设计的儿童多维贫困问卷和儿童福利服务访谈提纲，5个项目专家团队分赴5省示范区进行实地调研，查阅了各地项目报告，对1712名儿童及其照顾人进行关于儿童及家庭基本情况、儿童福利服务利用情况的现场问卷调查，对196名来自民政部及项目所在州、县、乡、村的负责儿童福利工作人员和技术援助人员的有关项目进展、影响和挑战的专题访谈，对社区环境进行了观察，并将得到的数据和资料通过定量和定性相结合的方法进行了分析，形成五省份报告。之后项目专家、联合国儿童基金会项目官员及项目协调办公室的项目管理人员召开研讨会，对现有数据资料和中央级项目活动报告进行了进一步审视分析，形成了《中国儿童福利示范项目中期评估报告》。本文的资料均来源于上述实地调研和项目报告。

## 三　儿童福利示范区探索服务体系的基本经验

### （一）基层儿童福利信息管理

**1. 开发建设基层儿童福利监测报告体系**

"这下村里到底有多少孩子，每个家庭什么样，有什么问题和需求等我们都掌握了，我们也在积极想办法解决问题。"新疆一位县领导在中期评估时说。

由于人口登记和相关的政策落实都以户籍为依据，在项目开始前，无户籍儿童的进本信息均不在登记之内。因此，有关这些儿童的福利需求情况，如养育、健康、行为、教育、保护等也不在登记之内。为儿童提供一线养育服务的父母或抚养人的养育能力情况，如健康及危险行为状况、流动情况、被关押情况、工作、经济、住房情况、受教育情况等更不可能记录在册。因此，开发工具，填补儿童及家庭信息收集、管理、使用的空白，成了项目的首要任务。在查阅文献、专家研讨和预试验修订的基础上，按照国际社会政策领域推崇的多维贫困理论的贫困维度指标，项目开发了与理论维度一致的儿童、家庭和社区的多维福利信息收集工具，然后利用SPSS统计软件建立了信息管理数据库。儿童的信息包括养育、健康、行为、教育、保障、保护、福利等，父母或抚养人的信息包括健康及危险行为状况、流动情况、被关押情况、工作、经济、住房情况、受教育、水与卫生设施情况等，社区信息包括社会福利服务、医疗卫生服务、教育服务和经济发展等方面。随后，项目组开展了基线调查并以调查结果为依据制定了相应的福利服务内容。

在调查开展后，每个项目村随即拥有一份涵盖所有儿童和家庭福利需求的信息表，儿童及其家庭情况的变化也可以随时更新，并被上报至县民政局和民政部的信息系统中。

除了常规的报告方式，项目还利用新媒体技术建立了儿童福利主任及管理者QQ群，包括县民政儿童福利示范项目主任、项目专家、管理人员和近一半村儿童福利主任，在线的村儿童福利主任经常与上级和专家分享信息并及时得到解决或建议，项目同时有结对支持的专家团队进行定期的信息收集和分析。

**2. 开发建设基层儿童福利信息反馈体系**

"洪统（村儿童福利主任）第一次来我家，我把房子漏雨快要倒塌的情况告诉他，过了3天民政局领导就来了，说为我们凑了3万元，洪统又帮我们找了寨子里的劳力免费为我们盖房，当年我们就搬进新房了；我女儿收到职业中学的通知但因为我们凑不齐学费正在哭的时候，洪统来了，他说把情况汇报给县里应该可以有办法解决，县里联系了学校给我们免了部分学费，到开学时所有的手续都办好了，我女儿现在上学了。"云南一位丈夫病逝、自身艾滋病病毒感染的母亲说。

信息搜集的目的是了解需求并制定相应的应对措施。该项目对信息的反馈机制为：政府统筹、民政牵头、各部门齐抓共管、社会力量参与。各县均为县政府统一发文，如洛宁五位一体文件[①]，要求各相关部门根据各自的职责，对儿童福利主任报告的信息做出反应，向儿童提供相关服务。在实践中，村委会、乡政府得到村儿童福利主任的报告后也开展了很多工作。到中期评估时多部门协力合作为儿童提供了多种社会保障服务，民间的参与也为没在政策覆盖下的儿童少年提供了学习和生活支持。另外，从技术和策略的角度，专家团队在得到儿童福利主任和县民政的信息后也及时分析并提供策略和做法建议，再进一步反映到儿童福利培训和技术报告中。

### （二）基层儿童福利服务内容

根据《儿童权利公约》，每个孩子都应享有生存、健康、教育、充满关爱的家庭环境，能做游戏、参与文化活动，能获得保护、免受任何形式的虐待与剥削，能表达个人的看法且意见能够被听取。项目以此为目标，根据儿童的贫困维度设立了基本的服务内容，包括了脆弱性监测、户口身份、衣食住行、养育、生活、保护、医疗卫生保健、早期教育和义务教育、职业教育、心理健康等。服务内容以儿童需求为本，突破了传统的民政工作，因此也需要家庭、多部门和社会的共同参与。

实践中，对儿童脆弱性的实时监测保证了任何儿童的困难不被漏掉，而儿童和家庭急需的一些基本支持也可以及时获得，同时也解决了最无力寻求公共服务的一些儿童的服务寻求困难。对于这些儿童和家庭来说，享受到的是集甄别需求、协调和直接提供服务的一站式服务，包含了户籍登记、生活救助、医疗救助、危房修缮、助学、社会融入、保护、学习基本的儿童权利等多个范围。

在实践中，发现得不到家庭养育的困境儿童，面临着多方面的特殊困难，包括家庭养育、社会融入、医疗、学习等。将孩子生活、上学和医疗

---

① http://www.luoning.gov.cn/ZWGK/newsinfo.aspx? ID = 4484。

作为基本需求，孩子每天需要的现金补贴金额为当地低保金额 2～3 倍。四川凉山、云南德宏和河南两个县已经按这个标准制定了政策，为困境儿童提供生活保障并正在全面落实。

### （三）基层儿童福利服务方法

#### 1. 建立基层儿童福利服务体系

凉山州一位民政局领导说："这些儿童福利主任就在孩子身边，特别了解民情，又会说普通话，有文化，村里困难的孩子哪个可以享受哪些国家政策、哪些可以利用一些慈善项目他们都很清楚，也能帮着没能力办手续的家长或孩子本人办各种手续来申请这些福利。"山西一位民政部门领导说，"现在我们底下有腿了，有什么新的政策和任务都能快速全面地落实到最基层"。

基于基层儿童福利服务人手不足、服务点相对较远，而最困难的群众又因地理和气候环境、受教育水平、经济情况、交通、通信、风俗等多种原因不能及时利用现有的公共服务的现状，项目借鉴了卫生系统利用赤脚医生改善农村人口健康状况的策略①，在各个项目村选拔赤脚儿童社工，参照村委会其他成员的称谓，称为村儿童福利主任。

在云南瑞丽市和河南洛宁县，儿童福利主任的岗位进入当地政府的人事安排②③。但其他项目地区还在讨论村儿童福利主任对岗位长期规划如何设置，根据项目的做法主要有以下几种：一是儿童福利主任的职务与村委会的某个职务进行合并，儿童福利服务工作领取额外补贴，按工作量计酬，这样的优势在于集两个工作职责于一身，在村委会主任开展工作的时候，儿童工作也能顺带完成，村委会职务的岗位和劳动保障可以兼保儿童福利工作人员的稳定性。在村民心中，村委会的工作人员都是比较具有威信基础的，工作容易介入；二是将儿童福利主任作为专业的社工机构工作人员，将所有儿童福利主任安排进一类非营利或社会组织之类的编制中，服务由

---

① 吕勇：《赤脚医生的历史作用及对新型农村合作医疗的启示》，《社区医学杂志》2006 年第 4 卷第 5 期（下），第 1～3 页。

② http：//www. luoning. gov. cn/ZWGK/newsinfo. aspx？ID = 4484。

③ 瑞丽市人民政府文件瑞政复〔2011〕161 号。

村委会购买，可以兼做其他社区服务，开展工作能得到村委会的一定帮助；三是将儿童福利主任一职纳入民政系统的编制之中，除儿童福利之外，承担家庭、老人、残疾人及其他方面的福利信息和服务及服务转介工作，将现有的服务扩展为全职工作，有更加稳定的职位和收入，并有晋级升职的机会，可以作为个人的事业来发展。项目专家在儿童福利服务需求分析的基础上，对村儿童福利主任的任务做了框架性的界定，及负责儿童脆弱性监督、提供及时支持、上报信息并支持和协调现有社会福利政策落实、根据儿童的需要呼吁进一步的支持项目和政策等。根据这些任务和儿童及家庭的基本情况，项目开发了村儿童福利主任的职责任务、选拔条件、技术和行政支持与督导考评框架、补贴标准等。

儿童福利主任工作手册工作手册明确规定了如下任务：

——对所有儿童及其照顾人进行儿童权利与照顾指导、对所有儿童提供社会支持、协助所有儿童的家庭获得基本的社会服务；

——对所有儿童进行监督，甄别出需要外界帮助的儿童，包括那些在权利享受方面即将出现问题或已经出现问题的儿童，并开展及时的支持、协助或保护工作。

具体任务：

——看望辖区内的所有儿童，每月集中排查一次，挑选出在上户籍、家庭看护、家庭教育、家庭经济、营养、医保、医疗、上学、心理、安全等方面需要外界特别支持的儿童；

——2010 年收集一次辖区内所有儿童相关数据，每月更新报送表格；随时对动态变化的儿童信息进行实时更新和上报；

——督促家庭给儿童登记户籍、办理医疗保险（如新农合）和大病医疗保险、送适龄儿童上学；

——对所有儿童家庭开展家庭养育、儿童早期发展、儿童社会保障方面的宣传教育，给抚养和孩子提供集体活动的机会；

——协助符合条件的儿童如贫困儿童、失去依靠的儿童和大病儿童申请民政、医疗补贴和救助；

——为失去依靠的儿童协调家庭养育，为失学儿童协调上学或职业培训、为残疾儿童协调康复及特殊教育等；

——为受虐待的儿童协调相关的儿童保护事宜；

——管理志愿者，为儿童提供优质的服务。

儿童福利主任的选拔本着有文化、爱孩子、能说当地语言和普通话、能利用电脑和现代信息技术的条件进行，各地对报名申请的人进行了笔试和面试后确定，确定后所有村儿童福利主任都接受了儿童社工理论和实践的基础培训，掌握了基本的儿童社会工作方法，了解了工作目标和任务及有效的基本做法。

儿童福利主任的补贴参照当地副村长的标准，并根据服务的人数、路途和质量进行调整，在项目区，若按服务的儿童数量算，完成对所有儿童的监测和信息反馈、儿童权利宣传、服务利用动员和支持及服务协调等，需要的总经费为每个儿童每月平均为4元，其中1~1.5元为福利主任补贴，2.5~3元为活动费用。

在行政管理上，村儿童福利主任受县民政局社会福利股的领导，村儿童福利主任可直接向县民政局社会福利股或主管副局长汇报，也同步向村长、主管副乡长汇报。

村儿童福利主任的重要作用是将儿童的需求和服务连接起来，到中期评估时，这个作用也显现出来。项目开始后，儿童和家庭可以在儿童福利主任来访时反映问题，或找本村儿童福利主任提出诉求，主任解析诉求后报告给相关的部门来解决。在家庭和村子里，儿童和家庭能够用自己理解的语言和文化方式，了解到国家有关救助、教育、医疗和儿童保护的政策和原则，一些家庭因此主动为孩子办理户籍登记和新农合医疗保险，带孩子做艾滋病检测，送适龄孩子上学，不再给年幼的孩子订婚；同时，它们也能及时收到上级和外界给予孤儿和困难家庭及孩子的长期和临时救助，并在儿童福利主任的指导和督促下，保证救助金和物资的正确使用；对于因身体、经济、语言等困难而无法为孩子申请服务的家庭，村儿童福利主任主动担起责任，为孩子办理户籍、申请孤儿证、申请各种困难补助、办理医保手续、送生病的孩子就医、带孩子上学，等等。

**2. 建立服务支持的技术库**

项目设计加入了全面系统的技术支持，为五个省的村儿童福利主任和项目人员指定了 5 个大学的社会工作教授及其团队作为技术支持专家。每年的寒暑假，专家团队的都会赴项目区儿童福利主任和项目人员进行集中培训，培训内容包括儿童福利、儿童权利、基层儿童社会工作方法、社区宣传方法等。平时，儿童福利主任和项目人员亦可以随时通过中国儿童福利网和 QQ 群进行咨询，以方便常规的技术支持。项目亦会进行不定期的督导工作，督导内容包括人力资源管理、项目资金使用及管理等。通过 3 年的工作，项目发现，持续的技术支持和督导能够保障项目有效地运行，在人员发展、项目管理能力提升方面都起到重要作用。

同时，项目根据项目开展的实际需要开发了一系列技术文件，包括《儿童福利主任工作手册》《基层儿童社会工作读本》《儿童活动手册》等工具书。这些工具书能够帮助儿童福利主任系统了解儿童福利工作，高效系统地完成工作。这些技术文件内容具有一定的普遍性，亦适合项目区以外的基层儿童福利工作者使用，有助于促进基层儿童福利工作的专业化进程。

项目还创建了中国儿童福利网（www. childwelfarecn. org），在网站中设计了"学习园地"等用于为儿童福利主任提供技术支持的栏目。在儿童福利网上，儿童福利主任可以在线浏览项目专家制作的培训资料，下载工具表格，学习项目收集到的国外先进的儿童社会工作方法等多种内容。

## （四）宣传动员

为了给项目区儿童争取到更多的支持，同时向社会大众宣传正确的儿童福利观，项目在社区宣传、社会宣传、政策动员、民间资源动员四个方面开展了系统的工作。其中，社区宣传的工作主要由村儿童福利主任完成；而社会宣传、政策动员及民间资源动员则是所有项目工作人员的主要工作之一。

社区宣传的主要宣传对象是儿童及儿童照顾人。在进入学校前，儿童在养育、营养、早期发展、卫生等方面是否能得到保障，主要取决于儿童照顾人。好的照顾可以为儿童未来的发展起到至关重要的作用。因此，儿童福利意识改善是此项目关注重点。项目开始后，儿童福利主任在各级政府、专家的支持下进行了关于儿童权利、儿童养育、儿童安全等方面的宣传。并且，儿童福利主任也借助外部资源，邀请相关专家对儿童照顾人进行培训。同时，加强儿童的自我保护意识，使他们了解自己的权利也是促进社区儿童福利发展的好方法。儿童福利主任们通过集体游戏、参观、讲座等方式开展工作。

在社会宣传、政策动员方面，项目采取开展大型宣传活动、项目研究、制作宣传品等形式进行宣传，通过网络、平面媒体向社会及政府宣传儿童福利观并介绍项目经验。每年的"六一"国际儿童节期间，项目都会举办"中国儿童福利周"系列活动，力图通过媒体宣传、社区活动、研究报告发布等活动关注儿童福利事业的发展。其中最重要的一个活动即是《中国儿童福利政策报告》的发布。每年的《中国儿童福利政策报告》都会系统梳理上一年度的儿童福利发展状况并进行分析点评，并在此基础上提出具体建议。除此以外，项目在寒暑假及儿童权利日等特殊纪念日期间也会开展一系列宣传活动，关注儿童安全、艾滋病母婴传播、儿童保护等问题。项目团队于2010年进行了基线研究后，逐渐将研究深入，进行了一系列专题研究，包括儿童脆弱性监测研究、受艾滋病影响的妇女儿童生活状况研究、地方儿童福利津贴及政策状况研究等。项目研究团队赴现场收集一手数据，进行严谨的分析，最终形成研究报告并递交民政部门。这一系列的研究为儿童福利政策改革提供了依据。

经过3年的努力，项目已在儿童福利领域产生了一定的影响，得到了业界的认可。目前为止，已有5家民间组织进入项目地区，提供物力和人力，支持儿童福利主任在村中开展一些专项儿童福利服务工作，支持困境儿童上学，也有志愿者加入为困境儿童提供类家庭支持。

除此以外，项目创建中国儿童福利网（www.childwelfarecn.org），并和多个主流媒体合作，通过儿童福利周活动、基层活动、研究报告发布等方式将儿童权利、项目点儿童需求和有效的做法等向公众传递，上百万人点击收视。在项目村，儿童福利主任也开展了一对一和小型专题儿童权利宣传活动，98%受访的儿童家人认为宣传对他们有用。

# 四　基层儿童福利工作的挑战与对策

## （一）儿童福利发展环境的限制

中国儿童福利示范项目已经取得了大量的成果，对完善当地儿童制度性保障，提升当地儿童福利水平发挥了很大的作用，但在基层开展儿童福利工作也会遇到一些挑战：一是监护人和儿童福利主任的儿童服务意识与能力和儿童基本福利需求之间存在较大差距；二是老少边穷地区儿童福利服务提供者能力与儿童基本福利需求之间存在较大差距；三是新建立起来的村级儿童福利队伍的不成熟与任务要求之间的差距。

### 1. 儿童照顾人的儿童权利意识及家庭照顾力和福利服务寻求能力薄弱

由于儿童照顾人的儿童权利意识不足和传统文化障碍，常常使儿童照顾人忽略甚至阻碍儿童享受基本福利。很多家庭对儿童的养育和照顾知识不足，不了解儿童养育、儿童营养、儿童早期发展、卫生保健的知识和相关的服务信息，因而以不利于健康的方式照顾儿童；另外，因为经济困难，生产力落后，食物成品化、储存及现代化加工工具的缺失，成人的时间主要用于生产劳动、取柴、食物制作过程，无暇照顾儿童甚至需要儿童分担大量的生产劳动和家务劳动而失去上学时间。以上这些因素都是儿童福利主任开展基层儿童福利工作的巨大挑战。

而且，面对寻求服务需要的时间花费、交通花费、金钱花费、语言障碍、社会关系缺失、对服务程序不熟悉等问题时，一些意识到要为儿童争取福利的家庭也未能做到充分利用福利服务。

### 2. 老少边穷地区儿童福利服务提供能力有限

中国儿童福利示范区中的 7 个县为贫困县，再加上不利于外出提供服务的地理及气候条件和语言文化的多样性，当地财政收入加上上级的财政支持仍不足以开展相应的工作以提供有效的服务。

贫困地方政府的经济能力不足，低保经费、困难儿童临时救助、医疗救助、困境儿童长期救助经费缺口很大。而贫困地区的贫困人口相对较多，从而产生了大量有需求的人口均分极有限的资源问题，对于贫困家庭的儿童和困境儿童来说，得到的补贴"杯水车薪"，在多次探望但不能解决儿童的实际经济困难面前，村儿童福利主任也感到无奈。

由于地方经济和交通的原因，和儿童福利有关的公共服务设置，都不能从人群方便的角度出发，而是受地方经济条件的制约，分布在相对于人口分布范围、交通便利情况较远的地方。同时，服务点的基本服务设施也相对不足。

人员能力不足反应在几个方面，一是人员的数量配备相对不足，不能满足儿童和家庭的需求；二是人员的专业技术能力相对不足，不仅是基础水平和专业要求有差距，对日新月异的新信息掌握能力也差异很大，如预防母婴传播国家标准已经停止使用三联药了而项目地区还使用；三是人员的多样性不足，如不能针对不同民族语言和文化配备适合的工作人员。另外，就是工作人员掌握的资源不足，限制了其服务质量。

除当地政府在儿童福利事业方面的能力差距外，社会组织、公益组织、民间个人、团体的专业性力量也极其稀有，首先是当地本土的民间组织缺乏，其次是其他地区的民间组织在边远贫困地区的投入也极其有限，特别是专业化的儿童福利服务。

**3. 项目建立的儿童福利主任队伍的稳定性不足**

村儿童福利主任未定岗定编，人员的不稳定性影响了工作进程。在项目地区，大部分儿童福利主任岗位还是以项目为基础的岗位，绝大部分地区还没有劳动合同和真正的工资及劳动保障和保险，所以村儿童福利主任的流动性比较大，导致工作衔接时间长、再培训需求大。

儿童福利主任职位无中长期发展规划，人员的资质不齐。大部分项目地区的基层儿童福利队伍建设没有包括入职资质发展、职业发展、专业化发展的中长期发展规划，因而新入职的儿童福利主任的资质并未随着任务专业性要求逐渐提高和社会工作教育水平不断进步而递进提高，入职之初要求的资质也非硬性规定。

## （二）继续建立基础儿童福利服务递送体系的对策

中国儿童福利示范区·五省十二县项目作为示范项目，旨在通过探索新型儿童福利服务体系，找到适合中国，特别是老少边穷地区的儿童福利方法。根据项目取得的成绩和遇到的挑战，提出以下几点建议：

**1. 继续支持并加大基层儿童福利信息收集、分析、管理利用**

继续支持并加大基层儿童福利信息收集、分析、管理利用，充分引入成熟的新媒体信息收集和分享技术，扩展现有的儿童家庭数据系统和远程分析反馈系统，加大信息的快速分享和使用；引入新媒体技术，建立新的儿童及家人信息报告通道，让儿童和家庭能更多、更快地将对服务的监督结果和意见进行反馈，使管理者有更丰富的信息，做出更适宜的决策。

**2. 继续支持并加大在困境儿童服务方面的投入**

继续支持各地将困境儿童的津贴和服务制度化的进程，推动地方政府全面制定并落实现有的困境儿童的津贴和服务，对困境中的困境再分类，进一步满足所需的津贴和服务。

扩展困境儿童范围，将非事实上无抚养人但同样有基本权利被剥夺问题的儿童纳入津贴范围，并为需要专业化服务的儿童搭建通往服务的桥梁或新建服务。进一步将服务前移，提供更多预防性临时救助和介入服务，在家庭即将陷入困境前，在儿童遭受生存、发展、保护、参与方面的重大的威胁和遭受严重的社会歧视前就提供服务。

在动员地方政策的同时，动员中央层面将困境儿童津贴制度化，将对困境儿童的服务制度化，并加大中央对贫困边远地区的儿童福利投入，确保90%以上的困境儿童得到切实有效的支持。

针对贫困地区普遍存在的儿童营养不良和儿童早期发展干预缺失，进一步探索有效的福利服务，减少贫困地区儿童与发达地区儿童在生存和发展方面的巨大差距。

妥善解决大龄儿童的就业安置及发展问题，帮助其家庭提高生产自救能力，增加家庭收入，使贫困儿童家庭逐步走向自给自足，进一步开展大龄儿童职业技能和生活技能培训，让贫困辍学的青少年学到适合自己和市场需要的一技之长，成年后找到体面的工作。

**3. 继续支持基层儿童福利主任的队伍制度建设**

继续支持各地制定中长期人才和岗位发展战略，逐步将最基层儿童福利服务岗位和基本儿童福利服务制度化，逐步实现满足儿童多种需求的适度普惠型福利。

（1）建立由政府或村社投资的稳定岗位

一是儿童福利主任的职务与村委会的某个职务进行合并，儿童福利服务工作领取额外补贴，按工作量计酬，这样的优势在于集两个工作职责于一身，在村委会主任开展工作的时候，儿童福利工作也能顺带完成，村委会职务的岗位和劳动保障可以兼保儿童福利工作人员的稳定性。在村民心中，村委会的工作人员都是比较具有威信基础的，工作容易介入；二是将儿童福利主任作为专业的社工机构工作人员，将所有儿童福利主任安排进一类非营利或社会组织之类的编制中，服务由村委会购买，可以兼做其他社区服务，开展工作能得到村委会的一定帮助；三是将儿童福利主任一职纳入民政系统的编制之中，除儿童福利之外，承担家庭、老人、残疾人及其他方面的福利信息和服务及服务转介工作，将现有的服务扩展为全职工作，有更加稳定的职位和收入，并有晋级升职的机会，可以作为个人的事业来发展。

（2）建立家庭和社区为基础的儿童福利服务投入

以儿童基本需求为基础，在项目经验的基础上，进一步制定以家庭和社区为基础的儿童基本福利服务包，针对少数特殊需求儿童的特殊儿童福利服务包，逐步拓展为家庭福利服务包，对各种福利服务包核算成本，动员地方和中央的财政投入，以购买专业化的长期稳定的优质服务，推动儿童福利服务专业化发展。

加大技术投入，在现有经验上制定更丰富的操作规范，制作方便的操作辅助材料，制作随时可以学习的电子培训材料，加大远程指导，如通过网络会议、在线视频培训、利用新的及时消息交换软件，如微信等实时解决儿童福利主任工作中遇到的问题，对新老村儿童福利主任提供快速方便的技术和行政支持。

（3）健全示范区各级部门的联动机制，对儿童福利主任上报的情况做出及时反应

建立多部门联动的儿童福利响应制度，为儿童福利主任提供坚强的后盾。同时将所有责任部门和社会组织编成资源名录，供儿童福利主任方便使用。

（4）充分利用儿童之家，改善儿童参与

儿童之家是每个村儿童集会的场所，目前主要用于儿童游戏、读书等

活动，未来项目活动中，可以将儿童之家作为儿童信息化培训和信息收集分析的基地，让儿童与福利主任共同收集信息、分析信息、自助解决部分问题，让儿童福利主任与儿童共成长。

**4. 加大社会动员的力度，动员政府和社会组织更多的投入**

加大政策研究的力度，同时，开发有效的政策倡导计划，使政府投入制度化。同时，开发社会动员策略和计划，加大社会动员的力度，支持更多的社会组织和资源参与儿童福利，更多有专长的志愿者成为村儿童福利主任的助手，为脆弱儿童提供更多、更有质量的儿童福利服务。

（1）积极吸纳社会工作专业人才参与项目，提高相关人员的专业水平

社会工作作为一门新型的职业，在解决因急剧社会变迁而带来的社会问题方面起到的积极作用，越来越受到人们的认同和政府的重视。社会工作倡导助人自助，擅长于调动和运用社会资源的工作方法，对解决农村脆弱儿童问题具有独特的优势。吸纳专业社会工作人才加入项目中，推进社会工作对儿童相关问题的介入。一方面是针对儿童福利主任加强社会工作知识和价值观的教育；另一方面与社会工作专业机构合作，积极加强儿童社会工作实务能力。

（2）动员社会力量多元参与，鼓励非政府组织参与

社会力量是填补公共服务缺口的一种重要方式，帮儿童实现权利也是社会组织的责任。政府可以通过发布标准、要求、提供资源、购买服务等方式，鼓励社会组织更多地参与。

（3）开发、制定并实施更有效的家庭和社区动员策略

开发、制定并实施更有效的家庭和社区动员策略，辅助材料和工具，动员社区层面的多重参与，应对文化和意识方面的挑战，支持儿童和家庭在自我保护、服务利用、监督服务改进方面的更大参与。

# 第十章　儿童福利的先行、先试的政策效应初探

## ——以浙江省为例*

陈小德　虞　婕　李　晶**

## 一　浙江省儿童福利事业发展状况

### （一）总体情况

浙江省委、省政府一直以来高度重视孤儿和困境儿童的保障工作，陆续制定实施了有关福利政策，有力促进了我省儿童福利事业的发展，近年来整体水平持续走在全国前列。特别是 2011 年 6 月，省政府办公厅出台《关于加快发展孤儿和困境儿童福利事业的意见》，成为浙江省历史上第一个比较完善、比较系统的儿童福利政策，是浙江省儿童福利事业发展史上的一个新的里程碑，标志着浙江省儿童福利事业由救助型向适度普惠型福利的转变。

**1. 建立自然增长机制，保障孤儿基本生活**

截至 2012 年底，浙江省约有孤儿 5872 名，其中在儿童福利机构集中养育的孤儿 2980 名、社会散居孤儿 2892 名。另外，还有已比照孤儿养育标准

---

\* 经民政部社会福利与慈善促进司同意，本文部分发表受其委托课题《对普惠制儿童福利制度的探索和研究》的内容。

\*\* 陈小德：浙江省民政厅儿童福利与慈善事业促进处处长；虞婕：北京师范大学社会发展与公共政策学院家庭和儿童研究中心；李晶，云南财经大学传媒学院讲师。

予以救助的事实无人抚养的困境儿童 5811 名。浙江省自 2010 年起开始，发放孤儿基本生活费，其中福利机构养育的孤儿年基本生活最低养育标准按不低于当地上年度城镇居民家庭人均消费性支出的 70% 确定；社会散居孤儿年基本生活最低养育标准按不低于当地福利机构孤儿养育标准的 60% 确定，但不得低于民政部规定的机构孤儿每人每月 1000 元、散居孤儿每人每月 600 元的标准，并建立养育标准自然增长机制。2012 度，全省各地按照机构孤儿每人每月 1000～1580 元、散居孤儿每人每月 600～1264 元的标准发放基本生活补贴，孤儿基本生活得到了有效保障。截至 2012 年底，中央、省两级财政共发放 13944 万元。从 2012 年第 2 季度开始，落实了孤儿物价补贴，该季度发放物价补贴 35.35 万元。

**2. 加强制度设计和安排，落实孤儿保障措施**

省政府《关于加快发展孤儿和困境儿童福利事业的意见》，对孤儿安置、养育、康复、特教和成年后住房、就业等都做了制度性安排。

在孤儿安置方面，浙江省采取鼓励公民依法收养、推进家庭寄养、强化亲属监护、提倡社会助养、完善机构供养等多种方式安置养育孤儿。特别是以孤儿回归家庭为目标，稳步有序、规范地推进收养登记工作。目前国内收养登记每年保持在 4000 件左右，涉外收养登记每年 100 件左右。其中 2012 年国内收养登记 4019 件，涉外收养登记 86 件。

在医疗康复保障方面，社会福利机构养育和社会散居的城镇孤儿参加城镇居民基本医疗保险，社会散居的农村孤儿参加新型农村合作医疗，其个人缴费部分由财政承担。孤儿医疗费用先按规定在城镇居民基本医疗保险或新型农村合作医疗基金中报销，不足部分在医疗救助资金中解决。部分儿童福利机构供养的孤残儿童医疗费用由财政实报实销。还相继实施了"残疾孤儿手术康复明天计划""浙江省贫困残疾儿童抢救性康复项目"，对全省包括孤儿在内的残疾儿童进行手术矫治、语训、康复训练等。

在教育优惠方面，具备条件的学龄期孤儿，多数到普通学校随班就读，享受各种政策减免；不具备随班就读条件的孤残儿童，进入专门的特殊教育学校或在儿童福利机构接受特殊教育。

在就业住房方面，大部分社会散居孤儿依托最低生活保障制度，享受城镇廉租房政策或农村住房救助政策。儿童福利机构中具有劳动能力的孤儿成年后，一部分由当地民政部门帮助安排到福利企业或其他单位工作。其他有就业困难的，优先安排到政府开发的公益性岗位就业。对有劳动能力且处于失业状态的，将其列入城镇"零就业家庭"失业人员和农村低保家庭劳动力就业扶持范围。

**3. 开展适度普惠型儿童福利制度建设试点工作，探索困境儿童基本生活保障制度，逐步拓展儿童福利覆盖面**

根据年初省政府关于"完善孤残儿童及其他困境儿童基本生活保障制度"的要求，陆续开展了系列基础性工作，在困境儿童基本生活保障这一重点领域和关键环节取得了突破：首先，将艾滋病病毒感染儿童率先纳入了儿童福利保障范围；其次，会同财政厅到部分市县开展调研，取得共识；还全面部署全省困境儿童基本情况普查工作，进行统计、摸底。同时，将困境儿童基本生活费发放列入 2012 年工作预算，省级财政补助 500 万元。台州市在临海和玉环开展了建立困境儿童基本生活保障制度试点工作的基础上，率先在全市全面铺开了此项工作，在困境儿童保障方面走在了全省前列。

同时，根据民政部与省政府共建协议的精神，率先开展了适度普惠型儿童福利制度建设先行、先试工作，下发了试点实施方案，确定温州市、海宁市、江山市为试点单位，其中海宁还是全国四家试点之一。三地已分别制订了实施方案并启动相关工作。海宁市已率先建立了儿童福利工作领导小组、儿童福利指导中心和城乡社区儿童福利督导员制度，出台了《关于加快推进适度普惠型儿童福利体系建设的实施意见（试行）》等，初步建立了适度普惠型儿童福利制度。7 月 10 日，民政部把全国适度普惠型儿童福利制度建设试点工作推进会选在海宁召开，会上三地试点工作均受到了民政部领导及与会人员的高度肯定。绍兴市政府办公室也出台了《关于加快发展孤儿和困境儿童福利事业的意见》，明确了各类困境儿童的具体保障标准，在全省各设区市中率先建立了适度普惠型儿童福利体系。

**4. 加强儿童福利机构建设，提升服务能力**

从 2007 年开始，浙江省实施了"儿童福利机构建设蓝天计划"，全省已投入资金 3.8 亿元，儿童福利机构建设得到加强，孤儿养育条件和环境得到了较大改善，现有儿童福利机构 68 家，11 个设区市都设置了独立的儿童福利院，其中温州、台州市儿童福利院正在新建，将很快投入使用。县级独立设置的儿童福利院 3 家（分别在海宁市、桐乡市、莲都区），县级社会福利院增挂儿童福利院牌子的 4 家（余姚市、德清县、新昌县、常山县），其余 50 家为综合福利院儿童部。全省儿童用房总面积 13.9 万平方米，床位 4100 多张，共有儿童福利机构工作人员 1100 余名。同时，各地也十分重视儿童福利机构的能力建设，在做好孤儿养育的同时，努力拓展医疗、康复、特教、培训等功能，服务能力和服务水平得到提高，较好地发挥了辐射示范作用。

医疗康复方面，杭州、宁波、嘉兴、绍兴、衢州、金华等 7 家市级儿童福利院作为省级脑瘫儿童康复训练基地，为脑瘫儿童提供康复训练服务，并对外开放。2013 年开始，调整了"贫困残疾儿童抢救性康复项目"实施方案，市级儿童福利院及海宁市、桐乡市、丽水莲都区儿童福利院作为民政系统项目实施单位，为全省机构残疾孤儿和贫困残疾儿童提供康复训练服务。金华市在做好院内孤残儿童康复的同时，向社会残疾儿童延伸服务，取得了非常好的社会效果。此外，各儿童福利机构配合浙江民政康复中心，完成了"残疾孤儿手术康复明天计划"215 例。特殊教育方面，在杭州市儿童福利院设有特殊教育学校的基础上，现在温州市、衢州市儿童福利院也开设了机构内特殊教育学校，其他一些市也正在筹备当中。社会工作方面，嘉兴、温州等地儿童福利机构引入了社工服务。海宁市儿童福利院依托春苗社会工作室，通过政府购买服务等形式，为机构孤儿和社会散居孤儿提供心理疏导等专业社工服务，促进孤儿心智健康发展。温州市通过社会资助，开展了院内和院外的模拟小家庭养育孤儿模式探索。还召开了全省社会福利机构社会工作会议，有力推动福利机构社会工作发展。同时，为推动儿童福利机构交流合作，成立了浙江省儿童福利协会，成为全国首家儿童福利方面的专业协会，全省儿童福利机构有了交流合作的平台。

**5. 推动城乡社区儿童福利督导制度建设，完善儿童福利服务体系**

2012 年 11 月，下发了《关于建立城乡社区儿童福利督导制度的通知》，要求各县市依托儿童福利机构或单独建立儿童福利工作指导中心，在街道和乡镇设立儿童福利督导工作站，在城乡社区设立儿童福利工作督导员，进一步明确服务体系各层级的职责，形成了三级儿童福利服务网络体系，为开展儿童福利服务打下了基础。衢州市、金华市、绍兴市及海宁市、江山市等地率先经当地编办批准建立了儿童福利指导中心，江山市还专门批了 2 个人员编制，海宁、金华等地已经开展了儿童福利督导员培训。其他的还有湖州市、建德市、苍南县、文成县、绍兴县、新昌县、义乌市、兰溪市、玉环县等，也已建立了儿童福利指导中心或儿童福利督导制度。

## （二）存在的问题和困难

同时，浙江省儿童福利事业也存在一些影响和制约事业进一步发展的问题和困难。主要有：

一是儿童福利工作重视不够，投入不足，政府欠账不少。大部分县市区民政局没有专职从事儿童福利工作的人员，难以适应日益增加的新工作、新项目。全省还有 9 个县市没有儿童福利机构，县级独立设置的儿童福利院只有 3 家（海宁市、桐乡市和丽水莲都区），54 个县市区在社会福利院设儿童部，与养老机构合二为一，且设施简陋、功能单一，服务能力和水平低。孤残儿童服务人员工资待遇差，难以引进专业人才，干部职工队伍不稳，专业化程度低，素质不高。

二是儿童福利保障体系不完善，保障面窄。目前，全国儿童福利政策保障对象主要是孤儿。其他困境儿童，如事实无人抚养儿童、父母双方服刑或戒毒期间儿童、贫困家庭患重病和罕见病以及重度残疾儿童等，都难以享受到儿童福利保障。如果这部分儿童国家没有相应的福利保障，会沦为困境儿童，甚至成为"问题"儿童。

三是儿童救助保护体系不尽如人意，力度小，执行难度大。尽管国家出台了《未成年人保护法》，看似多部门保护，但实际上，执法主体、责任主体都不明确。如弃婴现象，已经成为一个严峻的社会病。目前，公检法对打击买卖婴儿案件中重点放在贩卖儿童上，而对于遗弃婴儿的父母往往追究较少。法律上尽管规定弃婴是违法的，但是刑法上没有明确的弃婴罪，一般都按遗弃罪划入刑事自诉案件。法律上本来应以特别严厉的手段来追究父母的责任，但寻找遗弃人或是要由弃婴的亲属之间自愿提起诉讼实际上是非常困难的，公安、民政部门也难以操作，所以遗弃人往往不能受到法律的严惩。如果不从源头上解决，遗弃婴儿特别是遗弃残疾幼儿的势头难以遏制，弃婴的合法权益得不到保护。

四是孤儿、弃婴的收养服务网络不健全，部门之间扯皮、互相推诿。按照《收养法》和民政部等五部门《关于解决国内公民私自收养子女有关问题的通知》规定要求，"从2009年4月1日之后，公民捡拾弃婴的，一律要到公安部门报案，查找不到生父母和其他监护人的一律由公安部门送交当地社会福利机构或者民政部门指定的抚养机构抚养"。这些规定目的是解决国内公民私自收养子女的问题，进一步规范收养登记管理工作。但在实际操作中，从弃婴发现、捡拾、报案、查找生父母到移送，部门之间互相扯皮、推诿，不愿承担责任。特别是弃婴身份确认，要经过公安部门开具拾捡证明、查找生父母等程序，在客观上有可能导致部分弃婴因为身份难以确认没有顺利进入福利机构，就导致了公民和民间机构不经合法收养登记私自收留弃婴和孤儿。

五是民办儿童福利机构缺乏政策扶持，生存难。政府应当培育社会力量，鼓励民间力量进入儿童福利保障体系。要支持社会力量创办以孤残儿童康复治疗、特殊教育为主要服务内容的儿童福利机构，扶持、培育以开展儿童福利服务为宗旨的社会组织。目前，这类机构数量少，服务孤残儿童能力十分有限。一方面，根据《社会福利机构基本规范》，对儿童福利机构的饮食、消防、照明、报警、通信、取暖、降温、排污等各种安全设施设备要求高，民间力量兴办难度大。另一方面，已经举办的从政府那里得到的政策和资金支持很少，难以享受到公办儿童福利机构同等待遇，运营经费短缺是这些机构所面临的最大难题。目前，对民办儿童福利机构培育管理的依据是1999年民政部颁布的《社会福利机构管理暂行办法》，国家至今也没出台过扶持民办儿童福利机构的政策，更不要说资金的支持。

## （三）加强和改进儿童福利事业的对策措施

切实加强领导，完善工作机制。儿童是国家与民族的未来和希望，孤残儿童是社会上最弱小的特殊困难群体，高度重视并做好儿童福利事业，健全儿童福利制度，保障孤残儿童健康幸福成长，是各级政府的应尽职责，是民生工作的重要内容。各级政府要在人、财、物等方面提供保障，增强做好儿童福利工作的正能量。要健全完善"政府主导、民政牵头、部门协同、社会参与"的儿童福利工作协调机制，各级各部门要通力合作、各司其职，动员组织社会力量广泛参与，为儿童福利事业发展提供指导和保障。

研究制定相关配套政策，切实维护和保障孤儿的合法权益。一是要完善家庭寄养制度，探索建立机构内或社区的小家庭养育模式，研究制定儿童家庭寄养的具体办法；二是要加强机构内孤儿涉外送养工作的指导，完善相应的涉外送养工作规范；三是规范儿童福利机构特殊教育工作，发挥儿童福利机构特殊教育功能。在11市及孤儿较多的县市独立儿童福利机构内设立特殊教育学校，其他儿童福利机构内设立特殊教育班。通过特教学校的设立，使不能到机构以外普通学校及特殊教育学校读书的多病多残、重病重残儿童也能同样接受特殊教育，切实维护他们的受教育权。

继续做好适度普惠型儿童福利制度建设试点工作，完善儿童福利体系。一是继续做好温州、海宁、江山三个探索建立普惠型儿童福利制度先行、先试任务实验点的试点工作，指导试点单位按"分层次、分类型、分标准、分区域"的方法，加大政府对儿童及家庭的扶持和保障力度，探索建立较为完善的儿童福利保障体系和儿童福利服务体系。重点要建立困境儿童基本生活分类保障制度、重残和重病儿童的医疗康复津贴制度、收养或寄养重病和重残儿童的家庭补贴制度、新生儿营养补贴制度；二是在全省先行普遍建立除孤儿外其他困境儿童的基本生活保障制度，逐步将困境儿童纳入福利保障范围，明确困境儿童界定范围及生活费补助标准，完善儿童福利保障体系，最终建立与当地经济社会发展水平相一致、覆盖全体儿童的普惠型儿童福利制度。

加快形成儿童福利督导服务体系。推动《浙江省民政厅关于建立城乡社区儿童福利督导制度的通知》的贯彻落实，对已经建立了督导制度或设立了儿童福利指导中心的地方，进一步细化有关工作制度。指导其他地方依托儿童福利院或综合性社会福利院设立儿童福利指导中心，发挥其在组织管理、专业指导、教育培训等方面的基础性作用，要在城乡社区落实儿童福利督导员制度，充分发挥其在孤儿养育状况督导、评估及落实孤儿、弃婴等普查方面的作用。最终建立城乡一体的儿童福利督导工作网络，确保儿童福利服务不留死角。

继续加强儿童福利机构及其人员队伍建设。进一步拓展市级儿童福利机构养育、医疗、康复、特教、培训等功能，提升服务能力，发挥辐射示范作用。"十二五"期间，继续做好县一级儿童福利机构建设工作，指导孤儿较多的县（市）独立设置儿童福利机构，其他县（市）要依托综合性社会福利院设立相对独立的儿童部，按《儿童福利机构基本规范》的要求进行硬件设施改造；完善儿童福利机构孤儿接收、救治、康复、教育和生活管理标准，健全以目标岗位责任制为核心的管理制度。要加强儿童福利机构人员队伍建设，要按照规定要求，落实工作人员（含事业单位在编人员、聘用人员）与孤残儿童1∶1.5的比例核定人员数量，配齐工作人员，改善人员队伍结构，充实工作力量。要切实改善和保障儿童福利机构工作人员待遇，实施绩效工资制度。加强对孤残儿童护理员、医护人员、特教教师、康复师、营养师、育婴师、心理辅导工作者、社会工作师等的职业技能培训和继续教育培训。按照民政部的要求，浙江省将建立2个全国孤残儿童护理员培训基地和1个孤残儿童护理员鉴定站，主要承担全省孤残儿童护理员的初级资格培训和鉴定工作，逐步实现全省孤残儿童护理员持证上岗。

进一步规范收养登记管理工作。严格按照《收养法》和民政部等七部门《关于进一步做好弃婴相关工作的通知》（民发〔2013〕83号）的要求，切实做好弃婴的接收、体检和抚育工作，解决好民办机构和国内公民私自收留弃婴的问题，规范收养登记管理工作。一方面要建立弃婴身份确认制度，公民个人和民办机构拾捡弃婴后，一律要到公安部门报案，并要经过公安部门查找生父母、开具拾捡证明等程序确认弃婴身份。另一方面要建立弃婴入院规程。对查找不到生父母和其他监护人的一律由公安部门送交当地社会福利机构，在入院之前做好体检和救治工作，然后办理入院手续。

研究制定加快民办儿童福利机构发展的政策。加强调研，探索制定加快民办儿童福利机构发展的政策，鼓励支持社会力量创办以孤残儿童康复治疗、特殊教育为主要服务内容的儿童福利机构，扶持、培育以开展儿童福利服务为宗旨的社会组织。规范管理社会组织和个人兴办的以孤儿和弃婴为服务对象的福利机构，将其纳入各级民政部门共同举办，共同管理，并签订代养协议书。组织动员社会力量，让更多民间慈善资源惠及儿童福利事业。

## 二 浙江省普惠型儿童福利制度先行、先试项目阶段性评估状况

课题组在 2012 年 11 月～2012 年 12 月间，对儿童福利先行、先试三个试点浙江省海宁市、江山市的儿童福利先行、先试工作进行了跟踪监测和阶段性评估。通过与当地民政工作人员、儿童福利督导员等的访谈，深入了解了各地对儿童福利先行、先试任务书的理解程度，以及政策实际落实进度及在此过程中所面临的问题。

### （一）试点城市经济发展背景

儿童福利先行、先试三个试点城市地处东部发达地区的浙江省和江苏省。2006～2011 年，浙江省的海宁市人均 GDP 远超出全国的平均水平。2011 年，海宁市人均 GDP 是全国平均水平的 2.8 倍。江山市地处浙江省西南，属于浙江省内的欠发达县级市，2006～2011 年人均 GDP 均低于全国的平均水平（表 10 - 1）。从人均财政收入来看，两个试点城市都保持着高速的增长，浙江省的海宁市人均财政收入都远超出全国的平均水平，而浙江江山市一直都低于全国平均水平。2011 年海宁市人均财政收入是全国平均水平的 1.4 倍，而江山市人均政收入仅为全国平均水平的 1/3。从城乡居民消费水平来看，两个试点城市的城乡居民消费支出都远高于全国城镇和农村居民的平均消费支出（表 10 - 2）。

表 10 - 1　2006～2011 年全国与试点城市财政收入与人均 GDP 比较

单位：元

| 年　份 | 全　国 | | 海宁市 | | 江山市 | |
|---|---|---|---|---|---|---|
| | 人均财政收入 | 人均 GDP | 人均财政收入 | 人均 GDP | 人均财政收入 | 人均 GDP |
| 2006 | 2900 | 16499.7 | 4400 | 34449 | 1300 | 13026 |
| 2007 | 3900 | 20169.5 | 5600 | 47094 | 1500 | 18263 |
| 2008 | 4600 | 23707.7 | 6800 | 46675 | 1800 | 22220 |
| 2009 | 5100 | 25607.5 | 7400 | 57471 | 1800 | 23817 |
| 2010 | 6200 | 30015.0 | 9000 | 69308 | 2200 | 28552 |
| 2011 | 7700 | 35181.2 | 10800 | 80497 | 2700 | 33869 |

数据来源：依据国家统计局、浙江省统计局 2007～2012 年统计年鉴整理。

表 10 - 2　2006~2011 年全国与试点城市城乡居民消费支出比较

单位：元

| 年 份 | 全 国 | | 海宁市 | | 江山市 | |
|---|---|---|---|---|---|---|
| | 居民消费支出 | | 居民消费支出 | | 居民消费支出 | |
| | 城镇 | 农村 | 城镇 | 农村 | 城镇 | 农村 |
| 2006 | 8697 | 2829 | 18236 | 8752 | 13792 | 6177 |
| 2007 | 9997 | 3224 | 20653 | 10200 | 15514 | 6919 |
| 2008 | 11243 | 3661 | 23080 | 11577 | 17003 | 7737 |
| 2009 | 12265 | 3993 | 25675 | 12781 | 18224 | 8294 |
| 2010 | 13471 | 4382 | 28972 | 14551 | 20138 | 9345 |
| 2011 | 15161 | 5221 | 33188 | 17397 | 22704 | 10887 |

数据来源：依据国家统计局、浙江省统计局 2007~2012 年统计年鉴整理。

## （二）儿童福利先行、先试工作完成情况

课题组依据海宁市、江山市、分别提交的《海宁市儿童福利服务制度先行先试工作方案（草案）》《江山市试行适度普惠型儿童福利制度工作方案（草案）》，并结合在两地的座谈会上所获取的信息，对两个试点地落实先行、先试任务的情况进行评估，得到以下结论：

第一，海宁市、江山市都十分重视本次试点工作，制订了工作方案，拟定了工作开展的时间和步骤。但是两地对民政部先行、先试任务书的理解不同，工作重点也不尽相同。（具体差异见表 10 - 3）

第二，海宁市、江山市的工作方案中已经根据各地的工作重点建立了津贴制度。（具体差异见表 10 - 3）

第三，海宁市、江山市的工作方案中均提出建立"城乡四级"一体化儿童福利服务体系。海宁市和江山市人员配置基本完成。

第四，两地在开展先行、先试工作中都有自主创新的内容。（表10 - 3）

## （三）儿童福利先行、先试试点工作中遇到的问题

通过与海宁市、江山市民政部门工作人员和儿童福利督导员的座谈和深度访谈，课题组发现各地在儿童福利先行、先试工作中遇到一些问题。

**表 10 – 3 海宁市、江山市、昆山市儿童福利先行先试工作评估情况**

| | 先行、先试任务书 | 海宁市儿童福利服务制度先行、先试工作方案（草案） | 江山市试行适度普惠型儿童福利制度工作方案（草案） |
|---|---|---|---|
| 指导性文件 | 《中国儿童发展纲（2011~2020）》 | 《关于加快发展孤儿和困境儿童福利事业的意见》（浙政办发〔2011〕60号） | 《中国儿童发展纲要（2011~2020)》 |
| 工作目标 | 1. 建立"一普四分"儿童福利政府津贴制度 | 1. 提高困境儿童生活品质，加快建立以困境儿童基本生活保障为基础 | 通过三年的努力，建立健全城乡一体的儿童福利服务体系，并全面实施适度普惠型儿童福利制度 |
| 工作目标 | 2. 建立"城乡四级"一体化儿童福利服务体系 | 2. 专项福利津贴相配套，专业福利服务为补充的综合性、多层次的儿童福利服务体系 | |

| 目 标 | | 符合情况 | 差异说明 | 符合情况 | 差异说明 |
|---|---|---|---|---|---|
| 福利对象 | 1. 孤儿 | √ | | √ | |
| | 2. 困境儿童 — 残疾儿童 | √ | | √ | |
| | 患病儿童，包括艾滋病、白血病、自闭症、先心病等患各种重大疾病的儿童 | √ | | √ | |
| | 流浪儿童 | × | | √ | |
| | 3. 困境家庭儿童 — 父母重残的儿童 | △ | 合并为：贫困家庭儿童（低保和低收入家庭儿童） | √ | |
| | 父母患重病的儿童 | △ | | √ | |
| | 父母长期服刑在押的儿童 | × | | √ | |
| | 父母强制戒毒的儿童 | × | | √ | |
| | 父母有严重虐待行为的儿童 | × | | × | |
| | 父母一方死亡，另一方因上述情况无法履行抚养义务和监护职责的儿童 | √ | | √ | |
| | 4. 普通儿童 | × | | √ | |

| 先行、先试任务书 | | 海宁市儿童福利服务制度先行、先试工作方案（草案） | | 江山市试行适度普惠型儿童福利制度工作方案（草案） | |
|---|---|---|---|---|---|
| 目　标 | | 符合情况 | 差异说明 | 符合情况 | 差异说明 |
| 津贴制度 | 1. 新生儿营养津贴制度。对所有1周岁以内儿童，按照每月30元的标准给付营养津贴 | × | | √ | |
| | 2. 孤儿基本生活费制度。确保其日常生活不低于当地平均生活水平 | √ | 增设了"事实无人抚养儿童基本生活费" | √ | |
| | 3. 单亲困境儿童基本生活费。额度为孤儿基本生活费额度的50% | △ | 合并设立为：贫困家庭儿童基本生活费 | √ | |
| | 4. 重残家庭儿童基本生活费。额度为孤儿基本生活费额度的50% | △ | | √ | 增设了：重病家庭儿童基本生活保障制度 |
| | 5. 暂时性失依儿童基本生活费。额度为孤儿基本生活费额度的50% | × | | √ | |
| | 6. 重残儿童医疗康复津贴。额度为孤儿基本生活费额度的100%，同时，外加每人每月30元的营养费用 | △ | 大病补助只针对孤儿、低保家庭和低收入家庭，并且是一次性的医疗费用补助 | √ | |
| | 7. 大病儿童医疗康复津贴。对患有白血病、先天性心脏病、恶性肿瘤、艾滋病、脑瘫的儿童按月发放津贴，额度为孤儿基本生活费额度的100%，同时，外加每人每月30元的营养费用 | △ | 康复补助只针对重残儿童，没有实现先行、先试任务书提出的"大病儿童医疗康复津贴"的所有对象 | △ | 准未达到先行、先试任务书提出的"额度为孤儿基本生活费额度的100%"的标准 |
| | 8. 流浪儿童临时救助津贴。额度为孤儿基本生活费额度的50% | × | | √ | |
| "城乡四级"一体化儿童福利服务体系 | 1. 专门负责儿童福利制度建设的领导机构 | √ | | √ | |
| | 2. 儿童福利服务指导中心 | √ | | √ | |
| | 3. 街道和乡镇设立儿童福利服务工作站 | √ | | √ | |
| | 4. 居委会、村委会设立1名专职儿童福利督导员 | √ | | √ | |

说明：√表示与任务书表述一致；△表示与任务书表述有差异；×表示没有。

第一，对"儿童福利""适度普惠"理解问题。各地对于关键定义的理解各异，导致其对儿童福利应包含的对象及政策条款理解上呈现差异。例如，对"新生儿津贴"是否应纳入儿童福利津贴范畴，对于那些家庭收入超过了低保的标准，儿童自身也不能归入困境儿童范围，但是实际上面临福利缺失的儿童，是否应该作为"适度普惠"的对象等问题，各地都存在不同的看法。

第二，对民政系统工作职能的困惑。两地民政部门工作人员认为，现在面临的核心问题是在儿童福利先行、先试的过程中，民政部门的职能究竟是什么。特别是构建四级服务网络，需要多部门的联合行动，民政部门的角色有待厘清。此外，先行、先试工作中涉及的儿童福利院的转型问题，也需要进一步研究。

第三，标准的认定上存在困难。两地都提到了对于困境儿童的认定标准及儿童津贴的发放标准问题。甚至有工作人员认为，在目前社会保障仍不完善的情况下，考虑到儿童福利是不是为时过早。

第四，政策支持的问题。两地民政部门工作人员都希望民政部尽快下发儿童福利先行、先试的正式文件，以便向两市的市级领导汇报，落实工作资金。

## （四）对儿童福利先行、先试工作的建议

基于对海宁市、江山市儿童福利制度先行、先试工作的评估情况，课题组对民政部儿童福利制度先行、先试工作提出如下建议：

第一，进一步做好儿童福利制度的顶层设计，慎重选择先行、先试地区，明确儿童福利制度先行、先试任务书的统一指导意义和功能。任务书应定位于意见性的指导而不是标准性的实操规定，以便于各地区根据实际情况充分发挥主动性和创造性，更切实地推动当地儿童福利制度的发展。

第二，要明确政策执行主体。要考虑到民政牵头的难度，可尝试采用多部门联合发文的形式发放政策文件，引起各地政府的重视，形成江山市试行的以"政府主导，民政牵头，部门合作、社会参与"的工作模式。此外，儿童福利督导员的身份和待遇问题也需要明确，以保障儿童福利制度先行、先试工作的落实和推进。

　　第三，进一步推敲津贴制度的合理性与可行性。津贴的对象和发放标准需要再界定，避免出现遗漏或重复发放的现象。对于同时享受其他社会救助的困境儿童，如残疾儿童、大病儿童的发放标准需要厘清。对于实际困境，但无法享受社会救助的困境儿童，如事实上无人照顾儿童等需要明确认定标准和发放标准。

　　第四，进一步明确四级服务体系的功能和定位。特别是要明确儿童福利指导中心所承担的工作内容和功能定位。将过去的儿童福利院的托养功能转换为儿童福利管理、资源链接和短期庇护功能，指导、支持儿童福利站和儿童福利员更好地工作。

　　第五，先行、先试的试点未包括儿童保护的内容。（对受到忽视和虐待的儿童等，根据最近在毕节和兰考发生的事件，有必要从儿童保护和福利的整体上考虑制度改革）

# 附件1　海宁市先行、先试跟踪监测报告

## 一　海宁市经济发展状况

海宁地处浙江北部，杭嘉湖平原南端。总面积 700.5 平方公里，现辖 8 个镇、4 个街道、3 个省级经济开发区，户籍人口 66 万，暂住人口 34 万。

2011 年全市实现生产总值 531.27 亿元，增长 11.0%，总量居嘉兴市 5 县 2 区之首，增速高于全省平均 2.0 个百分点。全市实现财政总收入 71.79 亿元，增长 21.3%，其中地方财政收入 38.82 亿元，增长 28.0%。全市地方财政支出 39.87 亿元，增长 22.5%，其中教育、医疗卫生、保障和就业等支出 14.59 亿元，增长 25.1%。2011 年，海宁市城镇居民人均可支配收入为 33188 元，增长 14.6%，扣除价格因素，实际增长 8.8%。占家庭总收入比重 57.3% 的工资性收入人均为 20877 元，增长 18.4%。农村居民人均纯收入为 17397 元，增长 19.6%，扣除价格因素，实际增长 13.6%。占收入比重 65.5% 的工资性收入人均为 11393 元，增长 18.1%。2011 年，该市城镇居民人均消费性支出 19458 元，增长 12.2%；农村居民人均生活消费支出 10534 元，增长 17.0%。① 2006～2011 年，海宁市人均 GDP、人均财政收入、城乡居民消费支出均高于同期的全国平均水平。

## 二　儿童福利政策背景

生活保障：根据《关于发放孤儿基本生活费的通知》（海民〔2011〕

---

① 整理自海宁市政府门户网站，http://zfxx.haining.gov.cn/gzxx/tjsj/201201/t20120121_205490.htm。

133 号），2011 年度海宁市为符合条件的孤儿发放基本生活费，福利院集中供养孤儿每人每月 1012 元，社会散居孤儿每人每月 607 元。根据《海宁市最低生活保障工作操作规范》（海民〔2007〕124 号），靠祖父母（外祖父母）抚养照料的，父母双亡（或父母无力抚养）的未成年人或尚在校就读的成年人，可以以本人作为户主，单独提出最低生活保障申请。

附表1 2006～2011 年全国与海宁市基本经济数据

单位：元

| 年 份 | 全 国 | | | | 海宁市 | | | |
|---|---|---|---|---|---|---|---|---|
| | 人均财政收入 | 人均 GDP | 居民消费支出 | | 人均财政收入 | 人均 GDP | 居民消费支出 | |
| | | | 城镇 | 农村 | | | 城镇 | 农村 |
| 2006 | 2900 | 16499.7 | 8697 | 2829 | 4400 | 34449 | 18236 | 8752 |
| 2007 | 3900 | 20169.5 | 9997 | 3224 | 5600 | 47094 | 20653 | 10200 |
| 2008 | 4600 | 23707.7 | 11243 | 3661 | 6800 | 46675 | 23080 | 11577 |
| 2009 | 5100 | 25607.5 | 12265 | 3993 | 7400 | 57471 | 25675 | 12781 |
| 2010 | 6200 | 30015.0 | 13471 | 4382 | 9000 | 69308 | 28972 | 14551 |
| 2011 | 7700 | 35181.2 | 15161 | 5221 | 10800 | 80497 | 33188 | 17397 |

数据来源：依据国家统计局和浙江省统计局 2007～2012 年统计年鉴整理。

医疗救助：根据《海宁市城乡居民医疗救助办法》（海政发〔2009〕84 号），对海宁市持救助证的人员、农村五保和城镇三无对象门（急）诊费用实行包干制，按每人每月 10 元标准执行。根据《海宁市提高儿童白血病和先天性心脏病保障水平试点工作实施办法（试行）》（海政办发〔2011〕74 号），对 0～14 周岁患病（6 个病种）儿童实行按病种限价付费。

康复政策：根据《海宁市残疾儿童抢救性康复项目实施办法》（海残联〔2010〕38 号），对残疾儿童实行康复训练、人工耳蜗手术和辅助器具配置等补助。

教育政策：根据《海宁市困难群众帮扶实施赞行办法》（海政发〔2006〕93 号），海宁市对困境儿童实行学费减免。

# 三 先行、先试任务进展情况

依据海宁市提交的《海宁市儿童福利服务制度先行先试工作方案（草

案)》和当天座谈会了解的情况得知，当前海宁市将儿童福利工作重点放在孤儿（既包括儿童福利院内的儿童、也包括散居的孤儿）上。未来的工作计划是在孤儿福利体系建设完善的基础上，分三步展开困境儿童福利制度建设。第一步是解决低保家庭儿童问题；第二步是解决留守儿童福利问题；第三步解决所有儿童的福利问题。

## （一）海宁市已经建立儿童福利四级网络

海宁市在接受先行、先试任务后，在已有的儿童福利工作框架下，基本按照先行、先试任务书，制订了工作方案，并且已经按照工作方案提出具体的工作步骤。

目前，已经完成了儿童福利工作四级机构的设立，明确了各级工作的职责。依托海宁市儿童福利院建立儿童福利服务指导中心，并专门设立春苗社会工作室为孤残儿童提供专业社工服务。在街道和乡镇设立儿童福利服务工作站；在居委会、村委会设立专职儿童福利督导员。每个街道/乡镇和每个社区居委会/村委会都有 1 名儿童福利督导员，两级共有督导员 237 名。海宁市已经完成自上而下、深入社区和乡村的"局—院—站—员"四级工作网络。

在市领导机构一级，海宁市成立了儿童福利工作联席会议制度，成员单位由民政局、财政局、教育局、劳动和社会保障局、人口和计划生育局、司法局、妇联、残联、团市委等组成，不定期地召集儿童福利工作所有涉及的各个部门开会，负责对孤儿养育工作进行统筹协调和督导评估。

儿童福利指导中心已经建立了一系列工作制度，并公开上墙接受监督。工作制度包括：《海宁市儿童福利指导中心职责》《孤儿养育状况督导评估制度》（含督导评估记录表）、《督导员职责》。其中，针对孤儿养育提出的孤儿养育状况"3＋1＋1"督导评估机制，对全市孤儿工作的落实进行了量化的要求。指导中心已经有全市所有孤儿的信息和督导评估制度实施以来每一次的评估记录。正在开展事实无人照管孤儿的调查和儿童的信息收集整理建档工作。儿童福利指导中心针对全市的督导员开展了二次培训，第一次就督导评估制度、方案、工作职责进行培训，第二次就督导员日常开展工作的方法进行培训。

街道/乡镇和社区居委会/村委会的两级督导员按照《孤儿养育状况督导评估制度》定期对辖区内的孤儿进行评估,重点落实各种津贴的申领、督促使用,关心孤儿的学习、生活和心理状况。

### (二) 海宁市已经提出建立分层分类福利服务制度的目标

海宁市在《海宁市儿童福利服务制度先行先试工作方案 (草案)》中提出针对困境儿童建立分层分类福利服务制度,实现困境儿童"养、治、教、康、精神"等方面综合保障。福利服务制度分三层次:第一层是突出"养"的基本生活保障制度。包括:1. 孤儿基本生活费;2. 贫困家庭儿童基本生活费;3. 事实无人抚养儿童基本生活费。第二层是突出"治、教、康"三方面的专项福利补助制度。包括:1. 大病补助;2. 康复补助;3. 教育补助。第三层是突出社工专业福利服务机制。依托市儿童福利院春苗社会工作室和村 (社区) 督导员,以"阳光福利服务工程"为载体,由社工和督导员为儿童提供专业服务,促进困境儿童融入社会。

海宁市的儿童福利津贴覆盖群体是孤儿和困境儿童。与《先行、先试任务书》相比,《海宁市儿童福利服务制度先行先试工作方案 (草案)》缺少新生儿营养津贴制度,暂时性失依儿童基本生活费,流浪儿童临时救助津贴。就这一点海宁市制订的实施方案和已经开展的工作与先行、先试的任务书提出的要求有差异。

## 四　面临的困惑

第一,海宁市将现阶段儿童福利对象包括孤儿和困境儿童 (贫困家庭儿童、大病重残儿童和事实无人抚养儿童 (以父母一方死亡、另一方失踪))。针对《先行、先试任务书》中提出建立新生儿营养津贴制度,海宁市及浙江省主管部门提出了质疑,为什么要设立新生儿营养津贴?是调查表明现在新生儿营养状况出现了问题?还是要促进生育?地方工作人员强调现在儿童福利的工作重点应该是困境儿童,如低保家庭儿童、成长中有困难的儿童家庭等这些困境儿童。

第二,根据海宁市街道/乡镇和每个社区居委会/村委会督导员的反映,目前的儿童福利体制出现一些保障盲点。例如，有的儿童家庭收入超过了低保的标准，儿童自身也不能归入困境儿童范围，但是在义务教育之后的高中、大学阶段教育时确实存在因经济困难而放弃升学的情况。另外，就是一些特殊的残疾儿童在教育和康复时遇到的困难。由于当地的特殊儿童教育没有相应的服务，海宁东山社区一个残疾儿童家庭为了给孩子接受康复训练，每天要往返于海宁市与嘉兴市之间。

# 附件2 江山市先行、先试监测跟踪报告

## 一 江山市经济发展状况

江山市地处浙闽赣三省交界，是浙江省西南门户，东毗遂昌，南邻福建浦城，西接江西玉山、广丰，北连衢州市常山、衢江、柯城，素有"东南锁钥、入闽咽喉"之称。区域面积 2019 平方公里，总人口 60.13 万，下辖 12 个镇 6 个乡 2 个街道、295 个行政村 13 个社区。2011 年，全市实现地区生产总值 201.04 亿元，同比增长 11.4%；财政总收入 16.03 亿元，其中，地方财政收入突破 10 亿元，同比分别增长 24.1% 和 24.7%；完成固定资产投资 98.48 亿元，同比增长 8%；城镇居民人均可支配收入 22704 元、农民人均纯收入 10887 元，同比分别增长 12.7%、16.5%。[①] 2006～2011 年，江山市人均 GDP、人均财政收入低于同期的全国平均水平，而城乡居民消费支出却均高于同期的全国平均水平。

附表2 2006～2011 年全国和江山市基本经济数据

单位：元

| 年 份 | 全 国 | | | | 江山市 | | | |
|---|---|---|---|---|---|---|---|---|
| | 人均财政收入 | 人均 GDP | 居民消费支出 | | 人均财政收入 | 人均 GDP | 居民消费支出 | |
| | | | 城镇 | 农村 | | | 城镇 | 农村 |
| 2006 | 2900 | 16499.7 | 8697 | 2829 | 1300 | 13026 | 13792 | 6177 |
| 2007 | 3900 | 20169.5 | 9997 | 3224 | 1500 | 18263 | 15514 | 6919 |
| 2008 | 4600 | 23707.7 | 11243 | 3661 | 1800 | 22220 | 17003 | 7737 |
| 2009 | 5100 | 25607.5 | 12265 | 3993 | 1800 | 23817 | 18224 | 8294 |
| 2010 | 6200 | 30015.0 | 13471 | 4382 | 2200 | 28552 | 20138 | 9345 |
| 2011 | 7700 | 35181.2 | 15161 | 5221 | 2700 | 33869 | 22704 | 10887 |

数据来源：依据国家统计局和浙江省统计局 2007～2012 年统计年鉴整理。

---

① 整理自江山市政府门户网站，http://www.czjs.gov.cn/zjjs/jskk/jsgk/index.htm。

## 二 儿童福利政策背景

生活保障：《江山市孤儿基本生活费发放管理办法》，为孤儿基本生活费的申报、发放提供依据。按照福利机构养育孤儿每人每月1000元的标准，社会散居孤儿每人每月600元的标准，全市累计为年底登记在册的129名孤儿发放基本生活费182.88万元。

医疗救助：根据《江山市医疗救助实施办法》（江政办发〔2006〕199号），对于农村五保对象和城镇"三无"人员，享受该市最低生活保障救助的人员，自负医疗费用在3万元以上且影响家庭基本生活的人员等，实行住院医疗费用和特殊病种的门诊费用的救助。救助标准因救助对象和具体情况而异，最高达1万元，属特别困难的救助对象救助标准最高可达2万元。

康复政策：根据《江山市残疾人康复工程实施细则（试行）》（江残联〔2008〕）42号：为残疾人康复工程的实施对象提供以下服务，同等条件下残疾儿童优先：1.为贫困白内障患者免费施行复明手术；2.为贫困听力残疾人免费验配助听器；3.为贫困低视力者免费验配助视器；4.为贫困下肢缺肢者免费安装假肢。

教育政策：《衢州市儿童发展规划（2011～2015年）》（衢政发〔2011〕93号）中规定，实施家庭经济困难学生资助扩面工程。建立以国家助学金、困难学生免学费、学校奖助学金为主要内容的普通高中家庭经济困难学生资助制度和以低保家庭幼儿、福利机构监护的幼儿、革命烈士子女、五保供养的幼儿、残疾幼儿为对象的学前教育资助制度，保障全市家庭经济困难儿童公平接受15年基础教育的机会和权利。

## 三 先行、先试任务进展情况

依据江山市提交的《江山市试行适度普惠型儿童福利制度工作方案（草案）》和当天座谈会了解的情况得知。江山市在接受先行、先试任务后，在已有的儿童福利工作框架下，基本按照先行、先试任务书，制订了工作方案，并且已经按照工作方案提出了具体的工作步骤。江山市对未来的儿童福利工作进行了计划安排：第一阶段 2012 年 9 月 ~ 12 月，建立起儿童福利"四级网络"服务体系；第二阶段 2013 年 1 月 ~ 12 月，推进八项儿童福利制度；第三阶段 2014 年起，实施适度普惠儿童福利制度。

## （一）江山市已经建立儿童福利四级网络

江山市目前已经建立了适度普惠儿童福利工作领导小组；依托江山市社会福利院现有的场地、设施，建设江山市儿童福利服务指导中心，并且获得了 2 个人员的正式编制；设立乡镇（街道）儿童福利服务工作站；在村（社区）级已经安排 313 名儿童福利督导员。江山市已经完成自上而下、"局—院—站—员"四级工作网络。

市委市政府建立试行适度普惠型儿童福利制度领导小组，市委或市政府领导任组长，有关部门负责人任成员，建立健全"政府主导，民政牵头，部门协作，社会参与"的儿童福利工作机制。由市民政局起草了《江山市儿童福利保障实施办法（试行）》，包含了保障对象和标准、申请程序、停发、管理和法律责任等内容，已经为正式开始实施试点项目做好了政策的准备。儿童福利指导中心成立，人员已到位，已经有完备的全市孤儿的信息。但是《先行、先试任务书》中要求指导中心的其他职能工作尚未开展。街道/乡镇、居委会/村委会都按以往要求开展儿童工作。

## （二）江山市已经提出建立了立分层分类福利服务制度的目标

江山市在《江山市试行适度普惠型儿童福利制度工作方案（草案）》中提出针对所有儿童群体建立分层次、分类型、分阶段、分标准的保障制度。第一阶段针对孤儿；困境儿童（本身有残疾或疾病等困难、亟须保障的儿童）；困境家庭儿童（遇到困难和问题的家庭里的儿童）建立以"救"与"助"为主的生活、医疗保障制度，包括：孤儿基本生活费保障制度；重残儿童医疗康复保障制度；大病儿童医疗康复保障制度；流浪儿童临时救助制度；重残家庭儿童基本生活保障制度；重病家庭儿童基本生活保障制度；单亲困境家庭儿童基本生活保障制度；暂时性失依儿童基本生活保障制度。第二阶段面向普通儿童，建立"福利"制度。拟定从 2014 年 1 月起实施新生儿营养补贴制度。对所有 1 周岁以内儿童，按照每月 30 元的标准给付营养津贴。

江山市在《江山市试行适度普惠型儿童福利制度工作方案（草案）》中已经对享受保障制度的儿童一年内共需资金初步测算，大约需要1008.12万元。民政局的官员表示，虽然近两年市财政增长放缓，但是只要领导重视，资金就不是问题；需要民政部的正式文件才能争取到省里、市里的支持，希望财政部、省和地方一起解决资金问题。

## 四 江山市先行、先试儿童福利工作面临的困惑

第一，江山市民政局在理解先行、先试儿童福利工作时，强调此项工作的重点应该是福利而不是救助。它们认为，《先行、先试任务书》中除了建立新生儿营养津贴制度外，其他的七项制度都是已经由不同部门做了多年的，并且已经有相对完备的管理体系了。所以它们提出怎么理解"福利"的概念是推行此项工作的核心，各级领导也需要对此达成一致，才能顺利开展工作。

第二，江山市民政局针对《先行、先试任务书》中要求儿童福利服务指导中心承担起建立涵盖全体儿童的信息数据库和负责各类儿童津贴的申请受理和审批的两项职能，提出希望建立一个由省负责的各项津贴的审批系统。原因是目前孤儿的各项手续审批都由民政部统一管理，全国任何报批工作都需要经过民政部的审批，系统繁杂，没有整合。

第三，根据江山市街道/乡镇和每个社区居委会/村委会督导员的反映，重病家庭、单亲家庭的认定非常困难，因为目前都是看收入，不看支出。

# 第十一章　残疾儿童服务：社区融入项目的个案研究*

杨　曦　肖夏璐　等**

## 一　残疾人观的发展：从医疗模式到社会模式

残疾人观是人们对残疾现象和残疾人问题的基本看法、态度和观点。关于残疾人康复与服务的理论是建立在特定社会的政治、经济、文化基础之上的，当某一社会对残疾、平等的观念发生变化时，残疾人的社会服务模式也会随之变化。20 世纪 60 年代以来，随着经济社会发展和残疾人运动广泛开展，西方出现了一系列与残疾人教育与服务相关的新思想或概念，如"正常化"原则、"去机构化"运动、回归主流，以及全纳教育思潮等。人们认识和看待残疾现象，也经历了从医疗模式向社会模式的历史转变，并且与平等权利、独立生活和自由发展等现代理念相契合。在从医疗模式向社会模式转变的过程中，全纳的观点和去机构化运动带来的影响最为显著。

全纳的观念直接起源于 20 世纪 50 年代以来的美国民权运动。民权运动者提出"分开就是不平等"的口号，要求不同种族、群体平等地参与社会生活，一系列与残疾人相关的联邦法案及相应的法庭辩论都极大地克服了

\* 经儿童乐益会（中国）同意，本文部分发表受其委托评估项目《北京市残障儿童发展项目》的内容。

\*\* 杨曦：中国社会科学院研究生院社会学所在读博士研究生；肖夏璐：中国社会科学院研究生院社会工作教育中心在读硕士研究生。参与课题的成员还包括：尚晓援、虞婕、李坤。

社会上对残疾人的歧视与偏见，确保了美国宪法赋予的"对平等机会非歧视性的保护"的权力，使传统的对残疾人进行隔离式的教育与服务受到公开的怀疑与挑战。这些都导致全纳观念的诞生。全纳包含两层含义：其一是残疾儿童在正常的环境（即普通学校）中接受平等的、适当的教育；其二是残疾人对社区生活平等、全面地参与，即社区融合。

社区融合的思想极大地改变了残疾人的康复与服务模式，"去机构化运动"则使越来越多的残疾人离开封闭的、与主流社会隔离的、寄宿制的社会福利或康复机构，重新返回正常的社区环境接受相关的支持与服务。"去机构化"运动是相对于原来的教养、福利性质的机构而言的。1966 年，在美国寄宿制的教养机构里的智力落后人士每天的花费不足 5 美元。许多学者在大众媒体上描述了智力落后与其他行为问题儿童在隔离机构中可怕的生活条件与待遇，引起了公众对与智力落后及其他类型残疾人生活状况的极大关注。"去机构化"运动就是将残疾人从大型的、较为封闭的残疾人医疗养护、康复或教育机构，转向以社区为基础的、较小的、比较独立的生活环境。"去机构化"运动加速了残疾人对主流社会的融合与参与，促进平等、支持性社区的形成，并在全球范围内产生了巨大的影响。

## （一） 残疾的医疗模式

残疾的医疗模式认为，残疾是残疾人自身的缺陷，是发生在少数人身上的异常或悲惨现象；残疾人是病态的、非正常的、不能独立生活的和需要治疗的对象，他们不能以有意义的方式贡献社会，并且个人应该对残疾与障碍负责。很长时间里，人们在日常生活中将描述一个人有某种缺陷，甚至公认的带有贬义性质的词语用于残疾人，例如，瘸子、瞎子、哑巴、神经病、白痴等，或者直接称为"残废""废人"及"无能""无用"的人。与医疗模式的认识相关，残疾一直被作为社会福利、慈善救济、医疗卫生或监护立法的一个方面来处理，残疾人被看作值得同情、需要救助和应该被关爱的人。由于社会主要是为"正常人"设计的，残疾人要么通过自身努力，克服功能障碍，去适应"正常的"社会；要么在单设的特别机构中，接受社会的隔离安置（如特殊教育学校、安养机构、庇护就业机构等），或者采取一些"特殊的"服务解决他们"与众不同的需求"，而不是改变设施或调整服务以适应残疾人。社会对残疾问题的治疗，主要是通过医疗卫生服务、社会福利和慈善救助等项目，对残疾人进行关心、保护和帮助，通过治疗与康复尽力帮助残疾者重建身体功能，以使他们适应"正常的"社会机制。社会本着人道的考虑，将残疾人作为福利与慈善的对象，通过救济与施舍使残疾人的生活状况有所改善。虽然一些国家也通过了针对残疾人的福利立法，但是这些立法并没有从根本上改变残疾人受救济甚至受施舍者的地位，残疾人的价值仍然被忽视甚至否认。

## （二）残疾的社会模式

残疾的社会模式认为，残疾不仅是一种生理现象，更是一种社会现象；残疾人问题不仅是一个医学问题，也是一个社会的、权利的和发展的问题。《残疾人权利公约》指出，"残疾是伤残者和阻碍他们在与其他人平等的基础上充分和切实地参与社会的各种态度和环境障碍相互作用所产生的结果"。人们也逐渐认识到残疾人所遭遇的困难主要并非残疾本身所致，而是社会造成的，是不健康的残疾人观念与社会政策共同造成了对残疾人的普遍的社会排斥与隔离。例如，道路和建筑物设计上存在的通达障碍使得残疾人无法独立走出家庭、步入社区，信息沟通上存在的交流障碍使得残疾人无法参与社会生活。因此，残疾不应当只被看作残疾人个人的事，更应当被视为社会共同应对的问题。所以，现在越来越多的人更愿意将残疾人称为"残障者""障碍人士"，来表达这样一种新的认知：不是残疾人自身存在的缺陷，而是社会存在的障碍，使他们不能全面参与社会生活。从权利和发展的角度来看，残疾人不再是"不能独立的"主体，也不再是社会的负担，他们有权利和所有人一样留在一般的教育、保健、就业、社会等服务体系内获得所需要的支持，和所有人一样可以成为他们所在社会发展的参与者、奉献者和获益者。社会应当消除物质环境、观念态度和体制安排等各方面的障碍，全面向残疾人开放，使残疾人同样可以工作、受教育、有房住、参与文化体育和娱乐活动，以及从事一般人可以从事的所有活动。可见，残疾的社会模式所强调的，是社会应当消除任何形式的歧视和障碍，确保所有人无论残疾与否都能够参与和融入社会生活。

## （三）残疾人社会融合的意涵及其领域

### 1. 社会融合的意涵

社会模式的残疾人观，即现代残疾人观，是建立在融合的观念之上的。"融合"也被翻译成"包容""全纳"。社会融合指以和谐为目的的个体或群体与社会环境的交互过程，这一概念源自人们对社会排斥的研究。残疾人社会融合，既可以指残疾人不断融入社会的过程；也可以指残疾人本身就在社会环境之中，与生活在一起的人们相互接纳、融为一体的状态，有三个层面的意义：一是社会的融合，是指残疾人以一般社会成员的身份参与到政治、经济、社会和文化生活中，参加到普通的社会组织、机构和活动中，融入主流社会的人际关系和社会交往中；二是文化的融合，也就是思想认识和价值观念的融合。社会如果保持一种正面的价值认知，就会将残疾现象及残疾人的参与和创造，视为对人的多样性、文化的多元性和社会的丰富性作出的独特贡献。正是由于残疾人的存在，让人们对生命更加尊重，对精神更加敬畏，对自己和他人更加珍惜，因此形成一种凝聚人心、团结社会的新的文化力量；三是心理的融合，也就是残疾人与社会之间相互认同和接纳的心理建构过程。残疾人心理越健康，越能够产生对自我和社会的正面评价，与身边的人和环境的关系就越融洽，因此越能得到社会接纳。社会用平等的眼光看待残疾人，残疾人也用平和的态度面对社会，相互认同和接纳，逐步达到感情上的融洽、心灵上的融合。

社会融合的观念，也为认识残疾人和残疾人问题提供了新的视野：第一，残疾是残疾人与环境相互作用的结果，也可以理解为残疾人在社会融合过程中存在的障碍；第二，残疾人的社会价值只有在社会融合中才能得到体现，所以，必须消除各种障碍，使他们能够充当正常的社会角色，充分地参与社会生活；第三，残疾人问题主要是社会融合问题，这些问题既可能与环境的设计和结构有关，也与人们的态度密切相关，所以解决残疾人问题，就要关注整个社会系统的无障碍；第四，残疾人的发展水平，与他们社会融合的程度和方式直接相关，残疾人事业的根本任务是促进残疾人与社会的融合。

**2. 社会融合的领域**

残疾人的每一项权利都是具体的，如联合国《关于残疾人的世界行动纲领》《残疾人机会均等标准规则》及最近施行的《残疾人权利公约》，把无障碍环境、教育、就业、收入保障和社会保障、家庭生活、文化、娱乐和体育活动、宗教等，确定为残疾人平等机会和平等参与的重点目标领域，在全球范围内推动了相关权益的保障。本文将对残疾儿童社会融合的一个典型个案进行研究，根据本研究的项目个案所涉及的范围，主要介绍残疾人融入社会三个方面的关键领域，包括教育、文化和社区，这三个方面也是残疾儿童更需要受到关注的地方。

（1）融合教育

融合教育倡导学校提供适合每个人需要的教育。融合教育让残疾人获得了平等受教育的机会。人们经常讲，教育的不公平，导致人生起点的不公平。对于残疾人而言，公平教育最大的意义是他们可以自主选择受教育的方式，融入社会的普通教育系统，享受到跟普通孩子一样的教育机会，而不是被封闭起来孤立对待。在具体工作的层面，融合教育可以采取多种形式，甚至采用更灵活的、更有创新性的教育和上课方式，本文的个案中，机构为盲校的孩子们开展快乐儿童健康课的活动，把上课变成有趣的游戏模式，使孩子们在快乐玩耍的同时，沟通、表达、协作、思维等各方面的能力得到潜移默化的提升。

（2）融合文化

狭义的融合文化是指残疾人在平等的基础上参与社会文化活动，享受公共文化服务，进行文化创造，并由此形成的新的社会文化形式和精神文化产品。广义的融合文化还包括社会创作有关残疾人主题的文化作品或者举办有关残疾人主题的文化活动。融合文化包括文艺、休闲、娱乐、体育、健身等诸多领域，是社会文化的组成部分。融合文化最重要的是共融，即共同融入社会文化活动。残疾人参与文化、体育、休闲、娱乐活动是综合性的，他们应当与所有人一样享有法律规定的公共文化设施和参加公共文化活动，并能够同普通人一起参加文化交流活动，而不应被排除在"健全人"参加的文化活动之外。在本文的个案中，残障儿童和青少年参加的融合文化活动非常丰富，有残疾人的音乐会、盲人摄影展、残障儿童与健全儿童一起参加的融合夏令营，等等。

（3）社区融合

社区康复理念的变化，是从"治疗模式"到"融合发展模式"的转变：一是社区康复内容从阶段性的个体功能恢复向持续的社区参与活动转变，更加强调残疾人的主动参与和全面融入；二是社区康复责任从以个人为主向以社会为主转变，更加强调主流社会价值观的改变和社会无障碍环境的创设对残疾人康复的意义。社区是残疾人进行社会融合的载体和具体场所，残疾人融入社会，也需要营造平等、包容、无障碍的社区环境。本文个案中服务残障儿童的项目，也开展了帮助残障儿童青少年融入社区的各项活动，例如，特殊教育学院的茶艺社组织茶艺社区活动及在社区开展的残障儿童亲子活动等。

## 二 残障儿童社会融入的个案——"对时计划"发展项目

### （一）项目背景

"对时计划"是由劳力士提供赞助，儿童乐益会与一加一（北京）残障人文化发展中心合作开展的残障儿童发展活动。据儿童乐益会的前期调研，目前对于肢体、视力、听力障碍的儿童和青少年所提供的服务项目集中在医疗康复和教育领域，社会发展和融入的项目比较少。为此，对时计划——残障儿童及青少年发展项目（以下简称"对时计划"）将就残障儿童，特别视力、听力和肢体残障的儿童和青少年的发展和社会融入展开干预工作。项目地点为北京地区（含在京外地户籍人士），项目时间为 2011 年 10 月 1 日~2012 年 9 月 30 日，历时 12 个月。"对时计划"旨在以残疾人社会模式的观念，帮助残障儿童塑造自我形象，学习在情绪管理、竞争力、挫折抵抗、责任感、独立性、自律及人际关系等方面的圆融技巧。实现残障儿童及青少年的自我身份认同和突破，以及大众观念的改变，促进残障儿童及青少年的社会和社区融入，并为国内残障人自助组织的发展提供契机，提高残障儿童及青少年参与残障事务的决策能力，培养本土残障人自助组织的工作能力。

## （二）项目内容

"对时计划"包含一系列服务残障儿童及青少年的具体项目，并依托儿童乐益会的专业培训资源和技术体系，在服务方面具有独特的优势，有较高的服务质量和水平。项目的主要内容有以下几个部分：

### 1. 融合教育——快乐儿童健康课

儿童乐益会与北京市盲人学校合作，为盲校的三、四、五、六年级的盲生在体育课和心理课上开展快乐儿童健康课的活动，将授课式的教育转变成为游戏的方式，老师带领盲生做团体益智游戏。这些游戏都是儿童乐益会通过多年海内外的实务经验总结而成的，并且经过适当修改，使其更加适合盲人学生操作玩耍。通过快乐儿童健康课的实践，儿童乐益会同时组织专家和学校老师改编《健康快乐儿童指导员手册系列——视障儿童游戏手册》，将课上的游戏模式和经验固定下来，希望能够推广到更多的学校和地区。这本手册包括 3 个年龄段的内容，包括总论，热身游戏、缓和游戏、社交类游戏和情感类游戏等部分，现已经完成全书的改编工作。快乐儿童健康课也已经开展了两个学期，直接受益的盲童超过 100 人。快乐健康儿童课是融合教育的体现，采用更加灵活具有创新性的游戏方式，使得残障儿童开发智力，提升能力，改善关系，培养团队精神，给孩子们在比较繁重的课业学习中带来极大的乐趣，促进孩子的身心健康发展。并且编成游戏手册，使这种融合教育方式能够以最快的速度推广开来。

### 2. 融合文化——残障大学生社团文艺活动

儿童乐益会与北京联合大学特殊教育学院的 6 个社团合作，以残障大学生为主，组织了丰富的社团活动，有广播剧录制、《时·光》盲人摄影展及分享讨论会、盲人音乐会、残障大学生梦想支持活动、青年视障人俱乐部、盲人话剧、茶艺进社区等。儿童乐益会在与联合大学残障大学生合作时，主要的角色是活动支持者和资源提供者，并不直接参与策划，而是充分发挥残障大学生的主观能动性、积极性和创造性，让其自主地策划并开展活动，儿童乐益会在活动过程中提供支持，包括技术支持、资源支持（资金、社会关系等），帮助残障大学生更好地开展活动，使活动有更大的效果和影响。例如，广播剧组的负责人就说："活动策划是推拿社广播剧组先编写，再由机构给予指导和修改；剧组录制时在机构里进行，但是机构人员并没有参与剧情；经费全部由机构提供。"可以看到，残障大学生的社团活动是残疾人社会融合文化的体现，充分发挥出残障大学生在文化、艺术方面的热情和特长，使他们锻炼了能力，更好地适应了社会，为今后寻找工作打下良好的基础。

### 3. 社区融合活动

儿童乐益会并不是本土的机构，因此与国内社区的联系不如本土机构紧密，也没有直接扎根社区内部的项目，因此在开展社区融合活动时主要是通过与社区合作，开展残障儿童亲子活动或训练营，以及残障儿童融合夏令营的活动，在一年的项目周期中，共开展了3个不同类型的夏令营，有听障融合夏令营、视障夏令营和亲子夏令营，3次亲子活动，包括西城区视听及残障儿童家长亲子活动、"六一"儿童节盲人图书馆的亲子活动以及"10·15"国际盲人节亲子活动。通过这些活动，也能够使残障儿童和青少年更好地融入社会、融入社区，并改善他们与父母的亲子关系和与社区邻居的人际关系。

### 4. 项目的受益人数量

经统计，项目直接受益者280人，其中包括：视障儿童及青少年180人，听障儿童及青少年15人，肢体障碍儿童及青少年5人，残障儿童家长30人，教师10人，非残障儿童20人，非残障儿童家长20人。

## （三）项目效果

### 1. 项目效果评估调查方法

项目的效果评估主要通过问卷测量法和访谈法收集数据进行分析。其中，北京市盲人学校的盲生，从四、五、六、初一（最初快乐健康儿童课是三、四、五、六年级，由于项目实施了两个学期，参加项目的盲生已经升学一级），每个年级抽取一个班的盲生进行问卷调查测量，最后调查盲生总数量为41人，而据统计，上过活动课的孩子一共有76人，抽样的人数大于总人数的一半。同时，抽样的盲生超过一半的人都参加过儿童乐益会组织的夏令营和亲子营等社区融入活动。数据分析将使用SPSS统计软件。对联合大学的残障大学生采用的是访谈法，这样相比问卷法能够得到更深入的资料。

**2. 项目效果评估**

（1）盲校活动课的效果和评价

活动课受到绝大多数盲生的欢迎，并希望持续进行。

通过调查，如表 11 - 1、表 11 - 2 所示，有 37 名盲生，超过总调查人数的 90%，非常喜欢上活动课，只有 1 名盲生有些不喜欢活动课。39 名孩子都希望以后能继续上活动课程做游戏，而且只有 1 名盲生说不希望上活动课。可以看出，以游戏为主的活动课程是相当受孩子们欢迎的。笔者在给盲生做调查的时候，也发现，盲生一提到活动课都表现得很兴奋，很多孩子都能喊出来活动课上做的游戏，比如《找松鼠》等，也有孩子说，"总是想着下节课该玩什么游戏了"，可见活动课让孩子们感觉到很快乐，受到孩子们的欢迎。

**表 11 - 1　是否喜欢活动课的游戏**

| | | 频　率 | 百分比 |
|---|---|---|---|
| 有　效 | 1.00 非常喜欢 | 37 | 90.2 |
| | 2.00 有点喜欢 | 3 | 7.3 |
| | 3.00 一般 | 0 | 0 |
| | 4.00 有点不喜欢 | 1 | 2.4 |
| | 5.00 很不喜欢 | 0 | 0 |
| | 合　计 | 41 | 100 |

**表 11 - 2　是否希望继续上活动课**

| | | 频　率 | 百分比 |
|---|---|---|---|
| 有　效 | 1.00 希望 | 39 | 95.1 |
| | 2.00 不希望 | 1 | 2.4 |
| | 3.00 无所谓 | 1 | 2.4 |
| | 合　计 | 41 | 100 |

近八成的盲生认为，活动课有助于改善人际关系，超过半数的盲生愿意通过游戏与健全儿童融合。

表 11 - 3 和表 11 - 4 测量的是通过开设活动课孩子们一起玩游戏，对于

盲生的人际关系是否有改善。通过调查，表 11-3 显示，17 名盲生觉得通过活动课做游戏跟很多同学的关系都变好了，占调查人数的 41.5%；觉得自己通过活动课只跟一两个同学改善了关系的有 14 人，占调查人数的 34.1%；由此可见，大部分盲生通过活动课大家一起玩游戏，一起交流与合作，都或多或少地改善了同学之间的关系。只有 4 名盲生觉得自己因为活动课反而与其他同学关系变差了，在笔者现场实地调研时，确实发现有一名男孩不受大家的喜欢，其他人尤其是男生都表示不愿意跟他一起玩游戏，说他不遵守规则，老是搞破坏，经常故意把事情搞砸，谁跟他一个队伍肯定会输，这样的孩子虽然是少数，但是其表现出来的消极不合群的行为和低自尊的状态，需要得到学校老师和机构工作人员的重点关注，并通过相应的方法去激励孩子，帮他改变较低的自我价值，重建自尊感。

表 11-4 的调查结果显示，有 11 名盲童非常愿意跟健全孩子一起做游戏，12 名孩子比较愿意跟健全的孩子一起做游戏，相加后占总调查人数的 56.1%，可见超过半数的盲生都还是比较愿意跟健全孩子一起玩游戏的，但是也有 13 名孩子不愿意跟健全孩子一起玩，笔者实地调研时，就发现有些盲生对健全的孩子特别抵触，他们曾经被身边的健全孩子笑话过、欺负过，留下很深刻的负面印象，因此他们特别不愿意跟健全孩子一起玩。这种情况希望能够通过融合夏令营来改善，在融合夏令营中，健全孩子和残障孩子一起参加活动做游戏，而且有老师的正确引导，通过融合夏令营应该能够很好地改善残障孩子与健全孩子的关系。

通过表 11-5 可以看出，有 27 名盲生认为团队合作至关重要，9 名孩子认为团队合作比较重要，一共占总人数的 87.9%，只有 3 名盲童认为团队合作不是很重要，可以看出，通过活动课孩子们一起做游戏，分成不同的组竞争对抗，让孩子们意识到团队配合的重要性，启发了孩子们团队合作的意识，并且让孩子们更多地与他人去交流沟通，表达自己的想法，也倾听他人的意见，因此活动课程不仅仅让孩子们感受到做游戏的快乐，同时也潜移默化地锻炼了他们团队合作、交流沟通、动手动脑的能力，从这个意义上来说，活动课的开展是很有价值的，对孩子们的成长是很有帮助的，很有效果的。

表 11 - 3    通过活动课的游戏，与其他同学的关系变化

| | | 频 率 | 百分比 |
|---|---|---|---|
| 有　效 | 1.00 跟很多同学关系都变好了 | 17 | 41.5 |
| | 2.00 只跟一两个人关系有改善 | 14 | 34.1 |
| | 3.00 没什么变化 | 6 | 14.6 |
| | 4.00 关系反而变坏了 | 4 | 9.8 |
| | 合　计 | 41 | 100 |

表 11 - 4    愿不愿意跟视力健全的孩子一起上活动课做游戏

| | | 频 率 | 百分比 |
|---|---|---|---|
| 有　效 | 1.00 非常愿意 | 11 | 26.8 |
| | 2.00 有些愿意 | 12 | 29.3 |
| | 3.00 无所谓 | 5 | 12.2 |
| | 4.00 有点不愿意 | 6 | 14.6 |
| | 5.00 很不愿意 | 7 | 17.1 |
| | 合　计 | 41 | 100 |

表 11 - 5    活动课做游戏，团队合作重不重要

| | | 频 率 | 百分比 |
|---|---|---|---|
| 有　效 | 1.00 至关重要 | 27 | 65.9 |
| | 2.00 比较重要 | 9 | 22.0 |
| | 3.00 一般 | 2 | 4.9 |
| | 4.00 不是很重要 | 3 | 7.3 |
| | 5.00 很不重要 | 0 | 0 |
| | 合　计 | 41 | 100 |

（2）亲子活动及夏令营的效果与评价

被调查的 41 名盲生中，共有 11 人参加过乐益会和"一加一"组织的亲子活动，因为亲子活动是自愿性质的，因此参加亲子活动的盲童并没有那么多，此外，还有听障、肢残的孩子参加过亲子活动，但因为调查可行性的原因，只能通过调查盲校的盲生获取数据。

大部分盲生觉得参加亲子活动后感到快乐，收获较大。

通过表 11 - 6 可以知道，11 名参加过亲子活动的盲生中，有 7 人觉得

参加亲子活动的收获特别大，2 人觉得有比较大的收获，只有一个孩子觉得收获很小。同样，表 11 - 7 中，有 10 名盲生觉得参加亲子活动很快乐，只有一人觉得快乐很少。由此可以发现，孩子们对亲子活动是比较喜欢的，也能从中获得很大的快乐和很多收获。

表 11 - 6　亲子活动收获大小

| | | 频　率 | 百分比 |
|---|---|---|---|
| 有　效 | 1.00 很小 | 1 | 2.4 |
| | 2.00 有点小 | 0 | 0 |
| | 3.00 一般 | 1 | 2.4 |
| | 4.00 比较大 | 2 | 4.9 |
| | 5.00 非常大 | 7 | 17.1 |
| | 合　计 | 11 | 26.8 |
| 缺　失 | 系　统 | 30 | 73.2 |
| 合　计 | | 41 | 100 |

表 11 - 7　快乐程度大小

| | | 频　率 | 百分比 |
|---|---|---|---|
| 有　效 | 1.00 很小 | 1 | 2.4 |
| | 5.00 非常大 | 10 | 24.4 |
| | 合　计 | 11 | 26.8 |
| 缺　失 | 系　统 | 30 | 73.2 |
| 合　计 | | 41 | 100 |

超过半数的盲童的人际交往能力通过亲子活动而有所改善。

表 11 - 8 中，有 7 名盲童觉得通过亲子活动与父母的关系发生了较大的变化，有了不少改善；表 11 - 9 显示，11 名盲生中有 8 人觉得通过亲子活动与老师的关系发生了较大变化，有了不少改善；表 11 - 10 显示，11 名盲生中只有 5 人觉得通过亲子活动与同学的关系发生了较大变化；表 11 - 11 显示，有 5 名盲童通过参加亲子活动认识了新朋友，其他孩子并没有认识新朋友，可能的原因是亲子活动招募的对象大多是以班集体为单位，孩子们很有可能是一个班的同学，这也反映出亲子营招募成员途径比较单一，需

要拓宽社会资源。带夏令营的王老师反映，孩子们在参加夏令营时特别开心，她带的是视障儿童的夏令营，虽然只有两三天，但孩子们提到暑假印象最深的事都会说夏令营，她觉得孩子们通过夏令营的经历，变得更加自信了，眼界也更开阔了，在与人相处方面有显著的提升。总体来说，通过亲子活动，大多数的盲生与家长、老师的关系都发生了变化，有了改善，增进了互相之间的理解。部分盲童的同学间关系也有了改善，并且认识了新的朋友和伙伴，因此开展亲子活动，对于改善盲童与父母、老师、同学的关系，增进互相之间的理解是很有效的，同时也能让盲生走出去，更多的接触社会接触他人，对于盲童的身心健康发展很有帮助。

表 11 - 8　与父母关系变化

|  |  | 频　率 | 百分比 |
|---|---|---|---|
| 有　效 | 1.00 很小 | 0 | 0 |
|  | 2.00 比较小 | 1 | 2.4 |
|  | 3.00 一般 | 2 | 4.9 |
|  | 4.00 比较大 | 4 | 9.8 |
|  | 5.00 非常大 | 3 | 7.3 |
|  | 合　计 | 10 | 24.4 |
| 缺　失 | 系　统 | 31 | 75.6 |
| 合　计 |  | 41 | 100 |

表 11 - 9　与老师关系变化

|  |  | 频　率 | 百分比 |
|---|---|---|---|
| 有　效 | 1.00 很小 | 1 | 2.4 |
|  | 2.00 有点小 | 0 | 0 |
|  | 3.00 一般 | 2 | 4.9 |
|  | 4.00 比较大 | 3 | 7.3 |
|  | 5.00 非常大 | 5 | 12.2 |
|  | 合　计 | 11 | 26.8 |
| 缺　失 | 系　统 | 30 | 73.2 |
| 合　计 |  | 41 | 100 |

表 11 – 10　与同学关系变化

| | | 频　率 | 百分比 |
|---|---|---|---|
| 有　效 | 1.00 很小 | 1 | 2.4 |
| | 2.00 有点小 | 0 | 0 |
| | 3.00 一般 | 5 | 12.2 |
| | 4.00 比较大 | 2 | 4.9 |
| | 5.00 非常大 | 3 | 7.3 |
| | 合　计 | 11 | 26.8 |
| 缺　失 | 系　统 | 30 | 73.2 |
| 合　计 | | 41 | 100 |

表 11 – 11　是否在参加亲子活动或夏令营时认识新朋友

| | | 频　率 | 百分比 |
|---|---|---|---|
| 有　效 | 1.00 认识了很多新朋友 | 1 | 2.4 |
| | 2.00 认识了一两个新朋友 | 4 | 9.8 |
| | 3.00 没有 | 6 | 14.6 |
| | 合　计 | 11 | 26.8 |
| 缺　失 | 系　统 | 30 | 73.2 |
| 合　计 | | 41 | 100 |

（3）项目对受益对象个人精神层面影响的效果和评价

超过六成的盲生更加积极面对生活。

通过表 11 – 12 和表 11 – 13 的对比，即基线和末期的对比可以发现，选择 1 选项（虽然看不见，但我不气馁，我很积极地面对每一天的生活）的盲生在基线调研中是 20 人，末期调研中是 26 人，有一个明显的提升，可见部分盲校的盲生经过一年的学习和生活，变得更加积极了一些。

超过七成的盲童自信心增强。

表 11 – 14 通过对盲生自信心的调查，更说明了盲生在两个学期中的变化。表 11 – 14 中，有 19 个盲生觉得自己与去年相比自信心增强了很多，几乎占调查人数的一半，另外有 12 名盲生觉得自己与去年相比自信心增强了一点，二者相加，有 75.6% 即 3/4 的盲生觉得自己的自信心比去年有所增强，这说明盲生在过去的两个学期里面得到了很多成长。表 11 – 15 也显示，

将近一半的盲生觉得自己与去年相比幸福多了，63.4%的盲生觉得自己比去年要幸福。这都说明了盲生在这两个学期中发生的变化，而这两个学期对盲生来说，相比健全的学习生活，改变最大的就是儿童乐益会的项目走进了校园，开展了内容丰富的活动游戏课，虽然很难通过标准的实验控制变量来证明儿童乐益会的活动是否直接产生了上述效果，但通过笔者的调研和观察，以及对盲校老师和部分孩子的访谈，笔者认为，儿童乐益会在学校开展的各项活动对提升盲生的自信心，增强盲生的幸福感等精神健康层面起到了很大的促进作用。

**表 11 - 12　身体上的疾病和不便对你的精神气儿有什么影响呢**

| | | 频　率 | 百分比 |
|---|---|---|---|
| 有　效 | 1.00 我一点也没有感觉气馁，我很积极地面对每一天的生活 | 26 | 63.4 |
| | 2.00 我有些沮丧，但我已经能够自己调整，努力让自己乐观积极 | 11 | 26.8 |
| | 3.00 我挺伤心的，想调整心态，但是效果不明显 | 3 | 7.3 |
| | 合　计 | 40 | 97.6 |
| 缺　失 | 系　统 | 1 | 2.4 |
| 合　计 | | 41 | 100 |

**表 11 - 13　眼睛看不见东西了，你是否准备迎接这个挑战呢？（基线）**

| | | 频　率 | 百分比 |
|---|---|---|---|
| 有　效 | 1.00 虽然看不见，但我不气馁，我很积极地面对每一天的生活 | 20 | 50.0 |
| | 2.00 我有些沮丧，但我已经能够自己调整，努力让自己乐观积极 | 19 | 47.5 |
| | 3.00 我挺伤心的，想调整心态，但是效果不明显 | 1 | 2.5 |
| | 4.00 我很伤心难过，不知道以后该怎么办 | 0 | 0 |
| | 合　计 | 40 | 100 |

（4）特殊教育学院残障大学生社团活动的效果评价

笔者一共访谈了5名联合大学特教学院的学生，联大特教学院的受访同学都觉得通过活动，自己的收获很大，而且几乎都提到了组织和沟通能力的提升，也锻炼了团队合作的意识和能力，为今后毕业找工作打下了一个比较好的基础，有了经验的积累。特教学院有健全学生也有残障学生，而在这些社团活动中，残障学生也都很积极地参加，并在活动中锻炼自己各方面的能力，尤其是在与人沟通交流方面，有了很大的提升，残障学生通过参加乐益会和"一加一"机构支持的活动，走出去接触了更多的人，开阔了视野和思维，对于他们今后的发展有很大的益处。

表 11－14　跟去年相比，你觉得自己现在的自信心

| | | 频　率 | 百分比 |
|---|---|---|---|
| 有　效 | 1.00 增强了很多 | 19 | 46.3 |
| | 2.00 增强了一点 | 12 | 29.3 |
| | 3.00 没有变化 | 8 | 19.5 |
| | 4.00 减弱了一点 | 1 | 2.4 |
| | 合　计 | 40 | 97.6 |
| 缺　失 | 系　统 | 1 | 2.4 |
| 合　计 | | 41 | 100 |

表 11－15　跟去年相比，你觉得自己现在更加幸福快乐吗

| | | 频　率 | 百分比 |
|---|---|---|---|
| 有　效 | 1.00 是，现在比去年幸福快乐多了 | 19 | 46.3 |
| | 2.00 比去年幸福快乐一点 | 7 | 17.1 |
| | 3.00 没有什么太大的变化 | 12 | 29.3 |
| | 5.00 去年比现在幸福快乐多了 | 2 | 4.9 |
| | 合　计 | 40 | 97.6 |
| 缺　失 | 系　统 | 1 | 2.4 |
| 合　计 | | 41 | 100 |

茶艺社社长：回忆活动的过程，觉得在活动中感触最多的一件事即是活动之前与社区书记的协调工作，因为之前没做过类似的活动，心理上很多胆怯和退缩，以为会遇到很多困难，但是当自己面对书记和蔼的脸庞，拿出认真制订的计划，坦诚地跟书记交流的时候，就释然了、放开了，并且书记也很支持这个活动，就比较顺利地合作成功了。通过这个活动，作为组织者，收获了很多，自己的组织能力、协调能力和沟通能力都有所提升，也锻炼了

自己应付突发事件的灵活处理的能力，并且活动也提高了社团的凝聚力。

推拿社广播剧组负责人：广播剧录制过程中记忆最深刻的是彩排，之前都是一段一段地录制，没有串起来，而彩排的时候我们是从头拍到尾，大家都很用心，很入戏，再加上配乐，氛围很好，大家都很有成就感。作为组织者和协调者，觉得自己收获了不少，锻炼了很多，但自己觉得刚开始时自己对于这次广播剧的录制想得太简单，在真正录制过程中出现很多问题，后来也都弥补了，收获了很多做活动的经验，更成熟了吧。社团的残障学生参加活动也很积极；广播剧中所有成员都是残障学生，大家共同参与剧情的组织和制作，很投入；对活动很满意，觉得很有成就感，自尊心和自信心得到极大的提升。

残障大学生梦想支持活动负责人：我觉得应该是我比以前更懂得了怎么去分配工作，以及审核和查阅资料，还有就是更加懂得了怎么去了解别人的想法。残障学生参加活动的有很积极的，也有不积极的。凡是参加的人，他们觉得活动很有意义，因为之前没有太了解这方面的知识。通过活动他们也知道了应该怎么安排工作，为以后论文的写作打下基础，也知道了如何更好地寻求帮助。

盲人音乐会负责人：加紧了我们与各公益活动单位之间的合作与联系，既可以让公益组织知道残疾人究竟需要什么，更好地做公益服务。也让更多的人去了解我们这个群体，给残疾人士一个展示的平台。

话剧社同学：有残障的同学都很积极地报名参加，虽然我们有筛选，但是，他们基本上都有参加表演，只是角色有轻有重。他们也都觉得受益匪浅的，毕竟之前从来没参加过这样的活动。

# 三　结论

"对时计划"是儿童乐益会服务残障儿童和青少年的社会发展类项目，不同于传统的康复医疗模式，"对时计划"主要采取社会模式，力图让有残障的孩子更好地融入社会、适应社会。而"对时计划"这个服务项目不仅仅是残障儿童和青少年简单的社会融入，而是建立在充分分析残障儿童尤其是听障和视障儿童的需求的基础上，并结合自身所具备的技术优势、资源优势，全面的开展服务残障儿童和青少年的项目；项目也不仅仅是社会融入的某一个方面，而是涉及了残障儿童最需要的三个方面或领域的融合，包括融合教育、融合文化及社区融合，而且三个不同的融合领域中，所采取的项目模式也是建立在充分考虑现实因素、各方面需求和自身能力的基础上，开展了相当有特色、有创新性、有效果的活动方式。融合教育主要采用快乐儿童健康课的方式，融合文化主要是联合大学的残障大学生自主开展社团文艺活动，社区融入则是开办融合夏令营、亲子营及社区亲子活动。从前文的效果评估来看，"对时计划"的项目都取得了不错的成绩，效果影响都比较显著，而且守住对象的满意度也很高。"对时计划"残障儿童和青少年服务项目能取得这样成果，有以下几个方面的经验：

## （一）充分把握服务对象需求

儿童乐益会在项目活动策划之前，就先对北京市盲人学校的视障孩子和聋哑学校的听障孩子以及联合大学特教学院的残障大学生进行了需求方面的调查，有通过问卷调查这种正式的调查详细了解需求，也有通过走访，比如对盲人学校和聋哑学校的老师进行访谈，与联合大学的残障大学生交流，了解目标群体的需求，同时也积极查阅相关文献和网络资料，借鉴前人经验。通过这样的方法儿童乐益会比较充分地了解并把握了服务对象的需求，比如盲校和聋校的孩子最大的需求体现在学习和上课之中，同时他们内在的精神方面的需求也不应受到忽视；而残障大学生的需求就与之不同，他们最需要的是提升自己各方面的能力，能够使自己找到合适的工作，能够更好地接触社会、适应社会。针对这样的需求，再来设计服务项目和活动的具体方案，就有的放矢，"切中要害"，给服务对象他们最想要的服务，为盲校孩子开展快乐儿童健康课，融合夏令营及亲子营等，提供融合教育和社区融合；对于联合大学的残障大学生，则是鼓励他们发挥自主性和积极性，开展走向社会的社团文艺活动，锻炼能力，增长才干，接触社会，为将来的就业打下基础。

## （二）结合优势，扬长避短

儿童乐益会有丰富的儿童服务项目经验，并且根据其独特的价值理念

（即孩子们玩耍的时候，他们获得的是整个世界）发展了一套独特的服务工具和方法，开发了供孩子玩耍的丰富且富有趣味和创新性的游戏。因此，"对时计划"所拥有的技术优势是别的同类项目很难具备的，依托儿童乐益会，项目的实施有专业的课程培训师，有专业的课程体系和教材，这是项目能够在学校长期开展活动课程、编写盲童教材的基础和核心竞争力所在。儿童乐益会已经有成套的健康快乐儿童活动教材，而且针对教材中具体的活动都有专业的培训师或专家来做培训及教材开发。而其他笔者接触的服务残疾儿童的项目，大多数还仍然是宣传性、倡导性的短期活动，没有类似的完整的技术体系和长期培训资源支撑，如大学志愿服务组织与 NGO 的合作项目等，都是依托大学生本身的素质和才艺展开，没有统一的规划课程及系统的培训。此外，"对时计划"持续一年，大部分的项目活动都比较有系统性和持续性，有比较稳定的模式，如在盲校开展的健康快乐儿童课，是放在体育课和心理课上来进行的，每个月都有固定的节次和课时，且上课的内容也都有连续性。这跟目前很多其他机构的活动不同，类似的很多活动比较分散，大多重视宣传效果，尤其是学校的志愿活动，做一两次扩大一下宣传就结束，没有长期的连续性，很难有持续的效果。儿童乐益会在技术和资源方面的优势和特长，是很值得本土的 NGO 组织学习的，即需要拥有自己独特的技术资源体系和长期运作项目的竞争力。

## （三）积极寻求合作和资源链接

儿童乐益会本来是国外的 NGO，后来随着中国 NGO 的发展，以及中国转型期出现的大量社会问题，看到了中国内陆对于公共服务的需求和缺口，决定在中国开展项目和服务，入驻北京成立分部。作为"外来者"，在内陆开展服务项目，由于"不沾地气"，且在内陆这样的"人情社会"环境中关系较少，开展具体的项目是有困难的。针对这样的情况，儿童乐益会积极寻求多方的合作，努力链接整合资源，在"对时计划"项目中，儿童乐益会就是与本土 NGO"一加一残障人士康复中心"合作，儿童乐益会提供资金、技术支持，"一加一"机构提供项目所需的资源链接和人力资源，双方共同合作，共同运作"对时计划"项目，优势互补，同时儿童乐益会帮助"一加一"发展组织能力，助其成长，在项目过程中实现"多赢"。这方面不仅是外来 NGO 需要借鉴的，同时本土 NGO 也需要积极寻求"境外" NGO 的支持与合作，整合双方的资源，优势互补，尤其是本土 NGO 缺少资金和技术以及规范的管理，这都是"境外" NGO 所具有的优势。此外，儿童乐益会还积极拓展本土的资源，像积极联系北京市盲人学校、聋哑学校，经过长期努力，建立稳定的合作关系和互信机制。

综上所述，当前残疾人的康复服务已经从医疗模式转变成为社会模式，对残障人士进行的各项公共服务也必须本着社会模式的理念，采用社会融入的方式，才能更好地为残障人士服务，使他们感受社会的关怀，发展自身的能力，适应社会生活，从而促使社会更加团结、和谐、美好。而在通过各种项目提供的具体服务，则需要把握服务对象的需求，结合机构组织自身的优势特长，努力链接多方资源，设计更符合人性、体现需求、效果显著、影响广泛的项目，在这方面，儿童乐益会的"对时计划"项目可以作为一个有价值的个案来借鉴。

## 参考文献

［1］邓猛：《从隔离到全纳：对美国特殊教育发展模式变革的思考》，《教育研究与实验》1999 年第 4 期。

［2］邓猛：《社区融合理念下的残疾人康复服务模式探析》，《中国特殊教育》2005 年第 8 期。

［3］吴文彦、厉才茂：《社会融合：残疾人实现平等权利和共享发展的唯一途径》，《理论研究》2012 年第 3 期。

［4］李志明、徐悦：《树立新型残疾人观，促进残疾人社会参与和融合》，《社会保障研究》2010 年第 1 期。

［5］邓朴方：《人道主义的呼唤》，华夏出版社，1999。

［6］《残疾人权益保障——国际立法与实践》，华夏出版社，2003。

［7］黄匡时、嘎日达：《社会融合理论研究综述》，《新视野》2010 年第 6 期。

［8］《智障人士社会融合的理论与实践—上海市智障人士阳光行动报告》，华东师范大学出版社，2007。

［9］汪海萍：《以社会模式的残疾观推进智障人士的社会融合》，《中国特殊教育》2006 年第 9 期。

# 第十二章　看不见的孩子：海外残障儿童的健康兄弟姐妹研究综述及其对中国研究的启发

李　敬[*]

## 一　导论：看不见的孩子们在哪里

美国知名残障者同胞研究专家 Z. Stoneman（2005）曾经说"一个社会最伟大的工作莫过于为儿童提供健康、积极发展的环境。"

20 世纪 70 年代美国学者 Grossman 在这个领域的开创性研究后，社会聚焦残障儿童保障和服务提供时，也会多问一句，这些残障儿童背后还有谁需要政策、学术和社会服务的关注和帮助？

近几年，中国内地对残障儿童及其家庭的研究逐渐多起来（尚晓援，2013），研究惯常以个案为主的访谈手法，揭示了"家有残儿"的特别家庭中的种种困境，对残障儿童在医疗、教育、就业、社会参与等领域进行了较深入的探索性描述。在尚晓援教授书中，特别对母亲的多重负担做了精细的描述和分析，让人洞悉了女性家长的苦楚。

不过，目前中国学术界对残障儿童及其家庭的探索性研究中，有一个身影始终还没在场，即残疾儿童家庭中同时被抚育着健康儿童的情况。之所以会提出这个观点，是因为 2006 年，第二次全国残疾人抽样调查统计有

---

\* 李敬：中国社会科学院社会学研究所博士。

8293 万残障人，后经全国人口普查数据调整为 8502[①] 万，这一庞大的群体涉及近 2.6 亿人口（中国残联，2006），二抽数据显示，当年调查确诊残障的儿童占被调查儿童总数 1.60%，推算全国范围内（不含港澳台）0~17 岁残疾儿童总数为 504.3 万人，占全国残疾人口的 6.08%。全国有残疾人口的家庭占全国家庭总户数的 17.8%，有残疾人的家庭户规模为 3.51 人（叶奇等，未刊），这些数据说明很多残障人士，包括残障儿童家庭在内，其家庭成员数并不是政府计划生育政策后的三人核心家庭模式。这个猜想，也可以从年度残疾人监测数据中得到再次验证："2012 年度残疾人家庭户平均规模为 3.3 人，其中 4 人户家庭比例为 16.4%，5 人户及以上家庭所占比例合计为 25.0%。"[②] 这两类"大"家庭合计比例已经达到 41.4%。虽然上述数据仅是旁证，但多少可透露出残障者家庭更加多样和复杂的人口组成信息。西方研究证明，80% 的残障儿童家庭中养育多个子女，以健康儿童为主（Frank，1996），这也佐证了家有残儿家庭中的人口组成上，中西方可能具有一些同质性[③]。

目前，中国内地尚无较完整的家庭福利政策，包括残障者在内的诸多弱势社群依赖家庭的非正式照顾，现有残障儿童（特殊）服务主要聚焦于改变/改善儿童状况，而非从家庭系统角度出发对家庭成员的综合服务。

西方国家对残障儿童（各类专业性）服务需要，经过多年探索，已经形成学术界、社会和国家政策的共识，即服务儿童的同时，要关注家庭内各个成员的需要，以家庭为本的设计和提供服务，维护家庭的完整和良好功能。

---

① 2006 年全国第二次抽样调查全国数据为 8293 万，2010 年底全国进行了第六次全国人口普查，残障人口总数调整为 8502 万，但这个数据是抽样推算数据。全国残联系统在残疾人证管理系统中有实有持证人的资料，残疾人人口基础数据库管理系统，http://rkk.cdpf.org.cn/，2600 万人的数据源自 2012 年中国残疾人事业发展统计公报，http://www.gov.cn/jrzg/2013-03/28/content_ 2364263.htm，2013 年 5 月 15 日访问。

② 《2012 年度中国残疾人状况及小康进程监测报告》，源自中国残联网站。

③ 中国由于 20 世纪 70 年代末的计划生育政策，如果头胎不是残障儿童的家庭在绝大多数情况下（如农村头胎女孩或夫妻双少数民族）是很难有可能生育第二胎的，所以从这点上讲，西方社会和我们的残儿家庭结构可能有很不一样的地方，而且它们可以生育第三或更多胎的，而我们只规定头胎残疾的情况下可以生育第二胎。如果第二胎也是残疾的情况，中国家庭会如何选择，目前笔者在研究过程中还没有遇到，所以无法继续推测下去了。

20 个世纪 90 年代和 21 世纪初对残障儿童健康同胞的研究达到了一个研究高峰，对关注问题、研究方法、干预服务手段等文章汗牛充栋。目前残障儿童的同胞研究已经成为西方学术界的一个"常规"研究领域，形成了相对完整的研究范式，很多研究成果也已经为政策服务界所使用，形成了研究服务实践的良好局面。

本文拟采用文献综述的方法，遴选出社会科学①领域若干西方同胞研究代表作品，初步对近年西方学术界对同胞研究进行一些讨论，拟从不同的问题点角度切入，描述分析海外研究的内容特征，并结合中国内地现在残障家庭的一些特点，初步探索残障儿童的健康同胞的研究对未来政策发展、服务实践和残健儿童共同健康发展的重要意义。

## 二 关系：家有残儿的兄弟姐妹间的核心讨论点

西方社会对残障儿童家庭的关注过去很长时间都是集中于对母亲（母亲的身心状态及其如何应对有残障儿童这一事实）及引申的夫妻（家庭）关系的研究，这一现象不难理解，因为一个普通家庭中最核心的关系是夫妻关系，而残障儿童作为一个"事件"出现后，肯定会家庭整体系统产生这样或那样的影响，这也成为了人们最初观察残障儿童对"关系"影响的起点。从父母和儿童之间正常关系被"破坏或改变"，引申出人们对一奶同胞间关系的各种兴趣，在已有"家有残儿"后的家庭关系或应对中，经常出现的主题是家庭的困难及对政策干预的需求，如 1996 年 Dyson 比较有残障儿童和没有这类儿童的家庭需要，家有残儿给家庭带来了更大的压力，特别是在残障儿童需要寻求上学等社会参与的时候，父母感受到的压力会更大。2003 年 Dyson 的研究表明，有些父母也会倾向于表达超过实际的困难，因为他们对残障儿童有很多想法，所以更会感觉其各项能力的缺损和照料的压力。

---

① 西方研究从心理学（发展心理学、儿童临床心理学）、医学（儿科医学、护理、精神卫生）、教育（特殊教育）等领域有大量研究成果，但是囿于本文作者专业和能力有限，本文对上述学科领域的研究成果无法涉及。本文主要从社会科学（社会政策、社会工作、残障研究）等专业杂志根据关键词遴选了若干文章，初步完成本文。

与普通的同胞间可能存在亲密、友善和竞争父母宠爱的关系不同，有残障的儿童和他（她）的健康兄弟姐妹之间的关系，会因为他（她）的残障状况的存在而呈现更加复杂的状况。在家庭关系的研究中，一些研究者关注"残儿"对亲子关系和同胞关系的影响差异，并通过对不同家庭成员的调查来获得对同胞关系的多元印象，如2003年Monika Cuskelly和Pat Gunn对家有唐氏综合征家庭中的同胞关系的研究，就是通过比较母亲、父亲和健康儿童三个不同的视角进行的，研究发现，父母对这种特别的同胞关系，和普通家庭的父母对子女之间的观察相近，但是唐氏综合征儿童的兄弟姐妹感受则和父母不很相同，且其参与家庭照料的责任更多。

在很长一段时间，这类特别家庭中的同胞关系，被假设为负面和消极的，但积极的同胞关系逐渐成为了研究重点。如2001年Zolinda Stoneman就提出，要支持同胞间在儿童期可建立起积极的同胞关系，并使这种友爱可以持续到双方成年。在Stoneman 2005年的一篇重要文章中对这一同胞关系的研究主题进行了深入的剖析，他指出现有同胞研究没有一个标准的框架，且绝大多数研究都是在欧美文化中进行的，他认为应该以普通人家庭的同胞关系做比较的基点，且在研究中注意到残障的产生有很强的社会政治、经济因素，如和贫困之间的关联。他主张同胞研究中要注意：一是有一个残障同胞对健康儿童的影响；二是这些孩子之间的关系质量；三是家庭和夫妻关系对同胞关系的影响。在他非常有名的同胞研究探索图中，他指出文化、社群、父母养育、残健同胞的各类特性以及同胞关系之间的渐进作用和影响。特别是他认为，对于性别和年龄以及出生顺序对同胞关系的影响现在受到的关注不够等。

## 三 残障儿童的健康同胞的感受、需要和如何为其提供支持

在西方社会科学界发现有残障的同胞的儿童的一些特性后，它们就不断探索这些有特殊家庭成员的儿童，其对"家有残障同胞"的感受、经历、需要及困难是什么？2004年英国的一项对24个家有残障同胞的长期研究发

现，健康儿童的心态普遍良好，且认为其残障的兄弟姐妹是家庭中的一员，只是有些不同而已（Kirsten Stalker & Clare Connors，2004）。近些年，这类关注健康同胞的需要与体现的研究，也不断在跨文化研究中得到一些体现（Se Kwang Hwang &Helen Charnley，2010；Anastasia Tsamparli etc.，2011）。同时从研究方法上，通过被调查者的参与或自我报告性质的资料也逐渐得到了研究者的重视。

而 2000 年另一英国的探索性研究也发现，残障同胞给家庭中的健康儿童带了好处，也带来了风险，因此提出在为残障儿童提供服务时候，服务者必须要关注其健康同胞的需要（Peter Burke and Sue Montgomery，2000）。2001 年 Evans 等人的文章就通过"同胞支持小组"的效果研究，来审视这一支持形式是否满足了参与活动的同胞们的需求，这类支持小组对于健康同胞认识同侪、提升自信和理解残障同胞的各类行为都很有用。

## 四　残障儿童对其兄弟姐妹的影响：积极 VS 消极

由于研究者背景、使用的方法及具体研究的问题设计的不同，导致在残障儿童对其健康兄弟姐妹的影响这个问题的研究结果呈现了各种答案。不过近年来，越来越多的研究证明，"家有残儿"对其健康兄弟姐妹的影响是复杂的，积极和消极性并存的（Annette Hames & Richard Appleton，2009；Susan L. Neely‐Barnes ect.，2011；Suzannah J. Ferraioli MS，2009）

总之，西方社会科学界对残障儿童的健康同胞研究，不论从内容到方法都达到了一个相当的高度，不过在 2005 年美国知名杂志"Mental Retardation"组织的专辑中，Hodapp 等人也撰文指出，现在残障儿童同胞研究存在方法单一、样本量小且不随机、测量工具不发达、发展型和生命历程视角缺乏、对健康同胞家庭中的地位和作用认识不清、对非西方文化和亚文化环境下这一主题的探索缺乏研究、对残障儿童对健康同胞的影响存在迥异声音等诸多的不足，也一个侧面说明了这个领域有必要继续深入研究。

## 五　中国内地残障儿童家庭及其特性

目前，中国的社会福利制度正在重新构建过程中，对儿童福利已经从过去极其有限的福利对象向适度普惠型的儿童福利政策转型，相关主管儿童福利的部门已经明确提出了困境儿童的概念，并指出残疾儿童和生活在有残疾人家庭中的儿童属困境儿童，是未来适度普惠型儿童福利政策保护的一个重点。而这个初步研究的对象，生活在有残障儿童家庭的健康儿童，是符合新政策规划的，和残障儿童一起都应该在正在设计的制度和不断完善的服务体系中得到更多的保障和服务支持。

目前，国内各类残障儿童福利服务，是以残障儿童本身为衡量对象的，同时参考其家庭经济状况，其家庭中其他成员的需要则没有被纳入考虑。同时，目前的儿童福利还显出传统上的穷尽家庭福利后才可获得国家保障的痕迹，所以在一定程度上，我们对儿童福利制度需要不断地改革和创新。

## 六　残障儿童兄弟姐妹研究的中国意义及需要关注的问题

残障儿童的健康同胞，是和残障儿童生活时间最长，且最有可能在残障儿童父母过世后的主要照顾者，即便未来国家保障和照料服务体系得以建立，这些健康同胞也是残障者情感支持的主要来源和参与社会生活的主要渠道。保护和服务残障儿童的健康同胞，对未来中国老龄化背景下的残障者保障和服务体系的建设具有特别重要的意义。如果这些残障儿童的同胞在生活早期，就可以得到适当的服务，可以促进其身心健康地发展及一个和谐家庭环境的维护，增进同胞间的感情，不仅有利于残障儿童当下，也会有利于残障者成年后的生活。

目前，我们的家庭制度和残障者福利服务体系的设计，尚缺乏一个完整的家庭系统服务的视角，这既和我们传统上认为儿童是家庭的私产，且残障是一个个体问题或家庭不幸有关，也和我们在儿童福利乃至家庭服务领域财政投入过少有关，而现在社会转型过程中的社会风险、家庭传统组织和功能的弱化、现代社会要求国家保障人权等新的时代要求，也会促使中国社会对待家庭和残障儿童政策的不断变化。目前，适度普惠型儿童福利政策的提出和局部试点就是一个证明。

在进一步学习西方社会科学界对残障儿童同胞研究的同时，有必要开始对国内这类家庭进行更加有规模、深入的调研，了解这类家庭结构、人口组成、生活困难和需要、残障儿童的状况及需要和健康同胞的身心状况及需要，以便为未来设计提供详细、可信、深度的学术支持。特别是对残障儿童健康同胞的研究，将有利于我们整合考虑未来养老制度、残障者长期照顾和社区生活参与等一系列制度或政策的设计、规划和制定，节约社会成本并使其更有效率地使用于最迫切需要的人群上。

## 七　结论：如何让中国内地看不见的孩子发声

目前，内地政策、研究和服务界对上述的残障儿童的健康同胞的关注、调查和支持服务还阙如，需要学术界行动起来，通过各类服务机构和社区组织，找到这些家庭、找到这些孩子，如果可能，通过参与式的研究使其有机会发声，传达出其需要并通过同胞小组之类的同类支持行动，使其可有机会不断表达和争取。本文认为，只要研究可以先行，且密切结合服务实际，并在残障儿童家庭组织的支持下，一起推动政府和社会的关注，推动新政策的出台将为时不远。

**参考文献**

[1] 李敬、程为敏主编《透视自闭症：本土家庭实证研究与海外经验》，研究出版社，2011。

[2] 吕红平等：《中国老幼残疾人与残疾人婚姻研究》，华夏出版社，2008。

[3] 尚晓援：《中国残疾儿童家庭经验研究》，社会科学文献出版社，2013。

[4] 叶奇等：《中国残疾儿童现状分析及对策研究》，华夏出版社，未刊。

[5] Burke P. & Montgomery S. , "siblings of children with disabilities: a pilot study", *Journal*

*of learning disabilities*, Vol. 4, No. 3, 2000, pp. 227 – 236.

[6] Cuskelly M. & Gunn Pat, "Sibling relationships of children with Down Syndrome: Perspective of mothers, fathers and siblings", *Amercian Journal of mental Retardation*, Vol. 108, No. 4, 2003, pp. 234 – 244.

[7] Dyson L. L. , "The experiences of families of children with learning disabilities: parental stress, family functioning and sibling self – concept", *Journalof Learning Disabilities*, Vol. 29, No. 3, 1996, pp. 280 – 286.

[8] Dyson. L. L. , "children with learning disabilities within the family context: a comparison with siblings in global self – concept, academic self – perception, and social competence", *Learning Disabilities Research & Practice*, Vol. 18, No. 1, 2003, pp. 1 – 9.

[9] Evans J. , Jones J. and Mansell Ian, "Supporting Siblings: Evaluation of Support Groups for Brothers and Sisters of Children with Learning Disabilities and Challenging Behaviour, *Journal of Intellectual Disabilities*, Vol. 5, 2001, pp. 6 – 9.

[10] FRANK, N. , "Helping Families Support Siblings", in P. J. BECKMAN ( ed. ) *Strategies for Working with Families of Young Children with Disabilities*, Baltimore, MD: Brookes, 1996.

[11] Grossman, F. , *Brothers and sisters of retarded children: an exploratory study*, Syracuse, NY: Syracuse University Press, 1972.

[12] Hodapp R. M. & Glidden L. M. and Kaiser A. , "Siblings of persons with disabilities: toward a research agenda", *Mental Retardation*, Vol. 43, No. 5, 2005, pp. 334 – 338.

[13] Hwang Se K. & Charnley H. , "Making the familiar strange and making the strange familiar: understanding Korean children's experiences of living with an autistic sibling", *Disability & Society*, Vol. 25, No. 5, 2010, pp. 579 – 592.

[14] Meyer D. ed. , *Views from our shoes: growing up with a brother or sister with special needs*, Woodbine House, 1997.

[15] Strohm K. , *Beijing the other one: growing up with a brother or sister who has special needs*, Shambhala Publications, Inc. , 2005.

[16] Safer J. , *The normal one: life with a difficult or damaged sibling*, Banatam Dell, 2003.

[17] Stalker K. and Connors C. , "Children's Perceptions of Their Disabled Siblings: 'She's Different but it's Normal for Us'", *CHILDREN & SOCIETY*, Vol. 18, 2004, pp. 218 – 230.

[18] Stoneman Z. , "Supporting Positive Sibling Relationships During Childhood", *Mental*

*Retardation and developmental disabilities research review*, Vol. 7, 2001, pp. 134 – 142.

[19] Stoneman Z. , "Siblings of Children with Disabilities: Research Themes", Mental Retardation, Vol. 43, No. 5, 2005, pp. 339 – 350.

[20] SUSAN L. NEELY – BARNES& J. CAROLYN GRAFF, "Are There Adverse Consequences to Being a Sibling of a Person With a Disability? A Propensity Score Analysis Family Relations", Vol. 60, 2011, pp. 331 – 341.

[21] Suzannah J. Ferraioli MS & Sandra L. Harris PhD, "The Impact of Autism on Siblings, Social Work in Mental Health", Vol. 8, No. 1, 2009, pp. 41 – 53.

[22] Tsamparli A. , Tsibidaki A. & Roussos P. , "Siblings in Greek families: raising a child with disabilities", *Scandinavian Journal of Disability Research*, Vol. 13, No. 1, 2011, pp. 1 – 19.

**图书在版编目（CIP）数据**

中国儿童福利前沿.2013 / 尚晓援，王小林主编.—北京：社会科学
文献出版社，2013.12
（儿童生存现状系列）
ISBN 978 - 7 - 5097 - 5298 - 2

Ⅰ.①中⋯ Ⅱ.①尚⋯②王⋯ Ⅲ.①儿童福利 – 研究 – 中国
Ⅳ.①D632.1

中国版本图书馆 CIP 数据核字（2013）第 272525 号

· 儿童生存现状系列 ·

# 中国儿童福利前沿（2013）

主　　编 / 尚晓援　王小林

出 版 人 / 谢寿光
出 版 者 / 社会科学文献出版社
地　　址 / 北京市西城区北三环中路甲 29 号院 3 号楼华龙大厦
邮政编码 / 100029

责任部门 / 经济与管理出版中心 （010）59367226　　　责任编辑 / 张　扬
电子信箱 / caijingbu@ ssap. cn　　　　　　　　　　　责任校对 / 丁立华　吴云飞
项目统筹 / 高　雁　　　　　　　　　　　　　　　　　责任印制 / 岳　阳
经　　销 / 社会科学文献出版社市场营销中心 （010）59367081　59367089
读者服务 / 读者服务中心 （010）59367028

印　　装 / 北京季蜂印刷有限公司
开　　本 / 787mm × 1092mm　1/16　　　　　　　　　印　张 / 18.25
版　　次 / 2013 年 12 月第 1 版　　　　　　　　　　　字　数 / 288 千字
印　　次 / 2013 年 12 月第 1 次印刷
书　　号 / ISBN 978 - 7 - 5097 - 5298 - 2
定　　价 / 65.00 元